本书由国家体育总局资助出版

中国体育法治发展报告

（2023）

马宏俊 主编

中国政法大学体育法治研究基地

北京大学出版社
PEKING UNIVERSITY PRESS

图书在版编目(CIP)数据

中国体育法治发展报告. 2023 / 马宏俊主编. -- 北京：北京大学出版社，2024.12. -- ISBN 978-7-301-35979-2

Ⅰ. D922.164

中国国家版本馆 CIP 数据核字第 2025YW7296 号

书　　　名	中国体育法治发展报告（2023） ZHONGGUO TIYU FAZHI FAZHAN BAOGAO（2023）
著作责任者	马宏俊　主编
责 任 编 辑	张　越　王建君
标 准 书 号	ISBN 978-7-301-35979-2
出 版 发 行	北京大学出版社
地　　　址	北京市海淀区成府路 205 号　100871
网　　　址	http://www.pup.cn　http://www.yandayuanzhao.com
电 子 邮 箱	编辑部 yandayuanzhao@pup.cn　总编室 zpup@pup.cn
新 浪 微 博	@北京大学出版社　@北大出版社燕大元照法律图书
电　　　话	邮购部 010-62752015　发行部 010-62750672 编辑部 010-62117788
印　刷　者	北京虎彩文化传播有限公司
经　销　者	新华书店
	720 毫米×1020 毫米　16 开本　16.75 印张　273 千字 2024 年 12 月第 1 版　2024 年 12 月第 1 次印刷
定　　　价	69.00 元

未经许可，不得以任何方式复制或抄袭本书之部分或全部内容。
版权所有，侵权必究
举报电话：010-62752024　电子邮箱：fd@pup.cn
图书如有印装质量问题，请与出版部联系，电话：010-62756370

致谢:国家体育总局、中国法学会体育法学研究会

编写说明

"凿井九阶,不次水泽","中国体育法治蓝皮书"系列已出版五本,我们仍须将"筑路式"研究做实做深,继续携手诸位法学专家,准确发掘体育法治现象中的深层原因,撰写高质量的研究报告,继续出版具有连续性、前沿性、时效性的公开出版物。

马宏俊

2024 年 11 月

专题报告及作者

我国体育法治年度发展概况(2023),马宏俊、罗小霜
全民健身地方立法发展报告(2009—2023),陈华荣、吴昌熙
《上海市体育发展条例》制定报告,黄紫红
《太原市体育发展条例》制定报告,陈华荣、吴昌熙
《甘肃省实施〈中华人民共和国体育法〉办法》修订报告,邓小兵、石博文
《焦作市太极拳保护和发展条例》制定报告,蔡骞
我国经营高危险性体育项目执法检查报告(2023),赵毅、储贝贝、于昊、孙云霄
我国体育赛事活动规范制定实施报告(2023),张恩利、邢天胜、于秀亚
全国性单项体育协会规则修订报告(2023),刘万勇
我国体育职业联赛治理发展报告(2023),张鹏
我国体育产业反垄断法治发展报告(2015—2023),戎朝
我国体育知识产权保护发展报告(2023),宋雅馨
我国群众体育赛事法治发展报告(2023),徐翔、冯梓桐
我国体育仲裁发展报告(2023),袁钢、章沈平
我国民事体育纠纷解决发展报告(2023),张于杰圣
我国体育法学研究发展报告(2023),田川颐
我国体育法学学术会议综述(2023),徐伟康
2023年我国体育法治大事记,王子晟
2023年制定、修订、修正或废止的与体育直接相关的法律规范性文件,胡子靖

要 目

总 报 告

我国体育法治年度发展概况(2023) ……………………………………（003）

分 报 告

体育立法篇

全民健身地方立法发展报告(2009—2023) ……………………………（023）
《上海市体育发展条例》制定报告 ………………………………………（035）
《太原市体育发展条例》制定报告 ………………………………………（048）
《甘肃省实施〈中华人民共和国体育法〉办法》修订报告 ………………（055）
《焦作市太极拳保护和发展条例》制定报告 ……………………………（065）

体育行政篇

我国经营高危险性体育项目执法检查报告(2023) ……………………（077）
我国体育赛事活动规范制定实施报告(2023) …………………………（093）

体育组织篇

全国性单项体育协会规则修订报告(2023) ……………………………（116）

我国体育职业联赛治理发展报告(2023) ……………………（122）

体育赛事篇

我国体育产业反垄断法治发展报告(2015—2023) ……………（132）
我国体育知识产权保护发展报告(2023) …………………………（143）
我国群众体育赛事法治发展报告(2023) …………………………（159）

体育纠纷解决篇

我国体育仲裁发展报告(2023) ……………………………………（173）
我国民事体育纠纷解决发展报告(2023) …………………………（184）

体育法学研究篇

我国体育法学研究发展报告(2023) ………………………………（196）
我国体育法学学术会议综述(2023) ………………………………（220）

附　录

2023年我国体育法治大事记 ………………………………………（233）
2023年制定、修订、修正或废止的与体育直接相关的法律规范性
　文件 ………………………………………………………………（243）

详 目

总 报 告

我国体育法治年度发展概况（2023） …………………………（003）
 一、体育法治立法概况 ………………………………………（003）
  （一）中央体育立法 ………………………………………（003）
  （二）地方体育立法 ………………………………………（006）
 二、体育法治实施概况 ………………………………………（008）
  （一）以党的二十大精神为引领，全面加强党对法治政府建设的
    领导 …………………………………………………（008）
  （二）深化体育领域改革，持续推动政府职能转变优化………（009）
  （三）健全行政决策制度，提升行政决策法治化水平…………（009）
  （四）聚焦监管效能，着力改进体育执法………………………（010）
  （五）强化权力制约和监督，规范行政权力运行………………（011）
  （六）完善多元解纷机制，维护体育稳定发展…………………（011）
 三、体育法治监督年度概况 …………………………………（012）
  （一）国家权力机关的监督 ………………………………（012）
  （二）党的监督 ……………………………………………（013）
  （三）行政机关的监督 ……………………………………（014）
  （四）社会监督 ……………………………………………（014）
 四、体育法治保障概况 ………………………………………（015）
  （一）政治和组织保障 ……………………………………（015）

（二）人才保障 …………………………………………………… (017)
（三）物质保障 …………………………………………………… (018)
（四）法治意识和法治精神保障 ………………………………… (019)

分 报 告

体育立法篇

全民健身地方立法发展报告(2009—2023) ……………………… (023)
一、全民健身地方立法的背景与原因 ……………………………… (023)
（一）保障当地全民健身实践发展的需要 ………………………… (023)
（二）落实全民健身国家立法和政策的需要 ……………………… (024)
（三）满足地方经济社会发展的需要 ……………………………… (025)
（四）推动地方体育产业发展的需要 ……………………………… (026)
二、全民健身地方立法的现状与分析 ……………………………… (026)
（一）全民健身省级地方立法概况 ………………………………… (028)
（二）全民健身市级地方立法概况 ………………………………… (030)
（三）全民健身地方立法的主要问题与困难 ……………………… (032)
三、全民健身地方立法的特色与优势 ……………………………… (033)
（一）紧密结合地方特色与需求，做足"地方"文章 ……………… (033)
（二）充分彰显灵活性和创新性，以"新"谋发展 ………………… (033)
（三）落实全民健身保障和运行机制，做"实"机制 ……………… (033)
四、全民健身地方立法的完善建议 ………………………………… (034)
（一）做好法律法规、中央政策的衔接工作 ……………………… (034)
（二）突出重点、热点，回应民生需求 …………………………… (034)
（三）顺应时势，服务新时代的发展需要 ………………………… (034)

《上海市体育发展条例》制定报告 ……………………………… (035)
一、《上海条例》的制定过程 ……………………………………… (035)
（一）调研论证阶段 ………………………………………………… (035)

（二）起草报送阶段 …………………………………………………（036）
　　（三）人大审议阶段 …………………………………………………（039）
二、《上海条例》体例结构、问题聚焦、核心条款、亮点评析 …………（040）
　　（一）《上海条例》体例结构 …………………………………………（040）
　　（二）《上海条例》问题聚焦 …………………………………………（040）
　　（三）《上海条例》核心条款 …………………………………………（041）
　　（四）《上海条例》亮点评析 …………………………………………（043）
三、新《体育法》背景下上海地方体育法治发展展望 ……………………（044）
　　（一）立法内容突出地方特色 …………………………………………（044）
　　（二）法治引领体育事业高质量发展 …………………………………（046）
　　（三）体育治理注重务实创新 …………………………………………（046）

《太原市体育发展条例》制定报告 ……………………………………（048）

一、《太原条例》的制定背景和依据 ………………………………………（048）
　　（一）制定《太原条例》的实践基础 …………………………………（048）
　　（二）制定《太原条例》的依据参考 …………………………………（049）
　　（三）制定《太原条例》的现实需求 …………………………………（049）
二、《太原条例》的结构与主要内容 ………………………………………（050）
　　（一）《太原条例》总体思路分析 ……………………………………（050）
　　（二）《太原条例》章节内容分析 ……………………………………（050）
　　（三）《太原条例》主要特点分析 ……………………………………（051）
三、《太原条例》的创新与发展 ……………………………………………（052）
　　（一）展现本土特色，打造法治名片 …………………………………（052）
　　（二）开展新型活动，丰富赛事形式 …………………………………（052）
　　（三）高效利用场地，拓宽运动空间 …………………………………（052）
　　（四）深化体教融合，夯实健康基础 …………………………………（053）
　　（五）打破行业壁垒，促进多维融合 …………………………………（053）
　　（六）推广新型产业，拉动体育消费 …………………………………（053）
　　（七）完善保障设施，强化应急管理 …………………………………（054）
四、结语 ………………………………………………………………………（054）

《甘肃省实施〈中华人民共和国体育法〉办法》修订报告 …………（055）
 一、《甘肃实施办法》修订的基本过程…………………………（055）
  （一）启动阶段 ……………………………………………（055）
  （二）征求意见阶段 ………………………………………（056）
  （三）修订草案一审稿形成阶段 …………………………（057）
  （四）修订草案二审稿形成和通过阶段 …………………（058）
 二、《甘肃实施办法》修订内容的主要亮点……………………（058）
  （一）落实全民健身各项工作体制机制 …………………（059）
  （二）强化对青少年和学校体育的支持保障 ……………（059）
  （三）明确竞技体育的人才培养和赛事管理要求 ………（060）
  （四）结合甘肃地方特色推动体育产业高质量发展 ……（060）
  （五）进一步完善对体育市场的监督管理举措 …………（061）
 三、《甘肃实施办法》修订的现实意义…………………………（061）
  （一）有助于全面落实《体育强国建设纲要》的战略部署 …………（061）
  （二）有助于保持和新《体育法》的上下协调与内外统一 …………（062）
  （三）有助于依法保障社会公众的体育权利 ……………（062）
 四、《甘肃实施办法》修订后甘肃依法治体工作的研究展望…………（063）
  （一）细化体育赛事活动尤其是高危险性体育赛事的监管举措 …（063）
  （二）建立健全体育行业诚信建设的长效化制度机制 …（064）
  （三）进一步明确体育产业的具体鼓励和扶持举措 ……（064）

《焦作市太极拳保护和发展条例》制定报告 ………………………（065）
 一、《焦作条例》的制定背景与制定过程………………………（065）
  （一）制定背景 ……………………………………………（065）
  （二）制定过程 ……………………………………………（066）
 二、《焦作条例》的体例与主要内容……………………………（069）
  （一）确定保护对象和适用范围 …………………………（070）
  （二）明确地方政府及有关部门的职责 …………………（070）
  （三）规定保护单位与代表性传承人的权利和义务 ……（071）
  （四）建立健全人才培养及保障机制 ……………………（072）

（五）确定宣传推广普及路径 …………………………………………（072）
　　（六）指明太极拳产业融合发展方向 ……………………………………（073）
三、《焦作条例》的立法启示 …………………………………………………（073）
　　（一）遵循立法原则，践行人民民主 ……………………………………（074）
　　（二）突出地方特色，解决发展难题 ……………………………………（074）
　　（三）发挥引领作用，提供立法参考 ……………………………………（075）
四、焦作市太极拳保护和发展展望 ……………………………………………（075）
　　（一）相关责任主体做好贯彻落实工作 …………………………………（076）
　　（二）建立健全保护区域协作机制 ………………………………………（076）

体育行政篇

我国经营高危险性体育项目执法检查报告（2023） ……………………（077）
一、经营高危项目执法检查工作基本情况 ……………………………………（077）
　　（一）时间与范围 …………………………………………………………（077）
　　（二）内容与形式 …………………………………………………………（078）
　　（三）参与人员与组织方式 ………………………………………………（079）
　　（四）重点关注的问题 ……………………………………………………（079）
二、各地经营高危项目经验总结 ………………………………………………（081）
　　（一）地方制度供给进一步丰富 …………………………………………（082）
　　（二）政务服务进一步优化 ………………………………………………（082）
　　（三）严格规范公正文明执法进一步落实 ………………………………（083）
　　（四）风险防范与处置机制进一步健全 …………………………………（085）
三、经营高危项目存在的主要问题 ……………………………………………（086）
　　（一）高危项目范围尚待更新统一 ………………………………………（086）
　　（二）高危项目行政许可规范性尚待提升 ………………………………（087）
　　（三）高危项目行政监管力度有待加强 …………………………………（088）
　　（四）高危项目行政处罚能力有待提高 …………………………………（088）
四、对经营高危项目的建议 ……………………………………………………（089）

(一)完善顶层立法,明确项目经营范围……………………………(089)
　　(二)深化制度改革,明确行政许可规范……………………………(090)
　　(三)厘清职责边界,加大行政监管力度……………………………(091)
　　(四)加强队伍建设,提高行政执法能力……………………………(091)

我国体育赛事活动规范制定实施报告(2023)………………………(093)
　一、体育赛事活动规范制定情况……………………………………(093)
　　(一)体育行政部门规范制定情况……………………………………(093)
　　(二)体育组织内部体育赛事规则制定情况…………………………(096)
　二、体育赛事活动规范实施情况……………………………………(097)
　　(一)体育行政部门规范实施情况……………………………………(097)
　　(二)体育组织内部体育赛事规则实施情况…………………………(102)
　三、体育赛事活动规范制定实施中的问题…………………………(104)
　　(一)国家层面体育赛事活动政策法规存在的问题…………………(104)
　　(二)地方体育赛事活动政策法规存在的问题………………………(108)
　四、体育赛事活动规范制定实施的完善建议………………………(112)
　　(一)提升立法质量,完善体育赛事活动配套立法……………………(112)
　　(二)废改立释纂并举,增强立法时效性………………………………(113)
　　(三)优化地方体育赛事活动法律法规,提升立法创制性……………(113)
　　(四)提升软法效能,实现软硬法有效互补……………………………(114)

体育组织篇

全国性单项体育协会规则修订报告(2023)………………………(116)
　一、全国性单项体育协会仲裁规则修订的背景………………………(116)
　　二、全国性单项体育协会仲裁规则修订的内容………………………(117)
　　(一)中国足球协会……………………………………………………(118)
　　(二)中国篮球协会……………………………………………………(119)
　　(三)其他全国性单项体育协会………………………………………(120)
　　三、总结…………………………………………………………………(121)

我国体育职业联赛治理发展报告(2023) …………………………（122）
一、体育职业联赛治理典型案例 ……………………………………（122）
（一）新疆广汇篮球俱乐部退赛事件 ……………………………（122）
（二）陕西信达篮球俱乐部总决赛罢赛事件 ……………………（123）
（三）江苏肯帝亚篮球俱乐部苏州肯帝亚篮球队与上海久事
　　　篮球俱乐部久事篮球队季后赛消极比赛事件 ……………（123）
二、完善体育职业联赛的制度规则 …………………………………（124）
（一）体育总局指导单项体育协会完善规则 ……………………（124）
（二）单项体育协会制定颁布竞赛规则及相关规则 ……………（125）
（三）单项体育协会明确对于职业俱乐部和球员的纪律处罚规则 …（125）
三、健全体育职业联赛的现代治理结构 ……………………………（126）
（一）强化职业俱乐部党建工作 …………………………………（126）
（二）构建现代俱乐部发展结构 …………………………………（126）
四、创新体育职业联赛的管理机制 …………………………………（127）
（一）提升职业体育赛事水平,维护良好发展环境 ………………（127）
（二）新增安全保障、排除风险隐患等要求 ……………………（127）
五、完善体育职业联赛的综合监管体系 ……………………………（128）
（一）提高政治站位,强化底线思维 ………………………………（128）
（二）完善联赛组织架构,改革创新管理模式 ……………………（128）
（三）新增俱乐部准入相关法律标准的要求 ……………………（129）
（四）强化体育职业联赛监督指导与赛风赛纪监管责任 ………（129）
（五）依法依规作出行业纪律处罚 ………………………………（129）
（六）新增联赛裁判社会监督制度 ………………………………（130）

体育赛事篇

我国体育产业反垄断法治发展报告(2015—2023) ……………（132）
一、体育产业中的垄断行为类型 ……………………………………（132）
（一）垄断协议 ……………………………………………………（132）

（二）滥用市场支配地位 …………………………………………（133）
　　（三）经营者集中 ………………………………………………（133）
　　（四）行政垄断 …………………………………………………（133）
二、体育产业中反垄断规制的法治实践 …………………………………（133）
　　（一）立法动态 …………………………………………………（133）
　　（二）我国反垄断诉讼司法实践 ………………………………（134）
三、体育产业中反垄断的焦点问题 ………………………………………（138）
　　（一）体育赛事转播权出售中的反垄断适用 …………………（138）
　　（二）体育行业协会参与垄断行为的法律规制 ………………（141）

我国体育知识产权保护发展报告（2023） ……………………………（143）

一、我国体育知识产权保护现状 …………………………………………（143）
　　（一）体育知识产权类型化概述 ………………………………（144）
　　（二）我国体育知识产权保护的法律框架 ……………………（146）
二、杭州亚运会知识产权保护 ……………………………………………（147）
　　（一）杭州亚运会知识产权保护的相关规定 …………………（149）
　　（二）杭州亚运会知识产权保护的司法实践 …………………（150）
三、成都大运会知识产权保护 ……………………………………………（152）
　　（一）成都大运会知识产权保护的相关规定 …………………（152）
　　（二）成都大运会知识产权保护的司法实践 …………………（154）
四、完善我国体育知识产权法治体系的展望 ……………………………（155）
　　（一）完善体育知识产权专门立法 ……………………………（155）
　　（二）充分发挥多部门联动优势 ………………………………（157）

我国群众体育赛事法治发展报告（2023） ……………………………（159）

一、群众体育赛事举办于法有据 …………………………………………（159）
　　（一）新《体育法》推进群众体育治理体系和治理能力现代化 ……（159）
　　（二）政府与体育社会组织的合作规范化 ……………………（160）
　　（三）群众体育赛事管理法治化 ………………………………（162）
二、群众体育赛事类型日新月异 …………………………………………（163）
　　（一）"草根"体育赛事的崛起与发展 …………………………（163）

（二）新兴电子竞技与虚拟体育赛事的兴起 ……………………（165）
　　（三）群众体育赛事的跨界融合与创新模式不断涌现 …………（166）
三、群众体育赛事法治保障存在的问题 ………………………………（167）
　　（一）法律法规体系不够健全 ……………………………………（167）
　　（二）赛事管理中存在的法律问题 ………………………………（168）
四、群众体育赛事法治保障的完善举措 ………………………………（169）
　　（一）继续健全与完善法律法规体系 ……………………………（169）
　　（二）注重群众体育赛事的公众参与和权利保障 ………………（170）
　　（三）着力解决赛事管理中存在的法律问题 ……………………（171）

体育纠纷解决篇

我国体育仲裁发展报告（2023） ……………………………………（173）
一、我国体育仲裁组织制度建设 ………………………………………（173）
　　（一）中国体育仲裁委员会成立 …………………………………（173）
　　（二）完善体育仲裁配套制度 ……………………………………（174）
　　（三）健全体育仲裁委员会组织架构 ……………………………（174）
　　（四）开展仲裁员队伍建设工作 …………………………………（175）
二、我国体育仲裁实践开展情况 ………………………………………（176）
　　（一）持续推进体育仲裁制度衔接 ………………………………（176）
　　（二）专业高效处理体育仲裁案件 ………………………………（177）
　　（三）调研探索体育仲裁发展路径 ………………………………（178）
　　（四）提升体育仲裁理论研究质量 ………………………………（179）
　　（五）推动体育仲裁信息网络建设 ………………………………（180）
三、我国体育仲裁当前亟待解决的问题 ………………………………（181）
　　（一）体育组织内部纠纷解决机制有待完善 ……………………（181）
　　（二）体育仲裁相关配套制度还需细化 …………………………（181）
　　（三）体育仲裁专业化队伍建设有待加强 ………………………（181）
　　（四）对国际体育纠纷案例的研究不够深入 ……………………（181）

四、体育仲裁制度的完善建议 (182)
　(一)不断提升体育行业和全社会对体育仲裁制度功能和价值的认识 (182)
　(二)继续完善体育仲裁配套制度 (182)
　(三)提升体育仲裁队伍专业化水平 (182)
　(四)积极开展与体育仲裁有关的对外交往活动 (182)

我国民事体育纠纷解决发展报告(2023) (184)
　一、社会体育伤害纠纷 (185)
　　二、体育消费合同纠纷 (188)
　　三、体育(赛事)活动组织纠纷 (191)
　　四、体育从业人员工作合同纠纷 (194)

体育法学研究篇

我国体育法学研究发展报告(2023) (196)
　一、体育法学著作 (197)
　　(一)理论研究著述 (197)
　　(二)工具书 (198)
　　(三)法学教材 (198)
　二、体育法学期刊论文 (199)
　　(一)体育法学基本问题研究 (199)
　　(二)新《体育法》相关问题研究 (200)
　　(三)体育仲裁研究 (202)
　　(四)反兴奋剂法治问题研究 (205)
　　(五)体育赛事相关法律问题研究 (207)
　　(六)体育类司法问题研究 (212)
　　(七)运动员权利保障研究 (215)
　　(八)青少年和学校体育相关法律问题研究 (216)
　　(九)体育产业中的相关法律问题研究 (218)

我国体育法学学术会议综述(2023) …………………………………… (220)
 一、关于新《体育法》修订与实施的研讨 ………………………… (220)
  (一)学术活动总体概述 ………………………………………… (220)
  (二)学术活动具体内容 ………………………………………… (221)
 二、关于体育仲裁问题的研讨 ……………………………………… (222)
  (一)学术活动总体概述 ………………………………………… (222)
  (二)学术活动具体内容 ………………………………………… (223)
 三、关于亚运法治问题的研讨 ……………………………………… (224)
  (一)学术活动总体概述 ………………………………………… (224)
  (二)学术活动具体内容 ………………………………………… (225)
 四、关于体育赛事版权保护的研讨 ………………………………… (226)
  (一)学术活动总体概述 ………………………………………… (226)
  (二)学术活动具体内容 ………………………………………… (227)
 五、关于冰雪运动法治保障的研讨 ………………………………… (228)
  (一)学术活动总体概述 ………………………………………… (228)
  (二)学术活动具体内容 ………………………………………… (228)

附 录

2023年我国体育法治大事记 ………………………………………… (233)
2023年制定、修订、修正或废止的与体育直接相关的法律规范性文件 ……………………………………………………………………… (243)

总报告

我国体育法治年度发展概况(2023)*

2023年,成都大运会、杭州亚运会、广西学青会"三运"齐办,充分展示了我国经济社会发展的新成果,展示了国家文化软实力。与此同时,体育消费再创新高,全国各地群众体育赛事竞相开展,人民群众健身热情空前高涨,为体育发展提供了坚实的群众基础和广阔的发展空间。在体育法治方面,新《体育法》的实施标志着我国体育法治建设进入新阶段,在立法、行政执法、法治监督与保障等领域都取得了新的成绩,为加快建设体育强国提供了坚实的法治保障。

一、体育法治立法概况

随着新《体育法》2023年1月1日的正式施行,我国体育法律规范体系不断完善。2023年3月17日,国家体育总局(以下简称"体育总局")办公厅印发《2023年全国体育政策法规规划工作要点》,在这一文件指导下,体育总局政策法规司于2023年3月22日印发《国家体育总局2023年度法规、规章和规范性文件制定计划》,为我国2023年度体育法治立法工作提供明确指引。

(一)中央体育立法

2023年,体育总局统筹"立改废释"工作,不断完善体育法律规范体系。为加强立法工作谋划,印发《国家体育总局2023年度法规、规章和规范性文件制定计划》《关于推进体育法律规范体系建设的指导意见》。2023年,我国新增或修改的中央体育立法共263件,其中司法解释1件、部门规章3件、部门规范性文件21件、部门工作文件236件、行政许可批复2件。

---

* 马宏俊、罗小霜:中国政法大学。

2023年，体育总局积极推动修订《全民健身条例》《反兴奋剂条例》，经向社会公开征求修订草案意见，并同步向相关部委、全国体育系统征求意见，不断完善两部行政法规修订草案。其中，《全民健身条例》列入国务院2024年度立法工作计划。此外，推进重点领域立法，出台高危险性体育赛事活动管理制度、高危险性体育赛事活动目录，修订《体育赛事活动管理办法》，研制《体育赛事活动管理条例》《体育市场管理条例》《职业体育条例》《体育俱乐部条例》草案，加强行业治理顶层设计，全面贯彻落实新《体育法》。

1. 积极起草、修订行政法规

新《体育法》于2023年正式实施之后，有关体育赛事活动管理、体育市场、职业体育以及体育俱乐部发展的配套法规不甚完善，需要制定相关的行政法规来落实并细化新《体育法》，为体育赛事活动管理、体育市场、职业体育以及体育俱乐部发展与培育提供法治保障。当前，我国正根据《国家体育总局2023年度法规、规章和规范性文件制定计划》，积极起草《体育赛事活动管理条例》《体育市场管理条例》《职业体育条例》《体育俱乐部条例》四部新的行政法规并逐步修改完善。

为规范体育赛事活动，促进体育事业健康发展，根据《体育法》《全民健身条例》以及其他相关法律法规，我国已经于2022年12月22日审议通过《体育赛事活动管理办法》，该办法自2023年1月1日起施行。然而，我国当前仍然缺乏健全的体育赛事活动管理法律法规体系，现有的《体育赛事活动管理办法》属于部门规章，效力层级较低。因此，亟需制定一部效力层级较高的行政法规，以专门规范体育赛事活动秩序，并保障赛事活动相关权利人的权利。

为培育体育市场、促进体育市场繁荣与规范体育市场管理，当前我国重庆、广西、山东、湖北、内蒙古等地已经制定地方体育市场管理条例，以加强体育市场管理，保护体育市场经营者和消费者的合法权益，促进体育事业的繁荣发展，增进人民群众的身心健康。然而，我国仍缺乏一部法律效力层级较高的、在全国行之有效的行政法规，将市场相关主体与市场重点领域结合，并从政策体系、管理体系、运行机制、保障体系、监督体系、责任体系等维度进行框架设计。2023年，体育总局委托专家积极起草《体育市场条例》。

"十四五"规划纲要对职业体育赛事的发展提出了明确的目标。除足球、篮球、排球联赛等受关注程度高、社会影响力大的项目外，乒乓球、羽毛球、自行车、网球、棋牌等群众基础好的项目在职业体育领域同样拥有非常大的发展空间。"十四五"时期，职业体育赛事在自身发展壮大、不断满足人民群众多层次体育需求的同时，在建设体育强国的进程中发挥着重要作用。然而当前，我国职业体育领域仍缺乏一部行之有效的法规予以规范，亟需制定相关行政法规，完善项目管理体制，规范俱乐部运营机制，加强职业体育管理，将相关组织视为企业和社会团体，依靠立法与司法系统对职业体育进行管理，优化职业体育商业经营机制，发展体育经纪人队伍。2023年，体育总局委托专家积极起草《职业体育条例》。

促进社会体育俱乐部规范发展是创新社会治理模式、转变体育发展方式、建立健全公共体育服务体系的必然要求，也是建设健康中国和体育强国的题中应有之义。近年来，我国各类社会体育俱乐部数量不断增加，规模不断扩大，在促进全民健身、竞技体育和体育产业的发展方面发挥了积极的作用。但社会体育俱乐部"小、弱、散"问题比较突出，一些俱乐部违规开展培训活动，亟需进行规范并加大扶持力度。支持和规范社会体育俱乐部发展是一项系统工程，需要多部门联合发力，2020年，体育总局联合教育部等七部门共同印发《关于促进和规范社会体育俱乐部发展的意见》。2023年，体育总局委托专家学者积极起草《体育俱乐部条例》。

不同于上述四部行政法规，我国《全民健身条例》以及《反兴奋剂条例》已经公布实施，其中，《全民健身条例》已于2009年8月30日由国务院公布，自2009年10月1日起施行。之后，《全民健身条例》根据2013年7月18日国务院《关于废止和修改部分行政法规的决定》进行第一次修订，又根据2016年2月6日国务院《关于修改部分行政法规的决定》进行第二次修订。2022年，中共中央办公厅、国务院办公厅《关于构建更高水平的全民健身公共服务体系的意见》公布，提出研究修订《全民健身条例》。2023年6月，体育总局发布《关于征求〈全民健身条例（修订草案）〉意见的通知》。

为了防止在体育运动中使用兴奋剂、保护体育运动参加者的身心健康、维护体育竞赛的公平性，我国《反兴奋剂条例》由国务院第三十三次常务会议于2003年12月31日通过，于2004年1月13日公布，自2004年3月1日起施行，随后，根据2011年1月8日国务院《关于废止和修改部分行政法规的决定》予以修订。2023年6月，体育总局发布了《关于征求〈反兴奋剂条例（修订草案）〉意见的通知》。

我国对于体育行政法规的积极起草与修改，体现了我国对体育法治发展的重视,是我国体育法治体系的重要完善,体现了加快建设体育强国的要求,为推动我国新时代体育事业高质量发展、满足人民日益增长的美好生活需要提供了坚实的法治保障。

2. 最高人民法院发布司法解释

在新《体育法》颁布一周年之际,最高人民法院于2023年6月21日首次发布八个涉体育纠纷民事典型案例。此次发布的典型案例涉及合同纠纷、知识产权与竞争纠纷、劳动纠纷、侵权责任纠纷等。此次发布的典型案例具有以下特点:一是支持开展全民健身运动,推动全民健身和全民健康深度融合;二是切实保护运动员的合法权益,提高我国竞技体育综合实力;三是持续促进体育消费,推动体育产业高质量发展;四是不断加大体育知识产权保护力度,维护公平有序的市场竞争环境。最高人民法院将上述案例作为典型案例予以公布具有重要意义,不仅维护了体育爱好者的合法权益,鼓励和支持公众参加健身活动,提高了赛事组织者、培训机构的合同意识、安全保障意识和服务质量,而且明确了合同纠纷、知识产权与竞争纠纷、劳动纠纷、侵权责任纠纷中的运动员权利保障,体育赛事活动主体的法律责任,受案范围等问题。

3. 部门规章及规范性文件的修订与实施

除《体育赛事活动管理办法》《体育仲裁规则》《中国体育仲裁委员会组织规则》于2023年1月1日起正式实施外,体育总局于2023年发布了21件部门规范性文件以及236件部门工作文件。文件内容涉及体育公共服务,如《基本公共服务标准体系建设工程工作方案》;运动员权利保护,如《国家队老运动员、老教练员关怀基金实施办法》《运动员、教练员体育运动奖章授予办法》;体育产业发展,如《国家体育产业基地管理办法》;反兴奋剂治理,如《兴奋剂目录公告》《兴奋剂检查人员管理办法》;运动员注册交流,如《板球运动员注册与交流管理办法》《板球运动员注册与交流管理办法》;体育仲裁,如《中国体育仲裁委员会章程》《中国体育仲裁委员会仲裁员聘任和管理办法》;等等。

(二)地方体育立法

2023年度我国发布的以"体育"或"全民健身"为标题的新增或修改的地方立法共413件,其中省级地方性法规6件、设区的市级地方性法规6件,地方规范性文件401件。立法内容涵盖了全民健身、体育产业、体育安全、重点群体体育保障等重点议题,全面回应了我国体育发展的现实关切。

2023年11月30日，河北省第十四届人民代表大会常务委员会第六次会议表决通过了河北省人民代表大会常务委员会《关于修改〈河北省体育设施管理条例〉等九部法规的决定》。《河北省体育设施管理条例》由河北省第九届人民代表大会常务委员会第五次会议于1998年11月6日通过，其制定目的在于加强体育设施的建设和使用管理，促进体育事业发展，增强人民体质。2023年新《体育法》实施后，《河北省体育设施管理条例》进行了适时修订。

《甘肃省全民健身条例》由甘肃省第十四届人民代表大会常务委员会第六次会议于2023年11月28日修订通过，自2024年1月1日起施行。《甘肃省全民健身条例》的立法目的是推动体育强省和健康甘肃建设，促进全民健身活动的开展，构建全民健身公共服务体系，保障公民参加健身活动的合法权益，提高全民身体素质。

《上海市体育发展条例》由上海市第十六届人民代表大会常务委员会第八次会议于2023年11月22日通过，自2024年1月1日起施行。《上海市体育发展条例》的立法目的在于促进上海市体育事业，发展体育运动，增强市民体质，提升城市软实力。

《辽宁省实施〈中华人民共和国体育法〉若干规定》由辽宁省第九届人民代表大会常务委员会第七次会议于1999年1月28日通过。我国《体育法》修订后，《辽宁省实施〈中华人民共和国体育法〉若干规定》随之修订，修订内容涉及第15条重大体育竞赛活动的体育知识产权问题以及第21条第1款的公共体育设施用途问题。新《辽宁省实施〈中华人民共和国体育法〉若干规定》于2023年11月15日公布实施。

《江西省全民健身条例》由江西省第十四届人民代表大会常务委员会第四次会议于2023年9月27日通过，自2023年12月1日起施行。近年来，江西省委、省政府出台了一系列推进全民健身活动、促进体育事业发展的有力举措，全民健身事业取得显著成效，但全民健身公共服务水平与人民群众日益增长的健身需求相比仍有差距。在此背景下，《江西省全民健身条例》应运而生。

综上所述，2023年我国体育法治立法取得了一定成绩，为我国体育事业发展提供了坚实的立法保障，然而，我国仍需进一步构建完备的体育法律规范体系。国家体育行政部门应指导、督促相关单位以及各地做好《体育法》实施后体育领域法规政策文件的"立改废释"工作，持续推进《全民健身条例》

《反兴奋剂条例》修订工作，修订《经营高危险性体育项目许可管理办法》，配合修订最高人民法院《关于审理走私、非法经营、非法使用兴奋剂刑事案件适用法律若干问题的解释》，继续研制与体育赛事活动管理、体育市场管理、职业体育、体育俱乐部等相关的立法文件。

二、体育法治实施概况

体育行政执法是各级体育行政部门履行政府管理体育事务的法定职责的表现，是推进依法治体、建设法治政府的重要内容，是实现体育强国建设的重要法治保障。2023年，各级体育行政部门持续规范和加强行政执法工作，不断提高体育治理体系和治理能力现代化水平。2023年，我国各级体育行政部门坚持以习近平新时代中国特色社会主义思想为指导，全面贯彻党的二十大和二十届二中全会精神，深入学习贯彻习近平法治思想、习近平总书记关于体育的重要论述和重要指示批示精神，全面落实《法治政府建设实施纲要（2021—2025年）》，扎实推进法治政府建设各项工作，为加快建设体育强国提供坚实法治保障。

（一）以党的二十大精神为引领，全面加强党对法治政府建设的领导

从中央层面来看，体育总局持续深入学习贯彻习近平法治思想，将学习习近平法治思想纳入主题教育、党组理论学习中心组学习、干部教育重要内容，深刻领悟"两个确立"的决定性意义，增强"四个意识"、坚定"四个自信"、做到"两个维护"。加强依法行政能力建设，结合体育工作实际，印发体育总局《贯彻落实〈关于建立领导干部应知应会党内法规和国家法律清单制度的意见〉方案》，建立健全体育总局领导干部应知应会党内法规和国家法律清单制度，并将其纳入体育总局党校教学内容和领导干部任职培训、在职培训的必训课程。

2023年，地方各级体育行政部门积极加强党对体育工作的领导和备战工作中的思想作风建设，深入推进全面从严治党，开展主题教育和党纪学习教育，加强党的建设。例如，内蒙古自治区体育局为了全面加强党对法治建设的领导，落实党组理论学习中心组学法制度，印发《党组理论学习中心组专题学习重点内容》，将习近平法治思想、习近平新时代中国特色社会主义思想、行政法规、党内法规、民族工作政策法规等列入党组理论学习中心组学习内容。此外，创新多元化学习模式，采用"书记讲党课+专题讲座+集体研讨+线

下自学+线上培训"相结合的方式,引导局系统党员干部用习近平法治思想武装头脑、指导实践、推动工作,确保体育法治建设始终保持正确政治方向。同时,研究制定了《内蒙古自治区2023年法治政府建设工作计划》等文件,明确工作目标、工作任务,压实工作责任,并实行法治政府建设年度重点任务提示制度。

(二)深化体育领域改革,持续推动政府职能转变优化

2023年,以习近平同志为核心的党中央、我国各级体育行政部门对体育工作高度重视,广大人民群众关心体育、热爱体育、支持体育,我国经济发展长期向好,社会环境安定团结,科教兴国战略、全民健身战略深入实施,体教融合不断推进,深化体育改革获得有力的政策支撑。2023年,体育总局稳妥有序推进体育管理体制改革研究,认真贯彻中央全面深化改革的要求,系统谋划体育改革工作,设立改革专班,深入研究总局系统机构改革,实现12个机关内设部门、42个事业单位、101个体育协会调研全覆盖,研究起草推进机关、事业单位和协会改革的一揽子改革方案草案,着力构建职能明确、管理顺畅、协同高效的体育管理体制机制;扎实开展体育总局年度改革工作,确定《体育总局2023年深化体育改革工作要点》;加快电子政务迭代升级,落实《虚拟现实与行业应用融合发展行动计划(2022—2026年)》,面向体育行业进行智能社会治理方法和治理模式的积极探索,各国家智能社会治理实验体育特色基地取得积极进展;完善体育总局数据共享交换平台,实现机关系统的互联互通、与国家数据共享交换平台的对接,确保系统运行总体平稳。

各地方、各领域的改革实践不断推进,体育行业对改革的共识不断凝聚:北京市发挥"双奥之城"优势,推动体育强市建设步入高质量发展轨道;天津市提出建设"运动之都""排球之城"体育强市目标;河北省制定实施《体育强省建设行动方案》;四川省以举办成都大运会为契机,带动体育强省建设迈出新步伐;内蒙古自治区抓住筹办第十四届全国冬季运动会的有利时机,加快推进体育强区各项任务落实。

(三)健全行政决策制度,提升行政决策法治化水平

2023年,体育总局坚持民主决策,严格执行《重大行政决策程序暂行条例》,把党的领导贯彻到重大行政决策全过程,落实民主集中制,提高科学决策和民主决策水平。体育总局各部门、单位在研究起草规章和规范性文件

时,广泛征求地方体育行政部门以及社会各界的意见建议,保障体育企业和体育行业协会在制度建设中的知情权、参与权、表达权和监督权;严格履行审核程序,聘请专业律师事务所作为法律顾问单位,为体育总局重大决策、重大行政行为提供法律咨询意见;在规范性文件制定、重要协议签订等环节加强风险评估、合法性审查,促进依法决策;充分发挥决策咨询和专家智库作用,坚持问题导向、需求导向,修订《国家体育总局决策咨询研究项目管理办法》,印发《体育高端智库管理办法》,进一步完善项目管理、考核评价制度机制,提高项目研究质量,服务行政决策和战略研究。

(四)聚焦监管效能,着力改进体育执法

2023年,体育总局提高行政许可管理服务水平,进一步梳理体育领域行政许可实施规范,加强对地方体育行政部门行政许可工作的指导。2023年全年,体育总局行政审批办公室办理审批共计85件,其中携带射击运动枪支弹药出入境审批42件,举办攀登7000米以上山峰活动审批29件,举办全国性、跨省区市的健身气功活动审批14件。加强行政执法监督检查,全年共组织14个监督检查组分两批赴全国14个省级体育行政部门、省会城市体育行政部门及部分区县级体育行政部门进行高危险性体育项目经营活动行政执法监督检查,形成检查报告和问题清单,并督促相关部门压紧压实责任,切实整改到位。加强执法队伍建设,面向全国开展2次高危险性体育项目经营活动行政执法培训,邀请相关专家、专业律师、优秀一线执法干部代表等进行授课交流,总结典型经验,提升执法队伍法治思维与能力素质。编印全国体育执法案例库,供各地学习互鉴。

地方体育行政部门聚焦执法,确保严格规范公正文明执法。2023年,北京市体育局采取多重措施规范体育执法,具体措施包括:其一,健全"双随机、一公开"监管手段,坚持按月开展经营高危险性体育项目单位的随机抽查工作。全年共开展随机抽查工作12次,检查60余家经营高危险性体育项目单位,检查结果在市体育局网站予以公示。积极开展行政检查"一码检查"小切口试点工作,"一码检查"绑定率和应用率均达到100%。严格落实行政执法"三项制度",履行主要职责的A岗人员参与执法率和违法行为纳入检查率均达100%。2023年全市体育系统共计完成行政执法7353件。其二,梳理市体育局行政检查、行政处罚职权,新增行政检查职权1项,行政处罚职权32项。健全北京市体育领域行政裁量权基准制度,落实轻微违法免罚和初次违法慎

罚制度,印发《北京市体育领域行政裁量权基准》《北京市体育领域行政违法行为处罚裁量基准(2023年版)》《北京市体育领域行政处罚听证标准》,进一步规范行政裁量权行使,充分保障相对人合法权益。其三,通过会议座谈、法治培训等形式,开展行政执法人员专题培训。举办2023年全市体育系统依法行政培训会,邀请中国政法大学、北京市司法局的专家学者,围绕新《体育法》、行政执法实务等内容进行授课,各区体育局、市体育局相关直属单位、局机关相关处室共70余人参加。组织全市体育系统行政执法人员线上培训,每人学习不少于60学时,进一步提高学习效率,切实提升执法能力和水平。

(五)强化权力制约和监督,规范行政权力运行

2023年,体育总局加强巡视整改和督查工作,全力配合中央机动巡视,深入推进体育领域反腐败斗争,修复净化体育政治生态。健全内部监督机制,制定体育总局重点督查事项管理规则,将中央领导重要指示批示落实和党组会等重要会议议定事项纳入督查台账,定期开展督查梳理,提出意见建议。主动接受人大、政协监督,承办全国人大建议86件、全国政协提案66件。督促承办单位按要求和时限办理,严格把关答复和协办会办意见,确保高质量办理,稳妥做好答复内容公开。规范开展政务公开,答复依申请公开29次、中国政府网网民留言26次和有关运动员技术等级评定、单招考试、"三大球"发展、体育产业数据问询等政务咨询1300余条,有效发挥密切党群关系、倾听民声民意的渠道作用。

地方体育行政部门坚持把巡察整改作为必须肩负的政治责任、必须落实的政治任务,全面深入抓好巡察反馈每一条意见、每一项任务整改,扎实做好巡察整改工作。2023年,浙江省嘉兴市召开专题党组会议,研究部署巡察整改工作,形成中共嘉兴市体育局党组《关于落实市委巡察组反馈意见的整改方案》,梳理巡察反馈意见整改落实情况工作台账,召开巡察整改民主生活会,严格落实党组巡察整改政治责任,采取有效措施抓紧抓好问题整改和闭环落实,巡察反馈问题整改完成率达到85%,建立完善政策和制度64项(含下属单位),对相关责任人进行追责问责。

(六)完善多元解纷机制,维护体育稳定发展

完善多元解纷机制是维护体育稳定发展的重要工作内容。体育总局大

力支持体育仲裁工作,推动中国体育仲裁委员会于2023年2月11日成立,协助体育仲裁筹备组完善体育仲裁制度、组建体育仲裁机构;出台《中国体育仲裁委员会组织规则》《体育仲裁规则》;依法做好行政复议与应诉工作,充分发挥复议诉讼化解行政争议的主渠道作用,加强对新《行政复议法》的学习培训,组织符合条件的7名机关干部申办公职律师证书,加强队伍专业化、职业化建设;全年处理行政复议5件、行政诉讼6件;依法妥善处理信访事项,完善体育总局信访工作制度体系,修订信访工作办法、工作规则、工作规范,制定机关年轻干部和新录用干部到信访岗位锻炼工作管理办法。

三、体育法治监督年度概况

2023年,在以习近平同志为核心的党中央坚强领导下,各部门加强宪法实施和监督,不断健全对行政机关、监察机关、审判机关、检察机关的监督制度,确保行政权、监察权、审判权、检察权依法正确行使。逐步完善社会监督,确保人民群众充分行使人民当家作主权。

(一)国家权力机关的监督

人民代表大会是最高国家权力机关,根据我国《宪法》规定,全国人大和地方各级人大有监督法律实施的职权。人大监督作为国家权力机关代表国家和人民进行的监督,是党和国家监督体系的重要组成部分。在2021年10月召开的中央人大工作会议上,习近平总书记强调,要用好《宪法》赋予人大的监督权,正确监督、有效监督、依法监督。

各级人大代表就人民密切关心的问题向有关部门提出建议、质询意见是人大监督的表现形式。例如,2023年,北京市体育局共承办48件市人大代表建议和市政协提案,其中,市人大代表建议11件(主办4件、会办7件)、市政协提案37件(主办12件、会办25件)。根据建议、提案的内容,结合市体育局工作职责和实际情况,制定了《市体育局办理市人大第十六届一次会议建议分工清单(2023年)》和《市体育局办理市政协第十四届一次会议提案分工清单(2023年)》,逐件明确了办理工作牵头领导和主办、会办部门。按照《北京市人民政府办理人民代表大会代表建议、批评、意见和人民政治协商会议提案办法》(市政府令第263号)和《2023年市政府系统办理建议提案工作程序和要求》的规定,相关建议、提案均已按期办复。

2023年,根据中共重庆市委督查工作领导小组《关于认真做好2023年市领导重点督办人大建议和政协提案有关工作的通知》（渝委督领〔2023〕3号），丰都代表团提出的《关于加快推动全市冰雪产业发展的建议》（第0989号）被选为市领导重点督办件，中共重庆市委督查工作领导小组对此予以高度重视，认真办理。8月2日，重庆市人大常委会副主任率队赴丰都县通过现场调研、召开座谈会等方式督办该建议。

（二）党的监督

巡视工作是加强全面从严治党、维护党纪的重要手段，是加强党内监督和政治监督的重要形式。2024年7月8日，中央纪委国家监委发布的中共国家体育总局党组《关于二十届中央第一轮巡视整改进展情况的通报》（以下简称《通报》）称，根据党中央统一部署，2023年4月7日至6月5日，中央第十五巡视组对体育总局党组开展了机动巡视。2023年9月20日，中央巡视组向体育总局党组反馈了巡视意见。《通报》提到了推进足球领域反腐工作的相关内容，称体育总局开展全国足球领域特别是中国足协教育整顿工作，重拳惩治足球领域腐败问题，强化党对足球工作的全面领导、净化足球领域政治生态、促进足球事业改革发展，取得阶段性成果。在足球行业部署开展"以案促改促治、整顿行风、净化足球生态"专项行动，部署中国足协每年召开警示教育大会，切实巩固深化足球领域教育整顿和足球反腐成果。

2023年10月8日至12月1日，北京市委第四巡视组对北京市体育局党组开展巡视。巡视主要任务为：按照政治巡视总体要求，聚焦党组织政治责任，发现问题、形成震慑、推动改革、促进发展。监督检查落实党的理论路线方针政策和党中央决策部署情况，落实全面从严治党战略部署情况，落实新时代党的组织路线情况，各类监督检查发现问题和主题教育、纪检监察干部队伍教育整顿检视问题整改落实情况等。同时，重点围绕城市副中心规划建设治理，监督检查被巡视单位在推进城市副中心高质量发展中存在的问题和不足。巡视主要方式有听取汇报、个别谈话、调阅资料、列席有关会议、开展专项检查、受理来信来电来访、下沉了解等。

2023年5月23日，江苏省体育局党组召开2023年度巡察工作动员会，启动本年度巡察工作，对省方山体育训练基地党总支、省体育彩票管理中心党总支、省体育局青少年训练与反兴奋剂管理中心党支部和省体育产业指导中心党支部开展政治巡察。

（三）行政机关的监督

2023年，各级体育行政部门进一步加强体育行政监督检查工作。多地体育行政部门制定了年度执法检查工作计划，通过日常行政检查和双随机抽查，对体育经营单位依法从事经营活动情况、高危险性体育项目经营单位依法从事经营活动情况，安全生产制度建立及落实情况，彩票设备管理、彩票宣传行为、彩票竞争行为、彩票销售行为等方面进行检查。

为贯彻落实行政执法"三项制度"要求，进一步规范体育行政执法工作，加强对体育领域的监督和管理，北京市体育局2023年执法检查工作主要包括对全市736家经营高危险性体育项目单位进行行政检查，其中市区日常行政检查每月检查数量不少于80家，检查比例不低于10%；坚持按月开展随机抽查，每月抽查数量为5家，全年抽查比例不低于6%。此外，根据本年度体育赛事举办情况适时开展行政检查，对全市3084家在售体育彩票实体店按月开展行政检查和不定期抽查；对全市31家公共体育场馆进行日常行政检查和不定期抽查，实现公共体育场馆行政检查全覆盖；对从事体育管理工作的人员和运动员辅助工作人员进行兴奋剂检查。

（四）社会监督

2023年，各级体育行政部门、体育协会等通过政府信息公开、"互联网+监管"、设立网上投诉制度等多渠道开展社会监督。

2023年，北京市体育局政府信息公开工作领导小组分管领导和相关责任部门得到进一步明确。重点领域信息公开得以加强，规范设置政府信息公开专栏，及时、集中、准确发布政府信息公开指南、年报、法定主动公开内容。2023年，主动公开政府信息1379条，发布规范性文件8个。做好重点领域信息公开，更新发布北京市2022年新建体育健身活动场所信息，发布国际滑联速度滑冰世界杯、北京马拉松、北京市第二届冬运会、北京市体育大会、全民健身体育节等各类体育赛事活动信息。此外，北京市政府严格依法依规办理政府信息公开申请。2023年收到8件申请件，已全部按期答复，有效回应市民关切。深入推进政府信息资源规范化管理，严格履行保密审查和信息发布审核程序，避免主动公开信息出现错别字、表述不规范、失泄密等问题。对已公开的政策文件进行动态管理，做好政策性文件清理和有效性更新标注，确保信息精准有效。加强政府信息公开平台建设，持续推进政府网站建设，优化网站栏目和功能,全年更新发布信息数据5300余条。发挥政务新媒体平台作用,拓宽政策宣传渠道,丰富解读形式,第一时间发布政策解读文件。强化政务咨询服务,开展问答知识库建设,及时做好咨询留言办理工作。强化政府信息公开教育培训及监督保障,加强公开工作教育培训。深入学习贯彻《政府信息公开条例》,借助干部教育学习平台等,进行有针对性的学习提升;规范政府信息公开工作流程,不断完善信息公开管理制度,进一步提高工作人员政策理论素质和管理服务水平。加强信息公开督导工作,持续加大对全局系统政府信息公开工作的指导和监督力度。按标准全面公开政府信息,按规范推进信息公开工作,不断提升政务服务效率和水平。

浙江省金华市体育局依托"互联网+监管"技术手段,进一步加强体育领域安全监管,全面完成系统建设任务,开展"双随机、一公开"监管、"一把手"执法和跨部门联合监管等工作。2023年11月底前,对全市已许可的高危险性体育项目经营单位、运动员技术等级授予情况、公共体育设施、体育社会团体、体育类校外培训机构、体育类民办非企业单位进行计划抽查。实现双随机检查次数占比30%以上;在省行政执法监管(互联网+监管)平台设置抽查计划和任务,做到计划任务100%公示、100%完成;设置任务关联信用风险规则,做到关联率90%以上,完成掌上执法率95%以上,做到任务按时完成率和公示率100%;协同配合推进联合抽查工作,实现跨部门监管率25%以上。

另外,一些体育协会也在体育法治监督中发挥了重要作用。例如,2023年,在杭州市体育局政策法规处的指导下,杭州市体育休闲行业协会建立了体育消费投诉、行政处罚公示制度,涉及体育产品销售、体育健身服务、体育教育、赛事活动等体育经营活动;落实经营者主体责任,发挥社会监督作用,保障消费者的知情权和选择权,在全市范围内营造安全放心的体育消费环境,为公众监督提供了便利。

四、体育法治保障概况

2023年,随着新《体育法》的施行以及配套法律规范的不断完善,我国体育法治体系不断完善,为推动新时代体育事业高质量发展、满足人民日益增长的美好生活需要提供了坚实法治保障。

(一)政治和组织保障

2023年,我国各级体育行政部门全面贯彻落实党的二十大和二十届二中全会精神，深入学习贯彻习近平总书记关于体育的重要论述和重要指示批示精神，抓好中央机动巡视整改，深化体育改革，推进体育高质量发展，统一思想、坚定信心、勇毅前行，为加快建设体育强国、实现中华民族伟大复兴作出新的贡献。2023年，体育总局加强对体育强国建设的组织领导，开展顶层设计研究，围绕体育强国建设进行调研，在体育系统征集体育强国建设典型案例，开展体育强国指标体系研究，印发《关于进一步完善工作机制推动〈体育强国建设纲要〉贯彻落实的意见》，制定《体育强国建设人才规划（2023—2035年）》，召开全国体育局长会议，回顾总结2023年工作，分析体育事业发展面临的形势。

一年来，全国体育战线深入学习贯彻习近平新时代中国特色社会主义思想和党的二十大精神，以主题教育凝心聚魂，以中央巡视整改治顽疾、扬正气，净化体育政治生态，体育战线党的领导和政治建设得到有力加强。体育强国建设打下良好基础，群众体育、竞技体育、青少年体育工作取得新成效，体育产业、体育文化、体育法治、体育外事工作取得新进展，深化体育改革、推进体育高质量发展呈现新气象。

地方各级体育行政部门也按照中央要求，深刻认识党的二十届二中全会的重大历史意义，把深入学习贯彻全会精神，作为当前和今后一个时期的首要政治任务，采取会议动员、专题讲座、集体学习、个人自学、氛围营造等多种形式，迅速掀起了学习宣传贯彻热潮。例如，2023年，广州市体育局召开"局党组理论学习中心组集体（扩大）学习会"，集中学习党的二十届二中全会精神。河南省体育局系统各级党组织及时跟进，领导干部率先垂范，带动广大运动员、教练员和干部职工主动对标全会精神、对标体育河南建设指标体系，在全面深化体育改革中展现新担当、新作为，为建设体育强国作出更多河南贡献。

2023年，浙江省嘉兴市制定《关于进一步规范和加强嘉兴市体育局系统党的建设工作的实施意见》，全面加强党的建设思想认识、标准规范、制度执行、责任落实、监督指导等方面工作，不断夯实党组织基层基础。积极争创"双建争先"先进基层党组织，"活力嘉兴"成功创建示范性机关服务品牌，党组书记领办项目纳入市直机关工委项目清单，市少体校纳入首批市直机关清廉单元培育名单。

（二）人才保障

在法治轨道上推进体育强国建设离不开一支高素质的体育法治专门队伍。党的十八大以来，体育事业快速发展，人才队伍建设成效显著，体育人才队伍继续壮大，人才素质持续提升，人才投入收效明显。要实现到2035年建成体育强国的目标，体育人才需要在"扩军"的基础上"提质增效"，不断强化人才在体育强国建设中的引领驱动作用。基于此，体育总局2023年印发《体育强国建设人才规划（2023—2035年）》（以下简称《人才规划》）。这是体育系统面向体育强国建设目标制定的中长期人才规划，必将为体育事业发展提供人才支持和组织保障。《人才规划》将聚焦人才的培养、引进、评价、激励等关键环节，加大政策创新力度，充分发挥举国体制的动员优势和市场机制的价值导向作用，激发社会力量培养体育人才的动能。坚持"刚性引才"与"柔性引智"相结合，向用人主体放权赋能，充分吸纳科技、卫生、教育等领域高水平人才为体育贡献力量。细化体育专业人员职称评价标准，坚持破"四唯"与立"新标"相结合，突出业绩导向、基层导向。加大青年人才支持力度，实施优秀中青年专业技术人才支持计划，进一步加大优秀运动员、教练员激励力度。通过建立全国"一盘棋"体育人才工作格局，促进各方面人才涌现，为2035年建成体育强国提供有力人才支撑。

2023年，地方各级体育行政部门不断加强对体育人才培养的重视。例如，湖南省体育局结合职能职责，认真落实体育后备人才的文化教育保障工作，促进运动员全面发展，与湖南省教育厅等部门共同修订了《湖南省体育后备人才培养条例》，为加强运动员文化教育和保障工作提供了有力的政策支撑。再如，湖北省体育局认真落实运动员服务保障政策：其一，做好运动员国家专项资金保障。协助体育总局体育基金管理中心发放2022年度运动员高等教育资助金145人次、57.75万元，完成2023年度运动员高等教育资助金网上初审91人次、38.48万元，国家级部分老运动员、老教练员医疗照顾申报2人、0.73万元。其二，做好省级运动员基础资金保障。完成2022年度省级老运动员、老教练员医疗照顾及关怀基金申报、评审及发放工作，为91人发放医疗照顾费22.54万元；完成2023年度省级优秀运动员奖学金助学金申报、审核32人、20万元；为233人发放2023年度体育伤残抚恤费7.994万元；为62人发放2022年度省级运动员伤残互助保险理赔金28.97万元；为86人发放2023年度退役运动员一次性经济补偿费681.83万元。其三，做好运动员保险保障。做好伤残互助保险报名统计,其中国家级1299人,省级1281人。同时,做好运动员雇主责任险人员异动、保险理赔以及2024年度投保工作。2023年度申请理赔78件,预计总赔付金额122.03万元,已赔付金额42.2万元。2024年度运动员投保共计2156人,其中专业运动员1595人,青少年运动员561人。此外,湖北省体育局深化开展运动员退役职业转型工作,积极探索体育融合发展路径,提升运动员执教水平,加强部门协同,发挥资源优势,提升运动员职业技能水平,激发运动员就业创业活力。

(三)物质保障

2023年,新《体育法》实施以后,我国体育事业发展在财政、税收、土地资源等事项上得到了切实保障。2023年4月,体育总局公布了《国家体育总局(本级)2023年部门预算》,体育总局本级2023年财政拨款收支总预算110619.8万元。其用途分别为:一般公共服务支出50万元,外交支出646.28万元,教育支出182.17万元,科学技术支出15万元,文化旅游体育与传媒支出42937.81万元,社会保障和就业支出772万元,住房保障支出840.98万元,其他支出65283.56万元。

此外,多地通过出台具体政策或提供实际帮扶保障体育事业稳步前进。例如,杭州市体育局优化供给结构,丰富群众身边的体育场地设施,制定出台《杭州市全民健身设施建设及运营维护资金补助办法》,这是国内首次对公共免费体育场地设施运营维护进行补助,2023年相关市级财政补助资金较去年同期增长112%,有效调动属地政府和社会力量对体育设施建设的积极性。杭州市2023年全年新建嵌入式体育场地2098片,总面积达68.55万平方米。对全市7600余处存量公园、绿地、小区等公共场所的全民健身设施(器材)进行网格化"健康体检"。加快推动学校"一场两门"改造工作,提升中小学校体育场地开放效能。905个学校室外体育场和279个学校室内场馆向社会低免开放,同时升级了校园健身数字管理系统,全市累计登记校园健身人次超965万。全市人均体育场地面积预计达到2.85平方米。此外,杭州市加大体育公共服务优享力度。2023年,杭州市全市新建186处省级基层场地设施。紧盯暑期青少年溺水事故频发等安全薄弱环节,调动游泳专业教练员资源,在全市中小学推广开展青少年防溺水公益培训课程2860节,提高青少年的避险防范意识和自救能力。建设完成省民生实事项目"环浙步道"杭州段505.6公里。锚定"服务百万级用户群体"目标定位持续优化升级"亚运场馆在线"平台,全市已有384家场馆接入"亚运场馆在线"平台,覆盖运动项41个,用户数达189万,日均访问量3.8万次。加强体育市场安全监管和体育类培训机构事中事后监管,指导各区、县(市)体育行政部门依法查处违法违规行为。全市高危险性体育项目共立案查处61件。制定下发《杭州市体育健身行业预付式消费综合治理方案》,全年受理体育健身预付式消费投诉3132起,调解1198起,为消费者挽回经济损失1047万余元。在市体育休闲信用在线平台,累计发布杭州市体育健身消费投诉信息1004条、行政处罚信息181条、体育健身风险预警信息11条、体育健身相关以案释法案例8例,提醒消费者警惕消费陷阱,规避消费风险。

2023年,浙江省嘉兴市编制完成《嘉兴城市公共体育健身设施布局专项规划(2021—2035年)》;完成省民生实事100个基层体育场地设施建设;全市已建成438个智慧体育社区(村);100个"社区运动家"提升行动纳入城乡现代社区"十二件惠民好事",其中新建提升36个场地,组织赛事活动和公益培训5075场;《推动社区运动家建设 打造城乡一体"10分钟健身圈"》入选"八八战略"与嘉兴共同富裕实践十大案例,"社区运动家"全民健身公共服务模式入选省共同富裕机制体制创新模式重点培育名单,全省仅3个设区市入选;市本级选取15所学校开展智慧化开放管理试点,接入"社区运动家"平台,自5月1日以来,总服务10.89万人次;全市12个公共体育场馆面向医护人员免费开放,目前已接待服务4990人次;创设基层体育委员"1+N"联动新机制,全市1191个村(社)配备基层"体育委员",实现全覆盖,汇集体育志愿者12972人。

(四)法治意识和法治精神保障

2023年,各级体育行政部门切实做好普法工作,为体育法治实施提供法治精神保障。首先,北京市体育局制定年度普法依法治理工作计划。对照《2023年北京市普法依法治理工作要点》,结合工作职能,制定《北京市体育局2023年度普法依法治理工作计划》,明确重点领域普法依法治理工作,全面落实普法责任制,推动体育领域治理效能提升,推进社会治理法制化建设。其次,充分利用重要法律法规颁布日、施行日、纪念日等,开展群众性法治文化活动。在"4·15"国家安全教育日、"12·4"国家宪法日、民法典宣传月等时间节点,举办宣传讲座、设置普法主题宣传栏、组织知识竞答。在《北京市全民健身条例》颁布实施六周年之际,举办全民健身系列活动,持续做好普法工作。积极参与全市法治文艺大赛活动,广泛动员局机关、直属单位开展法治文艺作品创作、演出等活动,发放宣传海报2000余份。再次,北京市体育局深入开展"法律十进"普法活动。一是推动"法律进校园",以青少年为对象,以反兴奋剂、体育安全、法制校园为主题,结合五四青年节、安全生产月等时间节点,有针对性地进行普法教育。二是推动"法律进场馆",联合北京市人民检察院第二分院在国家游泳中心举行体育运动中未成年人保护法治宣传教育活动,现场检察官"以案释法"并提供咨询服务,参加活动的家长和未成年人共计2000余人,发放法治宣传册800余册。三是推动"法律进活动赛场",通过举办反兴奋剂教育拓展活动开展普法宣传,引导赛事活动组织者和参与者自觉学法、守法、用法,营造良好的法治氛围。最后,北京市体育局借助媒体平台建设法治文化阵地。通过微信、微博、抖音等政务新媒体平台开展经常性普法宣传。2023年,北京市体育局官方微博"体育北京"转载发布新《体育法》政策解读、《北京市公共文化服务保障条例》全文、《北京市体育行业预付式消费领域资金监管实施细则(试行)》政策解读等,及时将普法依法治理活动信息推送至"北京普法"微信公众号。

综上所述,2023年,在党中央、国务院的坚强领导下,在全国体育战线的共同努力下,体育事业发展迈出了新步伐、取得了新成就。与此同时,我国体育工作面临的挑战和发展机遇亦前所未有。2024年,我国各级体育行政部门应当继续坚持以习近平新时代中国特色社会主义思想为指导,全面贯彻落实党的二十大精神,坚决贯彻落实中央关于法治政府建设的重大决策部署,加大推进体育改革工作力度,持续加强理论研究和决策支持,构建完备的体育法律规范体系,完善体育执法工作机制,并扎实开展重要政策研制工作,强化体育法治宣传教育,以不断推进体育治理体系和治理能力现代化,推动法治政府建设工作水平再上新台阶。

分报告

体育立法篇

全民健身地方立法发展报告(2009—2023)[*]

2009年8月19日,《全民健身条例》经国务院第七十七次常务会议通过,于2009年8月30日公布,自2009年10月1日起施行。该行政法规颁布15年以来,分别根据2013年7月18日国务院《关于废止和修改部分行政法规的决定》作出第一次修正和根据2016年2月6日国务院《关于修改部分行政法规的决定》作出第二次修正。2022年3月,中共中央办公厅、国务院办公厅印发《关于构建更高水平的全民健身公共服务体系的意见》,提出研究修订《全民健身条例》。2022年7月,体育总局启动了《全民健身条例》修订工作。2023年6月,体育总局公开向社会征求《全民健身条例(修订草案)》意见。为了给《全民健身条例》修订工作提供地方立法经验参考,本研究对全民健身地方立法修订情况作简要分析。

一、全民健身地方立法的背景与原因

(一)保障当地全民健身实践发展的需要

截至2023年年底,我国经常参加体育锻炼的人数比例达到37.2%,全民健身促进全民健康已逐步成为全社会的共识。在条件保障方面,截至2023年年底,全国共有体育场地459.27万个,体育场地面积40.71亿平方米,人均体育场地面积2.89平方米,提前完成"十四五"规划目标。尽管如此,我们也需要注意,我国体育场地面积总体规模较大,但是人均体育场地面积与体育发达国家的数据还有一定差距,城乡体育设施分布与发展仍不均衡。例

---

[*] 陈华荣、吴昌熙:运城学院。

如,第六次全国体育场地普查数据显示,全国体育场地分布在城镇的有96.27万个,占58.61%,分布在乡村的有67.97万个,占41.39%,城乡场地差距仍较显著。此外,随着进行体育健身的群众的数量日益增多,全民健身公共服务的供给水平未能跟上人们的健身需求。其中,体育赛事安全保障、体育活动技术指导、体育场地智能化等方面亟待提高。为此,各地纷纷进行全民健身地方立法,通过立法巩固全民健身实践改革成果,创新全民健身体制机制,保障公民体育健身基本权益。

（二）落实全民健身国家立法和政策的需要

2012年以来,全民健身在国家政策法规中的能见度显著提高,政策供给和资源配置力度不断加大。2014年10月20日,国务院印发《关于加快发展体育产业促进体育消费的若干意见》（国发〔2014〕46号）,明确将全民健身上升为国家战略,赋予全民健身更高的决策地位。从表1列举的部分全民健身相关政策法规名称也可以看出,全民健身在决策中的关注场域、工作重点、协作融合等方面已发生巨大变化。

表1 近年来全民健身主要政策法规一览表

名　　称	时　　间
中华人民共和国公共文化服务保障法	2016年12月25日通过
全民健身条例	2009年8月30日通过 2013年7月18日修正 2016年2月6日修正
中华人民共和国体育法（修订）	2022年6月24日修订
国务院关于加快发展体育产业促进体育消费的若干意见	2014年10月2日印发
国务院办公厅关于强化学校体育促进学生身心健康全面发展的意见	2016年4月21日印发
国务院关于印发全民健身计划（2016—2020年）的通知	2016年6月15日印发
体育总局关于印发《青少年体育"十三五"规划》的通知	2016年9月5日印发
"健康中国2030"规划纲要	2016年10月25日印发

(续表)

名　　称	时　　间
国务院办公厅关于进一步扩大旅游文化体育健康养老教育培训等领域消费的意见	2016年11月20日印发
国务院办公厅关于加快发展体育竞赛表演产业的指导意见	2018年12月11日印发
国务院办公厅关于印发体育强国建设纲要的通知	2019年8月10日印发
国务院办公厅关于促进全民健身和体育消费推动体育产业高质量发展的意见	2019年9月4日印发
关于深化体教融合 促进青少年健康发展的意见	2020年8月31日印发
国务院办公厅关于加强全民健身场地设施建设发展群众体育的意见	2020年9月30日印发
国务院关于印发全民健身计划(2021—2025年)的通知	2021年7月18日印发
体育总局关于印发《"十四五"体育发展规划》的通知	2021年10月8日印发
关于构建更高水平的全民健身公共服务体系的意见	2022年3月23日印发

2023年1月1日,我国新《体育法》正式施行。新《体育法》专设"全民健身"章节,对全民健身作了新的系统安排,明确国家实施全民健身战略,构建全民健身公共服务体系,鼓励和支持公民参加健身活动,促进全民健身与全民健康深度融合。新《体育法》进一步加强了对全民健身的运行机制、保障条件和监督管理等的要求。2022年6月30日,体育总局召开全国体育系统体育法贯彻实施动员大会,部署相关工作。会上明确,体育总局组织专班落实体育法确定的任务,原则上形成"一个章节、一个机构、一支队伍"的架构。据此要求,体育总局相关司局启动了全民健身相关配套立法工作,要求各地方体育行政部门推动本地区相关地方性法规、地方政府规章的修订,进一步推动地方全民健身立法的修订工作。

(三)满足地方经济社会发展的需要

2023年,我国体育消费规模达到1.5万亿元,已成为全球最大的体育消费市场之一。杭州亚运会、南京青奥会、北京冬奥会、成都大运会等一系列国际性大型赛事的成功举办,进一步提升了承办城市的形象,体育赛事和活动带动旅游消费,提升经济社会发展水平的功效进一步彰显。

各地方立法充分注意到体育在经济社会发展中的引擎作用,相继将其写入全民健身地方立法。如2023年《江西省全民健身条例》通过规定定期举办全民健身运动会和推广传统体育项目,如武术、舞龙舞狮、龙舟等,促进地方经济多元化发展。同时支持将优秀的民间传统体育项目列入非物质文化遗产代表性项目名录,提升其市场价值,为地方经济带来新的增长点。

(四)推动地方体育产业发展的需要

全民健身是体育产业发展的重要动力引擎,随着健康理念的转变和健身消费的升级,赛事运营、健身培训等体育服务经济迅速发展,运动鞋服、装备器材等体育制造业也再度被带"火"。网络直播和智能技术的发展则带动了运动App、运动智能装备、健身智能器械等体育科创产业的蓬勃发展。尽管各地体育产业快速发展,但仍面临诸多挑战,例如,体育产业要素流动壁垒尚未完全打破、产业政策体系亟待优化、市场发展存在短板、数字体育建设仍显滞后等,亟须在新《体育法》专设"全民健身""体育产业"章节的基础上,制定、修订各地方立法,优化政策法规实施环境,加强全民健身保障,理顺全民健身发展机制,助推体育产业蓬勃发展。

二、全民健身地方立法的现状与分析

各地高度重视全民健身,通过地方立法构建更加完善的全民健身法规保障体系,促进全民健身事业发展。自《全民健身条例》实施以来,大部分省、市制定了地方性全民健身立法,有些省级全民健身立法甚至早于国务院的《全民健身条例》(具体如表2所示)。这些地方立法为全民健身事业提供了有力的法律保障,推动了全民健身工作的深入开展。

表2 全民健身各级地方立法清单

地方行政区划		名称	通过时间（年）	最后修改时间（年）
省级行政区	省	河北省全民健身条例	2020	—
		山西省全民健身促进条例	2002	2010
		辽宁省全民健身条例	2012	2017
		吉林省全民健身条例	2010	2018
		江苏省全民健身条例	2002	2010
		浙江省全民健身条例	2007	2014
		安徽省全民健身条例	2008	2010
		福建省全民健身条例	2022	—
		江西省全民健身条例	2023	—
		山东省全民健身条例	2017	—
		湖北省全民健身条例	2013	2022
		湖南省全民健身条例	2012	—
		广东省全民健身条例	2019	—
		四川省全民健身条例	2007	2010
		云南省全民健身条例	2004	—
		陕西省全民健身条例	2007	2021
		青海省全民健身条例	2022	—
		甘肃省全民健身条例	2011	2023
	自治区	内蒙古自治区全民健身条例	2008	2015
	直辖市	北京市全民健身条例	2005	2017
		天津市全民健身条例	2006	2022
		重庆市全民健身条例	2018	—
		上海市市民体育健身条例	2000	2017
地级行政区（地级市）	副省级市	长春市全民健身条例	2008	—
		长春市全民健身条例实施细则（规章）	2012	—
		广州市全民健身条例	2009	2020
		武汉市全民健身条例	2015	—
		哈尔滨市全民体育健身条例	2001	2018

(续表)

地方行政区划		名称	通过时间(年)	最后修改时间(年)
地级行政区(地级市)	副省级市	杭州市全民健身条例	2004	2010
		青岛市全民健身条例	2023	—
		深圳经济特区促进全民健身条例	2014	2019
		宁波市全民健身条例	2021	—
	较大的市(省会)	石家庄市全民健身条例	2021	—
		银川市全民健身条例	2019	—
		贵阳市推进全民健身规定	2021	—
		哈尔滨市全民体育健身条例	2001	2018
		杭州市全民健身条例	2004	2010
		长春市全民健身条例	2008	—
		长春市全民健身条例实施细则(规章)	2012	—
		广州市全民健身条例	2009	2020
		长沙市全民健身办法(规章)	2012	—
		武汉市全民健身条例	2015	—
	较大的市(非省会)	深圳经济特区促进全民健身条例	2014	2019
		唐山市全民健身条例	2005	—
		苏州市市民体育健身条例	2001	2016
		宁波市全民健身条例	2021	—
		青岛市全民健身条例	2023	—
	普通地市	温州市全民健身促进条例	2023	—
		嘉兴市全民健身服务保障条例	2022	—
		日照市全民健身促进条例	2021	—
		泰州市全民健身条例	2022	—

(一)全民健身省级地方立法概况

1995年《全民健身计划纲要》颁布实施后,上海、山西、江苏、湖南等13个省市率先制定地方性全民健身立法。自2009年国务院颁布《全民健身条例》以来,吉林、甘肃、辽宁、湖北等6个省市相继制定了地方性法规。目前,全国已有 23 个省级行政区建立了地方全民健身法规体系,其中 14 个省级行政区已对相关条例进行了修改。

从行政区域来看,23 个省份中有 18 个省份已制定全民健身法规,而在 5 个自治区中,仅有 1 个自治区制定了相关法规。值得注意的是,4 个直辖市均已完成全民健身立法。这一现状反映出各直辖市对全民健身立法的积极态度。从地域分布情况来看,东部地区的立法数量遥遥领先,共有 9 个省级立法,涉及北京、天津、河北、上海、江苏、浙江、福建、山东和广东。这一优势源于东部地区较高的经济发展水平和政府对全民健身的大力支持。中部地区的立法数量为 5 个,涉及山西、安徽、江西、湖北和湖南,西部地区有 7 个省级立法,涉及内蒙古、四川、云南、陕西、青海、甘肃和重庆,该数据反映出这些地区在推动全民健身事业发展方面所做的努力与潜力。由此可见,东部地区不仅在立法数量上处于领先地位,更为其他地区提供了宝贵的经验。这一结果强调了政策驱动与物质基础之间的密切关系,全民健身的立法和政策落实仍要以经济社会发展水平为基础。

从章节数量来看,大多数省级条例的章节数量为 6~8 章(详情见表 3),其中,内蒙古和北京的条例章节数量最多,均为 8 章。在条文数量上,各省级条例的范围为 27~66 条,其中陕西的条例条数最多,达到 66 条,而云南和江苏的条例条数最少,仅有 27 条。这些差异反映了各地在法规制定上的侧重点和立法深度不同,进一步展示了地方在全民健身立法过程中的不同发展路径。如《陕西省全民健身条例》之所以条数最多,是因为该条例在 2021 年进行了全面修订,涵盖了全民健身活动的开展、服务和保障,全民健身设施的建设与管理,以及全民健身公共服务体系的构建等多个方面,以适应当前全民健身事业的发展需求,推动全民健身事业高质量发展。

表3 全民健身省级地方立法章节数量清单

地方行政区划		名称	章节条数
省级行政区	省	河北省全民健身条例	7章55条
		山西省全民健身促进条例	30条
		辽宁省全民健身条例	6章44条
		吉林省全民健身条例	6章53条

(续表)

地方行政区划		名称	章节条数
省级行政区	省	江苏省全民健身条例	27 条
		浙江省全民健身条例	6 章 45 条
		安徽省全民健身条例	6 章 52 条
		福建省全民健身条例	6 章 54 条
		江西省全民健身条例	6 章 48 条
		山东省全民健身条例	7 章 51 条
		湖北省全民健身条例	6 章 47 条
		湖南省全民健身条例	6 章 38 条
		广东省全民健身条例	6 章 53 条
		四川省全民健身条例	6 章 44 条
		云南省全民健身条例	27 条
		陕西省全民健身条例	7 章 66 条
		青海省全民健身条例	6 章 42 条
		甘肃省全民健身条例	6 章 47 条
	自治区	内蒙古自治区全民健身条例	8 章 58 条
	直辖市	北京市全民健身条例	8 章 43 条
		天津市全民健身条例	6 章 50 条
		重庆市全民健身条例	6 章 43 条
		上海市市民体育健身条例	6 章 45 条

（二）全民健身市级地方立法概况

尽管国家层面已出台《全民健身条例》，并且大部分省份也制定了相应法规，但市级层面的实施细则仍显笼统，缺乏操作性和针对性。目前，仅有19个地级行政区出台了相关地方性法规，考虑到全国数以百计的市级单位，市级立法仍然任重而道远。从行政区级别的角度来看，开展立法的城市数量与总量之间的差距较大。副省级市的立法率高达53%，而较大的市则为29%，普通地市仅有约2%。立法率的差异不仅体现了行政区级别的影响，也反映了地方政府在全民健身政策执行中的资源分配和战略重心。副省级市较高的立法率表明这些城市具备相应的立法能力和相对充足的资源,能够更好地响应市民的健康需求和公共服务期待。相比之下,较大的市和普通地市的立法率较低,显示出其在政策制定和落实方面的不足。这些地区可能面临资源短缺、政策关注度不足以及执行能力欠缺的问题,导致全民健身政策的落地受到制约。此外,普通地市的立法率仅有约2%,更是反映出基层政府在推动立法方面面临的困难。可见,当前全民健身工作在市级法律保障方面的不足。尽管部分地区已经开始采取行动,但从整体来看,市级立法仍然面临巨大挑战,需进一步加强立法工作,以确保全民健身政策的有效落实和执行。

从条例结构内容来看,大多数市级条例的章节数量在5~7章(详情见表4),其中《唐山市全民健身条例》章节数量最少,仅有5章。在条文数量上,各条例的范围为17~58条,深圳的条例条数最多,达58条,而贵阳的条例条数最少,仅有17条。这些差异反映了各地在全民健身政策制定上的不同侧重点与立法深度。如《贵阳市推进全民健身规定》仅有17条,旨在聚焦推进全民健身过程中的具体问题,同时保持法规的简洁性和可操作性,采用"小快灵"的立法方式,精炼条文,快速有效地解决实际问题,提升法规的针对性和实用性,避免冗长复杂条文带来的理解难与执行难。此外,条例不分章节,这一简明扼要的风格使其更易于被理解和执行,从而更好地服务全民健身事业的发展。

表4 全民健身市级地方立法章节数量清单

地方行政区划		名称	章节条数
地级行政区（地级市）	副省级市	长春市全民健身条例	38条
		长春市全民健身条例实施细则(规章)	23条
		广州市全民健身条例	6章50条
		武汉市全民健身条例	39条
		哈尔滨市全民体育健身条例	30条
		杭州市全民健身条例	6章33条
		青岛市全民健身条例	6章50条
		深圳经济特区促进全民健身条例	6章58条
		宁波市全民健身条例	7章47条

(续表)

地方行政区划		名称	章节条数
地级行政区（地级市）	较大的市（省会）	石家庄市全民健身条例	7章47条
		银川市全民健身条例	6章47条
		贵阳市推进全民健身规定	17条
		哈尔滨市全民体育健身条例	30条
		杭州市全民健身条例	6章33条
		长春市全民健身条例	38条
		长春市全民健身条例实施细则（规章）	23条
		广州市全民健身条例	6章50条
		长沙市全民健身办法（规章）	6章38条
		武汉市全民健身条例	39条
	较大的市（非省会）	深圳经济特区促进全民健身条例	6章58条
		唐山市全民健身条例	5章35条
		苏州市市民体育健身条例	25条
		宁波市全民健身条例	7章47条
		青岛市全民健身条例	6章50条
	普通地市	温州市全民健身促进条例	6章38条
		嘉兴市全民健身服务保障条例	27条
		日照市全民健身促进条例	38条
		泰州市全民健身条例	6章47条

（三）全民健身地方立法的主要问题与困难

全民健身地方立法虽然已经取得了一定的成绩，但仍有较大发展空间。各地立法之间条文类似、立法技术不高、资源配置不均衡等问题依然突出。

问题主要体现在：一是管理职责不清晰，如健身场地、设施的管理职责分散于多个主体或多个部门，导致权责关系模糊、公共服务不到位、监督管理不到位。二是未对政府各部门之间、政府与非政府组织之间的协调工作进行具体规定，协商共管机制难以建立，全民健身与全民健康深度融合的协同发展机制尚未理顺。三是在全民健身设施、场地建设过程中，面临土地落实难、审批流程繁杂以及用地产权归属不明等挑战，导致配建标准不明、设施功能缺失、设备陈旧和场地扩展受限、老旧厂区场地难以改造等问题。四是社会力量支持全民健身发展的参与机制与保障制度还不健全，各地立法在社会力量参与全民健身场地设施建设、开发、运营等方面的规定多为原则性规定，具有可操作性的设计较少；社会力量参与全民健身赛事主办、承办等方面的公共服务和政策优惠供给不足。

三、全民健身地方立法的特色与优势

（一）紧密结合地方特色与需求，做足"地方"文章

"十里不同音，百里不同俗。"不同地域的民俗习惯，造就了各具特色的民族民间民俗体育。充分发挥地方特色优势，因地制宜推动全民健身发展是各地立法的重要经验。例如，《广东省全民健身条例》支持举办龙舟、武术等民族传统体育赛事，发扬优秀传统文化。根据其地理位置与经济发展情况，加强与港澳台地区的体育合作，推进粤港澳大湾区建设。又如，《青海省全民健身条例》依托当地自然生态资源优势，鼓励开发高原户外运动，打造特色品牌体育赛事，如环青海湖国际公路自行车赛、青海国际冰壶精英赛等。

（二）充分彰显灵活性和创新性，以"新"谋发展

将各自全民健身改革实践成果写入地方全民健身立法是地方立法的重要创新。如《温州市全民健身促进条例》创新性地将社会力量办体育纳入相关章节，总结并固化了全国社会力量办体育试点成果，展现了全国运动健康城市的形象。苏州市通过多次修正（2004年、2011年、2012年、2016年）《苏州市市民体育健身条例》，展现了地方政府在推进全民健身事业中的积极态度和作出的努力。《福建省全民健身条例》在第15条中明确了全民健身组织包括体育社会组织和健身团队，并详细规定了其设立、组织和发展的要求，填补了民间健身组织管理的空白。各地积极探索立法，增强了全民健身的适应性和普及度，使立法呈现出动态多样的发展态势。

（三）落实全民健身保障和运行机制，做"实"机制

地方立法为全民健身的推行开展提供了坚实保障，涵盖财政支持、设施建设和活动组织等多个方面，保障公民参与健身运动的合法权益。同时，通过建立安全防范和应急保障机制，确保健身设施和活动的安全性，加强全民参与健身活动的便利性，形成完备的全民健身法律法规体系。如《辽宁省全

民健身条例》确立了健身器材的申请、使用、维护和监督机制;《上海市市民体育健身条例》第 26 条在管理资金方面作出了详细规定,进一步细化责任;《嘉兴市全民健身服务保障条例》专门对镇(街道)、村(社区)全民健身设施的建设作出相关规定,对居民住宅区配套健身设施的维修、更新和改造的经费保障作出了明确规定。这些规定为全民健身事业的发展解决了"后顾之忧",促进了全民健身事业的蓬勃发展。

四、全民健身地方立法的完善建议

(一)做好法律法规、中央政策的衔接工作

遵循立法原则,贯彻落实国家整体发展战略,处理好统一性与灵活性、原则性与操作性的关系。进一步发挥全民健身在健康促进、社会进步、经济发展、文化传承和国际交流合作等方面的重要作用,充分认识全民健身在体育发展中的基础地位,处理好普及与提高的关系,发挥地方积极性,为体育强国和全民健身国家战略贡献力量。

(二)突出重点、热点,回应民生需求

全民健身的目的是增强公民体质,满足人民对美好生活的向往。全民健身地方立法要有效解决民生需求,重点在提升健身设施的可及性、便捷性,赛事的多样性、丰富性,服务的普及性、专业性,活动的安全性、亲民性等方面发力。

(三)顺应时势,服务新时代的发展需要

进入新时代以来,全民健身发生了根本性转变,全民健身发展速度迅速提升、规模迅速扩大,尤其是全民健身上升为国家战略以后,各地不断创新全民健身实践,地方全民健身立法不断修改修订,诸多创新改革举措得以写入地方立法,丰富了地方立法规范,也满足了新时代体育和经济社会发展需求。这是重要的地方立法发展经验,也是构建更高水平全民健身公共服务体系的重要经验。

《上海市体育发展条例》制定报告[*]

《上海市体育发展条例》(以下简称《上海条例》)于2023年11月22日经上海市第十六届人民代表大会常务委员会第八次会议通过,自2024年1月1日起正式实施,这是上海体育领域第一部综合性、基础性的地方性法规,对上海体育事业发展具有里程碑意义。《上海条例》共12章69条,体例科学、亮点突出,在全面贯彻落实新《体育法》的基础上,努力构建全方位的体育发展"上海模式",对于探索中国式现代化地方体育实践、健全完善相关法治保障体系具有启示意义。

一、《上海条例》的制定过程

(一)调研论证阶段

2018年,为回应人民对美好生活的需求,上海市十五届人大常委会将体育相关立法列入常委会五年工作计划。2020年,借助上海体育学院、东华大学的专业力量,开展了体育产业相关调研,围绕地方如何促进体育产业发展、监管体育产业形成了调研报告和专家建议稿。2020年10月,为贯彻国家关于体育强国建设的决策部署,《上海全球著名体育城市建设纲要》明确提出推进依法治体,加大体育立法和政策研究力度,完善体育政策制度体系。2021年至2022年,上海市人大社会建设委、市体育局跟踪新《体育法》修法动态,开展了上海体育发展情况监督调研,启动上海体育领域综合性法规制定的课题研究。2022年以来,委托华东政法大学开展《上海条例》立法可行性研究、上海市贯彻落实新《体育法》研究、地方体育立法国际比较研究。

---

[*] 黄紫红:华东政法大学。

前期调研深入了解体育运动学校、体育企业、体育协会、公共体育场馆、体育公园、训练基地、运动中心等上海重要体育场所、体育场地设施的建设和管理情况,体育产业发展情况,学校体育场馆开放情况,竞技体育及青少年训练工作以及体育数字化转型工作进展等,并开展了多轮专家内部会谈、多场专项专题座谈会,广泛听取各方面关于地方体育立法的需求,以准确把握上海体育发展的特色、现状、问题及相关建议。各部门、协会、企业以及专家学者均表示,上海体育发展地方立法工作非常有必要,并提出了相关意见建议。市人大社会建设委结合人大代表议案和相关建议,会商相关部门后确定上海需制定一部综合性、基础性的法规。

在前期调研的基础上,华东政法大学课题组形成《上海条例》前期研究成果,主要包括四方面内容:一是论证《上海条例》制定的必要性,《上海条例》的制定是贯彻实施新《体育法》、形成地方体育法律制度体系的迫切需要;是加快推进上海全球著名体育城市建设,形成"一城一都四中心"发展格局亟需的法制保障;是全面总结上海体育发展治理经验成果、发挥上海地方特色优势,以及系统解决上海体育问题与挑战、促进体育事业高质量发展的必然要求。为此,上海有必要制定一部具有综合性、前瞻性、可操作性的体育地方性法规。二是研究国内外体育领域立法现状,在收集、翻译、梳理、分析和汇编大量资料的基础上,重点解析新《体育法》修订的主要内容,对比研究我国各省市地方性体育法规的立法情况,对美国、日本、欧盟等体育发达国家和地区的立法内容作详尽分析,对比研究伦敦、芝加哥、墨尔本、纽约等国际体育名城可供立法参考的内容。三是分析上海体育发展状况与法治保障需求,总结出目前存在体育场地设施总量不足、分布不均,体教融合通道不够通畅,体育产业发展亟需支持,体育监管机制有待完善,体育立法层级整体较低、缺少综合性法规等问题。四是提出本次地方体育立法起草工作原则:人民至上、以人为本;全面对标、适度超前;问题导向、发展导向;立足上海,结合实际;具体可行、务实管用。

(二)起草报送阶段

1.《上海条例(草案建议稿)》的研究起草

2022年,上海市人大常委会首次对体育发展整体工作开展专项监督,并审议了《关于本市体育发展情况的报告》,明确提出要加快完善上海体育领域综合性法规。2022年8月,为贯彻落实新《体育法》,建设更加完备的上海体育法治体系,按照市人大常委会的审议意见,上海市体育局成立由局主要领导牵头的立法工作组,并委托华东政法大学组建立法课题组开展上海市体育综合地方性法规草案研究,全面启动《上海条例》立法调研和草案起草工作。立法工作组、立法课题组会商提出,要进一步明确《上海条例》的立法定位;处理好与上位法的关系,体现地方立法的特色;聚焦重点、难点问题,针对高危险性体育项目管理、体育产业发展等领域深入总结经验,提出行之有效的上海方案。

2022年9月,来自上海市人大社会建设委、常委会法工委、市司法局、市体育局、华东政法大学、上海政法学院等单位的专家学者、体育与法律实务工作者进行专门研讨,在立法定位、起草原则等方面达成了一致意见。各方经充分讨论后认为,除各方权利、义务、责任的基础性安排外,这部法规需要立足发展、保障发展、促进发展,为上海体育事业发展和全球著名体育城市建设提供高质量的法治保障。市人大社会建设委对下一阶段重点工作提出了指导意见:全面梳理体育发展中的各方权责;切实推动体育事业和产业协调发展;依法保障市民群众平等参与体育活动的权利;提升上海体育文化的影响力和传播力;加强体育人才队伍建设;对标新《体育法》,与相关法律、法规和规章要求相衔接,做到有特色、真管用、可操作。

立法课题组在前期广泛调研的基础上,进一步扎实开展专题调研,梳理汇编国内外体育相关法律法规、国家和本市体育政策,凝练主要问题及核心条款,在运动促进健康、体教融合、非体育空间复合利用等方面创新落实国家政策,在体育赛事、运动员商业权益开发等方面借鉴发达国家经验,并分章听取体育、法律领域专家学者、实务工作者的意见建议,先后读稿研讨数十次,集思广益形成《上海条例(草案建议稿)》。

2022年10月至12月,《上海条例(草案建议稿)》在上海市体育局内部全员读稿、征求意见,并在上海市体育系统先后三轮征求意见。一是听取对草案建议稿的篇章结构、重点问题、特色做法、主要举措等内容提出的意见建议。二是就章节导向、条款设计、立法需求等问题,以及与《上海市市民体育健身条例》《上海市体育设施管理办法》《上海市体育赛事管理办法》的衔接情况进行沟通交流。三是专题研讨《上海条例(草案建议稿)》中与青少年体育、科医保障、非体育空间兼容利用、高危险性体育项目监管、体育预付费经营监管相关的内容。立法课题组配合立法工作组反复研讨、修改完善,于

2023年2月形成《上海条例(草案建议稿)修订版》及条文对照表,明确出处、依据。

2. 《上海条例(草案)》的研究起草

2023年2月,《上海条例》被列为2023年度上海市人大立法正式项目。市人大社会建设委、常委会法工委、市司法局、市体育局立法工作组、华东政法大学立法课题组建立了五方并联机制,合力推进法规草案起草工作。五方会商形成了保持《上海条例(草案建议稿)》体例、进一步体现地方立法特色、精简与新《体育法》重复内容的一致意见。立法课题组依此精简了条款内容,于3月初形成《上海条例(草案)》(初稿),共12章88条。2023年3月至6月,在市人大常委会指导下,五方聚焦运动促进健康、体育后备人才培养、体育产业规范发展等赴浙江省杭州市、温州市以及上海市宝山区、长宁区、杨浦区等地开展立法实地调研;会同研究了市人大代表、市政协委员和市民群众近年来最关切的内容,听取体育企业、体育组织、体育学校等各类主体以及专家学者的意见建议;累计开展5轮共计16个区、33个部门意见征询和8场专题座谈,征询了1076家体育类社会组织的意见建议;反复推敲打磨《上海条例(草案)》,经过多轮读稿、改稿,使《上海条例(草案)》条款更加精简、问题更加聚焦、举措更加务实。立法工作组针对核心条款、重难点问题,在书面征求意见的基础上,与相关部门进行深入沟通、协调、会商。立法课题组全程配合,经严格论证,就高危险性体育项目建立备案及公开制度、设置体育健身预付费经营监管条款等,形成突破性立法条款的合法性报告。

这一阶段,有观点认为,体育健身预付费限期限额监管是公法公权对民事事项的干预,违反我国《民法典》自愿原则。立法课题组阐明《上海条例(草案)》拟对体育健身预付费经营实施限期限额监管,是从消费者权益保护的角度出发呼应民生关切,对特定行业预付款项的期限等进行有限干预,主要目的是加强源头风险防控,矫正消费者和经营者之间的不平衡关系,这是落实新《体育法》"规范体育市场秩序"的要求,也是对《民法典》公平、诚信原则的守护,并非对民事权利实体内容的限缩。地方立法在合理范围内先行探索符合我国《立法法》精神,可以更好地引领、推动经济社会发展,也为国家立法积累有益经验。立法工作组委托第三方机构实施社会稳定风险评估,广泛调研,听取企业、人大代表、协会、消保委和市区两级相关行政、综合执法部门等各方意见。

上海市司法局对《上海条例（草案）》进行了严格的法治审核,其间书面征求了市级相关部门、各区政府的意见,并举行专家会对《上海条例（草案）》所涉重点难点问题开展论证和研讨。2023年6月,市人大常委会、市政府分管领导分别组织召开专题会,研究《上海条例（草案）》立法工作。2023年8月,《上海条例（草案）》经市政府常务会议审议通过。

（三）人大审议阶段

《上海条例》的制定坚持开门立法,践行全过程人民民主。专门举办以"加强法治保障、加快建设全球著名体育城市"为主题的人大代表论坛,70余位全国、市、区和乡镇四级人大代表实地考察了上海市运动员训练、运动医疗康复、体育科研等工作情况,与体育界人士进行交流,积极建言献策。专题举办"走进人大"模拟审议活动,邀请部分市人大代表、体育教学工作者、优秀运动员、体育健身达人、专家学者、在沪工作外籍人士、港澳人士、侨界人士,以及基层立法联系点、体育企业、体育赛事机构、体育行业社会组织的代表,对法规草案发表意见和建议。2023年9月25日,市十六届人大常委会第六次会议对《上海条例（草案）》进行了一审。随后,《上海条例（草案）》及相关说明全文公布,向社会广泛征求意见。为配合《上海条例（草案）》公开征求意见工作,上海市政府新闻办召开新闻发布会,介绍上海推进全球著名体育城市建设的有关情况,并回答记者提问;上海市体育局会同华东政法大学举办"海上体育法治沙龙"系列研讨活动。

征求意见过程中,社会各界反馈,《上海条例（草案）》框架结构完整,内容总体成熟,立足上海实际,落实落细《体育法》的相关规定,在方方面面都作出了有利于体育发展的制度安排,同时,针对一些具体问题提出了有益建议。一是进一步细化运动促进健康规定。为推动健康关口前移,《上海条例（草案）》就完善运动促进健康服务体系作出规定,并明确为老年人提供运动康养服务、探索设立科学健身相关特色门诊、加强健身服务站点建设。经征求意见,进一步呼应民生诉求,鼓励有条件的医疗卫生机构探索开展慢性病运动干预和康复工作。二是进一步完善学校体育运动会相关规定,突出田径、游泳运动的基础功能,鼓励和引导学校根据实际情况设置乒乓球、羽毛球、武术等特色项目和竞技体育优势项目,并细化对场地、设施等的保障措施。三是进一步充实、支持职业体育发展的相关政策,在促进足球、篮球、排球等传统项目职业化发展的同时,打造电子竞技、极限运动等特色职业体育精品项目,激励职业体育俱乐部加快发展速度,完善运动员、教练员、俱乐部权益保护制度,积极引进职业体育赛事和人才,以提升上海职业体育影响力。四是进一步落实《体育法》第88条的规定,针对上海公共体育设施的多种运营模式,明确相应的设施管理和维护责任主体,完善相关管理机制。五是进一步加强预付费经营活动监督管理。在立法调研过程中,体育健身预付费经营风险和消费者权益保护问题受到普遍关注。政府审议稿纳入了体育健身预付费监管措施,同时考虑到各方对体育健身预付费限期限额监管条款的看法尚不完全一致等因素,删减了限期限额等具体举措。而在市人大常委会审议和公开征求意见过程中,多数意见希望采取更加有力的措施维护消费者合法权益。因此,立法呼应社会关切,进一步强化体育健身预付费监管和行业自律,促进行业健康发展。六是进一步细化支持残疾人联合会开展残疾人竞技体育、群众体育和康复健身等规定,发展残疾人体育。2023年11月,上海市十六届人大常委会第八次会议审议并全票通过《上海条例》,这标志着上海市体育事业治理与发展进入了新阶段。

二、《上海条例》体例结构、问题聚焦、核心条款、亮点评析

(一)《上海条例》体例结构

《上海条例》体例结构原则上参照《体育法》,除总则、附则外,具体包括全民健身、青少年和学校体育、竞技体育、体育产业、体育组织、保障措施、监督管理、法律责任等章节。同时,考虑到体育仲裁和反兴奋剂主要是国家事权未独立设章。此外,立足上海实际,考虑到上海体育赛事的质量、数量和规模效应居全国前列,而土地资源高度稀缺,体育设施总量不足、分布不均是影响、制约上海体育发展的最大短板,《上海条例》特别增设体育赛事、体育设施两章,扬长补短,体现了地方立法的特色。

(二)《上海条例》问题聚焦

《上海条例》主要内容聚焦以下八方面的问题:一是聚焦全民健身战略落实,构建更高水平的全民健身公共服务体系;应对城市体育适老化需求,完善运动促进健康服务体系,推动社区全民健身发展,加强科学健身指导。二是聚焦青少年和学校体育发展,落实完善体教融合工作机制;加强体育师资、体育运动学校等的建设,建立体育后备人才贯通培养机制。三是聚焦竞技体育

综合竞争力提升,创新政府与市场相结合的竞技体育发展模式,支持竞技体育项目、职业体育俱乐部发展;细化运动员权利保障措施。四是聚焦体育赛事发展,加强体育赛事统筹规划、建立综合服务机制,发展新兴体育赛事、鼓励社会力量办赛,培育体育赛事品牌、细化赛事无形资产权利范围,优化机制、挖掘赛事经济价值,加快建设国际体育赛事之都。五是聚焦体育产业发展,积极应对新业态、新场景、新挑战,建立体育产业发展工作协调机制,加强金融与资金支持,促进体育产业集聚发展、融合发展、高质量发展。六是聚焦培育和发展体育组织,从健全体育组织综合评价机制,发挥地方体育总会、单项体育协会的作用,鼓励和扶持自治性体育组织及体育科学社团、体育基金会发展等方面着力,激发体育组织的内在活力。七是聚焦"人地矛盾"下体育场地设施总量不足、分布不均、多样化不适配问题,优化全民健身资源布局,完善各类体育设施。八是聚焦加强保障与监督,保障体育事业经费投入、各类体育专业人才引育、体育纠纷多元化解,完善高危险性体育项目、体育健身预付费经营活动监管。

(三)《上海条例》核心条款

《上海条例》中具有关键性和创制性的条款,按问题导向类、地方特色类、经验固化类列举如下:

一是问题导向类条款。《上海条例》针对实践中的难点问题,提出相应对策。比如,呼应适老化需求,规定推动加强社区老年人多功能体育场所建设,整合体育设施与养老服务设施功能,为老年人提供运动康养服务。参照天津、浙江等省市经验,鼓励有条件的医疗卫生机构探索设立与科学健身相关的特色门诊,在开展相关医疗服务活动时,针对有需要的人群,提供科学健身指导、评估诊疗、运动干预等服务,促进全民健身与全民健康融合(第12条)。落实《体育法》和相关政策的规定,在学校根据工作实际设立体育教练员岗位,解决中小学体育类师资专业性不强、数量不足的问题;明确体育、教育部门应当建立体育后备人才贯通培养机制,完善特色体育项目布局,探索义务教育阶段优秀体育后备人才灵活学籍制度,以加强体育后备人才的招收、引进和培养(第21条)。聚焦社区体育场地设施短板,规定新建、改建、扩建居民住宅区,居民日常健身配套体育设施应同步规划、设计、建设,并同步验收和投入使用,解决"健身去哪儿"难题(第47条)。鼓励利用公共体育用地、产业园区、商业设施、废旧厂房、仓库等城市空间和场地设施资源,建设新型体育服务综合体,促进体育产业与相关产业融合发展(第37条)。为提升场馆急救保障能力、有效防控运动性猝死风险,规定公共体育场馆应当配备自动体外除颤仪(第50条)。当前游泳、滑雪、潜水、攀岩等体育项目迅速发展,《体育法》对于经营高危险性体育项目作出明确规定,但在如何监管明显不具备经营性特征的高危险性体育项目方面则处于留白状态。从安全保障角度,《上海条例》明确了对经营高危险性体育项目的场所,按照《体育法》规定实施行政许可,同时增设其他开展高危险性体育项目场所备案制度,以实现全覆盖监管,提早发现安全隐患(第60条)。面对体育健身行业"乱象"与"虚弱"双症并存的现实,针对经营者超卖长期卡、寅吃卯粮等不良经营模式,通过信息公示、书面告知、风险提示、资金存管,合理设定预收金额和可兑付的服务期限、次数等,完善预付费经营活动监管,加强源头风险防控(第62、63条)。

二是地方特色类条款。结合上海体育教育实际,规定开齐、开足、上好体育课,开展多样化、高质量的体育项目,帮助中小学生在基础教育阶段至少掌握两项运动技能,保障校内体育锻炼每天不少于一小时,倡导每天参加校外体育锻炼一小时(第16条)。加强运动员权利保障,规定运动员参加商业活动的,鼓励和支持其与管理单位通过合同方式约定双方权利和义务(第27条)。结合上海实际发展水上和户外运动、都市极限运动、科技体育、虚拟体育等领域新兴体育赛事,创新赛事发展模式和体育服务业态,以促进新兴体育赛事与社交娱乐、健身休闲等融合发展(第30条)。突出以财政性资金为主建设的公共体育场馆的公益属性,建立政府指导价工作机制,推动公共体育设施向社会公益开放(第45条)。为加强非体育空间的兼容利用,缓解中心城区市民健身难问题,在新《体育法》第86条的基础上,参考中环立交桥下空间更新等成功案例,《上海条例》明确在确保建筑安全和消防安全的前提下,可以利用高架桥下空间、闲置地、楼顶空间等场地资源,暂不变更土地性质或者临时改变建筑使用功能,建设公共体育设施,以此解决利用"金角银边"空间配置健身设施合法性不足的难题,明确具体操作路径,依托区级存量资源统筹利用协调机制,加大支持力度(第53条)。

三是经验固化类条款。《上海条例》注重体现上海体育实践中行之有效的特色经验,并予以固化和保障。例如,围绕建设国际体育赛事之都的目标定位,明确加强各类体育赛事统筹规划,满足市民对体育赛事的多样化需求

(第30条);建立体育赛事综合服务机制,促进体育赛事发展(第32条);依法保护体育赛事相关知识产权(第33条);培育上海体育赛事品牌,创建和完善体育赛事品牌指标体系(第34条);统筹公共体育场馆与应急避难场所的建设和功能设置,加强自然灾害、公共卫生等突发事件应对和避险避灾作用(第44条);依托城市运行"一网统管"平台,加强高危险性体育项目、体育赛事、体育市场等监管信息共享和执法协作(第59条)。

《上海条例》相关核心条款,经过反复调研、征求意见、论证、修改,以保障高质量立法。

(四)《上海条例》亮点评析

《上海条例》自公布以来,相关特色、亮点受到社会关注和赞誉,被新华社、《光明日报》、人民网等数十家主流媒体报道。本文仅就三方面作简要探讨。

一是立法为民,彰显人性温暖。《上海条例》坚持体育惠民,探索构建具有中国特色、上海特点、更高水平的全民健身公共服务体系,规定完善运动促进健康服务体系,将全民健身公共服务纳入十五分钟社区生活圈和乡村社区生活圈建设。优化体育设施供给与布局,重点对公共体育设施、社区公共体育设施、学校体育设施等提出明确要求。同时,还规定公共体育场馆应当配备自动体外除颤仪。《上海条例》倡导人本发展,坚持优先发展青少年和学校体育,明确开齐、开足、上好体育课,落实青少年"两个一小时"(每天校内校外一小时)体育锻炼,增强学生体质;加强体育师资建设和人才引育,建立体育后备人才贯通培养机制。《上海条例》注重权利保障,依法保障市民平等参与体育活动的权利,对未成年人、妇女、老年人、残疾人等参加体育活动的权利给予特别保障,提升市民身体素养和健康水平。此外,还细化具体规定,注重加强运动员权利保障。为此,华东政法大学副校长罗培新评析到,《上海条例》不只是法规,也是体现人性温暖的指引。

二是以规则之力破解发展难点。新《体育法》丰富完善了体育法治基本制度,推进体育领域治理体系和治理能力现代化。《上海条例》一以贯之,着眼改革发展,拓宽国际视野,优化体育治理。如,针对发展堵点,规定可暂不变更土地性质或者临时改变建筑使用功能,利用高架桥下空间、闲置地、楼顶空间等场地资源,建设公共体育设施,打造"金角银边",营造"处处可健身"的城市环境。加强监督管理,就开展非经营性高危险性体育项目建立备案及公开制度。呼应社会关切,在国内地方性法规层面首创性加强体育健身预付费监管针对性立法,引导和激励体育健身预付费经营者诚信经营、保护消费者合法权益、加强经营风险控制,进而促进行业健康发展。这些规定具有很强的针对性和前瞻性,不仅可助推上海体育领域法治化营商环境建设,同时也将为各地乃至国家的相关立法积累宝贵经验。

三是以高质量立法践行人民民主。《上海条例》作为上海体育领域首部综合性、基础性地方性法规,涉及面广,立法难度较大。立法相关各方高度重视,立法前期准备、公众参与非常充分,经广泛调研、征求意见和反复论证、修改,认真践行全过程人民民主,以体现市民需求、增进体育福祉、助推实现体育良法善治。上海市体育局规划产业(法规)处处长余诗平发表感言:"此次《上海市体育发展条例》立法,合作极紧密、研究极深入、推进极紧凑、领导极重视、参与极广泛、内容极务实,是上海体育发展的纲领和指南。"上海市人大常委会委员、华东政法大学教授金可可特地撰文归纳列举了18个亮点条款,同时认为:"《上海市体育发展条例》非常务实,直指痛点难点,提出相应对策,富有针对性;坚持人民至上,关切民生,凸显普惠性;立足未来,有不少极具前瞻性的设想和制度。"

在《上海条例》总结研讨交流会上,上海市人大常委会委员、市人大社会建设委副主任委员周宏总结评述道:"本次立法起草非常扎实、出彩……五方并联通力合作非常给力,以直面问题、深化改革的精神,协同解决历程中的困难挑战。《上海市体育发展条例》立法质量高、社会反响好,为后续立法提供了很好的样本和经验。"

三、新《体育法》背景下上海地方体育法治发展展望

《上海条例》的制定是贯彻新《体育法》的重要举措,也是上海体育法治进程中的里程碑。如何把《上海条例》的立法效益发挥好,更好地发挥法治的引领、推动、规范和保障作用?以下从三个方面对新《体育法》背景下上海地方体育法治发展略作探讨与展望。

(一)立法内容突出地方特色

党的十九大、二十大均强调"以良法促进发展、保障善治"。在中国式现代化和法治国家建设的时代进程中,随着市场经济体制改革和各项事业发展不断深化,地方法治建设,包括地方体育法治建设,都取得了长足发展,同时

也面临着新局面、新挑战、新要求。地方立法作为国家立法的重要组成部分，理应突出地方实践、地方特色，成为国家法律、行政法规的细化、补充和延伸，以实现我国中央与地方法制的协调统一。然而，从立法实践情况来看，自1995年《体育法》颁布以来，地方体育立法数量快速增长，但内容重复、特色不明、实效不彰，在立法内容及语言表达等方面重复中央立法依然是地方立法中较为突出的问题，由此造成立法资源的浪费，也影响了我国体育法律制度体系的科学性、系统性、实效性。推动体育法治发展，应立足体育实践、遵循立法规律，把握好提高地方体育立法质量这个关键。

有鉴于此，《上海条例》基于地方立法实施性、补充性、探索性功能，立足上海体育整体优势及短板问题，落实落细新《体育法》要求，针对各类普遍性和地域性难题探寻上海方案，条文简明、务实管用，既凸显了在中国式体育现代化进程中先行先试、示范引领的上海特色，也为各地贯彻落实新《体育法》、完善地方法治提供经验借鉴。以体育健身预付费经营监管相关条款的起草为例，当时最大的困难是，预付费风险已成顽疾，体育健身行业生态恶化，而国内尚无规制该内容的地方性法规，各地通常采用资金存管方式进行事中事后规制，且相关规定普遍存在不同程度的落实难问题。在反复探讨、论证，审慎评估风险和征求意见之后，上海通过前瞻性立法加强了体育健身预付费规制。各方在关键制度设计上达成共识，在细化、深化、补充、延伸上下功夫，体现了地方立法的探索性。

我国正全面转向高质量立法，地方体育立法应当善于反映地方经济社会发展的实际情况和立法需求，突出解决区域内具有普遍性和典型性的问题。在具体做法上，应当摒弃原有的"先制定出来再说"的粗放型立法观，坚持人民民主，注重集思广益，严格把握立法程序和标准，深化立法调研，聚焦改革发展中的问题，突出务实管用，衔接联系上位法，加强条文比对，反复论证完善，注重立法后评估和配套立法、协同保障落地落实，加强地方体育立法的创新性，突出地方特色，提升立法质效。

在加快体育强国建设和深化体育法治建设的关键阶段，地方立法如何对接市场经济和改革发展要求，突破瓶颈障碍、凸显地方特色？区域立法如何有效互促共进、协同创新？地方体育立法长期以来的软法调性如何破解？既有体育法规如何通过改与废适应改革发展和法治需求？如何把握好立法步调，运用好立法技术，加强法律法规之间的衔接，以构建系统全面的地方体育法规体系？地方体育法规评估如何开展更有效？如何进一步丰富地方体育法律关系主体、强化社会力量对体育事业的参与？可以期待,在未来相当长的时期内,关于地方体育法治的研究将不断拓展新实践、探索新理念、取得新成果。

(二) 法治引领体育事业高质量发展

新《体育法》开宗明义地把"促进体育事业"列为立法目的,注重发挥法治引领保障体育事业发展、体育促进经济社会发展的重要作用,同时明确规定"国家依法保障公民平等参与体育活动的权利",初步形成公民体育权益保障制度体系。《上海条例》贯彻落实新《体育法》的要求,妥善地处理立法与改革、规范与发展的关系,体现了发展特色和惠民属性。如,落实全民健身战略,加快构建更高水平的全民健身公共服务体系;深化体教融合,促进青少年全面健康成长;建设都市特色体育产业体系,优化体育市场监管模式等。可见,新《体育法》背景下的上海地方体育法治,在发展路径上更加主动地对接服务国家体育强国、健康中国战略,为促进体育事业、发展体育运动、增强市民体质提供政策支持和保障;在价值导向上更加注重落实权利保障制度,以发展的办法促进相关权利落地落实。

当前,我国体育事业发展不平衡、不充分问题依然突出,竞技体育综合竞争力、体育产业规模质量、体育监督治理水平有待提升,体育领域正风肃纪形势严峻,人民群众对于体育的需求有待被更好地满足。结合实际健全完善体育现代化治理体系,以良法善治来促进体育事业高质量发展就显得格外重要。由此引发地方体育立法越来越重视促进体育事业高质量发展和保障公民体育权利落实,从侧重职权管理的"行政法"转向注重公共服务的"社会法"。有关公民体育权利保障、运动员权利保障、全民健身公共法律服务、竞技体育和职业体育发展、体育产业促进、体育市场监管、法律责任等的立法成为研究与实践热点。

(三) 体育治理注重务实创新

面对体育治理这一世界难题,新《体育法》作出针对性规定:一是构建反兴奋剂长效治理体系;二是推动体育仲裁规定落地和体育纠纷多元化解;三是明确单项体育协会应当健全内部治理机制,并加强行业自律;四是大幅完善关于法律责任的规定,强化监管执法举措,为体育事业的可持续发展护航。各地正着力健全制度体系，以推动新《体育法》更好地贯彻实施，提升体育事业综合治理效能。

《上海条例》作为上海市依法治体的重要依据，在新《体育法》治理框架内，就全民健身、青少年和学校体育、竞技体育、体育赛事、体育产业、体育组织、体育设施、保障措施、监督管理等进一步明确、细化了责任与任务，并将政府责任、市场机制、政府和社会合作机制、社会参与机制等融入立法。此外，为优化精准监管，提升体育治理水平，就完善高危险性体育项目监管、体育健身预付费经营监管进行了创制性立法，增设相应的法律责任。近期，高危险性体育项目监管、体育健身预付费经营监管配套授权规范性文件正陆续制订出台。

为贯彻落实新《体育法》，构建系统全面的地方体育法律规范体系，加快推进全球著名体育城市建设，相关配套制度还需进一步完善。上海体育领域一些现行的地方性法规(《上海市市民体育健身条例》)、政府规章(《上海市体育赛事管理办法》《上海市体育设施管理办法》)等需要适时修订，运动促进健康、青少年和学校体育、体育市场管理、赛事活动管理、地方单项体育协会治理机制以及行业自律等方面的配套制度需抓紧构建，与青少年运动员注册等有关的规范性文件也需及时研究修订，以解决上海体育事业发展中的实际问题。

当前，上海大力加强体育法律法规的学习宣传和贯彻实施，不断扩大普法宣传的覆盖面、影响力。上海市人大常态化执法检查也正在推进中，努力以法治方式促进新时代上海体育事业高质量发展。《上海条例》相关执行部门应当按照有关规定积极履行监督检查职责，联动加强体育执法，完善协同监管机制，持续提升执法水平，使体育法治理念深入人心。

《太原市体育发展条例》制定报告*

《太原市体育发展条例》(以下简称《太原条例》)由太原市第十五届人民代表大会常务委员会第九次会议于2023年5月31日通过,并于2023年7月29日经山西省第十四届人民代表大会常务委员会第四次会议批准,自2023年10月1日起施行。《太原条例》作为太原市第一部综合性体育法规,将太原市体育改革与创新发展经验上升为地方体育立法,突出了太原市体育发展特色,贯彻落实了新《体育法》的要求,及时回应了体育的民生需求。

《太原条例》从立项启动到公布实施,历时不到两年,可谓高效率立法。2022年5月17日,《太原条例》立法启动会在太原市人大常委会机关会议室召开,标志着该条例的立法工作正式开始。2022年8月30日,《太原条例(草案)》通过太原市司法局审查;9月30日,太原市政府常务会议审议通过;10月27日,太原市人大常委会主任会议听取社建委审议意见汇报;11月7日,太原市人大常委会第五次会议听取《太原条例(草案)》起草说明和社建委关于条例审议的意见报告;2023年4月21日,提请太原市委常委会审议;5月31日,太原市人大常委会第九次会议二次审议通过;7月29日,山西省人大常委会第四次会议批准;8月8日,太原市人大常委会公布印发《太原条例》;10月1日,《太原条例》正式施行。

一、《太原条例》的制定背景和依据

(一)制定《太原条例》的实践基础

太原市作为推动体育强市建设的重点城市,深入学习领会习近平总书记关于体育的重要论述,充分关注体育在促进健康、经济发展、社会进步、文化

---

* 陈华荣、吴昌熙:运城学院。

交流与传播中的重要作用,在全民健身、竞技体育、体育文化等方面展现了其特色优势。太原市将打造中部地区体育中心城市作为长期战略目标,积极推动"体育强市"建设。"十四五"期间,太原市以"百馆兴体"工程、全民健身场地设施补短板工程、全民健身惠民"300工程"为引领,实施全民健身场地设施扩容计划,建成高质量社区15分钟健身圈,并持续推进滨河体育中心、水上运动中心、汾河体育健身长廊等公共体育设施向社会开放,协调推进学校体育场馆对外开放,为群众提供更优质的场地设施,加快构建更高水平的全民健身公共服务体系,每年带动近百万人参与全民健身活动。太原马拉松赛、汾河龙舟公开赛、环太原国际公路自行车赛等活动逐渐成为太原体育的亮丽名片。

(二)制定《太原条例》的依据参考

《太原条例》立法工作启动时,新《体育法》修订工作已经进入尾声,新法的修订理念和起草思路,极大地推动了《太原条例》的制定工作。2022年6月24日新《体育法》颁布后,起草团队参照新《体育法》,于2022年6月28日形成《太原条例(草案)》初稿,确保在法律框架下实现科学立法。

根据新《体育法》规定,太原市因地制宜,因势利导,进一步深化体教、体卫、体旅融合,进一步加强全民健身保障,守好学校体育教育的主阵地,用好体育组织等社会力量,积极打造体育赛事品牌,提升太原市体育品味和国际影响力。

《太原条例(草案)》起草阶段,立法专家组收集整理了国家、省、市现行有效的体育法律法规及政策文件,梳理汇总了体育总局近五年的制度规定、规划计划、经验做法及难点问题,专家团队进行了多次交流研讨。草案主要依据新《体育法》《全民健身条例》《公共文化体育设施条例》《经营高危险性体育项目许可管理办法》等有关法律法规,按照《全民健身计划(2021—2025年)》《关于构建更高水平的全民健身公共服务体系的意见》《关于加快发展体育产业促进体育消费的若干意见》等文件的精神和要求,结合《山西省体育设施条例》《太原市"十四五"体育发展规划》等文件的具体措施要求,参照黑龙江、山东、河南、贵州、成都等省市体育条例完成。

(三)制定《太原条例》的现实需求

太原市体育事业的发展正面临诸多瓶颈与挑战,包括:全民健身场地设施短缺、设施布局和结构不合理,高品质体育场馆数量不足,科学健身指导水平较低,本土高水平教练员、运动员数量不足,品牌赛事数量较少,相关政策落实不到位,社会力量参与不足,体育产业基础薄弱等。这些问题不仅阻碍了太原市体育事业的高质量发展,也难以满足市民日益多元化的健身需求。因此,制定一部破解障碍因素、加强保障条件、构建新型发展机制的地方性体育法规已成为迫切需求。

《太原条例》的制定,正是为了回应市民对体育健身的强烈诉求,系统性地解决当前存在的问题,加强全民健身场地设施供给,提高竞技体育水平,降低体育活动的风险,激活体育市场活力,确保各方权益得到有效保障。

二、《太原条例》的结构与主要内容

(一)《太原条例》总体思路分析

《太原条例》旨在切实回应太原市体育事业发展的现实需求,加强制度保障和机制协同,完善法治体系,增强社会参与,为太原市体育高质量发展奠定坚实的制度基础。首先,强调依法立法,严守国家法律及行政法规,确保体育事业的合法性与规范性;其次,注重立法为民,广泛听取来自社区、学校及公众的声音,确保每个利益相关者参与共享的权利;再次,彰显太原特色,深入挖掘和展现本地独特的体育文化与魅力,使《太原条例》成为推广太原的法治名片;最后,与太原市"十四五"规划紧密对接,精准契合本地体育发展的实际需求,充分发挥地方立法在实施性、补充性和探索性上的积极作用,形成长效机制,以支持体育事业的可持续发展,确保体育事业的全面推进。

(二)《太原条例》章节内容分析

《太原条例》共设8章58条,分别是总则、全民健身、青少年和学校体育、竞技体育、体育产业、监督管理、法律责任、附则,构建了系统化、规范化的太原市体育发展制度框架。第一章总则,主要明确条例的立法目的、适用范围、发展规划及财政保障,明确有关部门的职责,涵盖体育产业与组织的发展、体育科研成果的推广与应用,以及表彰和奖励等制度,明确体育事业发展的总体方向和保障机制。第二章全民健身,目的在于着力构建和完善全民健身公共服务体系,涵盖赛事活动的组织与管理、体育场地设施的标准和管理制度,以及社会体育指导员的培训和管理,以推动全民健身活动的广泛开展。

第三章青少年和学校体育,重点包括青少年体育工作的协作机制、体育传统特色学校的创建、学生体质健康监测、学校体育场地配置、运动学校文化教育及教练员聘任、青少年体育后备人才的培养模式、学校运动会项目选择及学校体育运动伤害风险防范和处理机制的建立等,为青少年体育发展提供全面保障。第四章竞技体育,主要为了规范赛事组织与管理责任,涉及运动队和青少年训练复合保障团队的组建、运动员选招和伤残保险制度的设立,以及优秀运动员的优待措施等,确保竞技体育的专业化发展。第五章体育产业,目的在于推动体育产业融合发展,鼓励社会资本参与投资,支持体育用品生产企业的研发创新,推动职业体育市场化发展,并定期开展体育产业专项调查,为体育产业的可持续发展提供政策和市场支持。第六章监督管理,明确有关部门的监管责任,实施"双随机、一公开"抽查检查机制,并通过联合执法检查确保市场规范运行,强化体育行业的监管力度和透明度。第七章法律责任,为保障条例所规定的权利、义务能够有效落实,确保法律规范的执行,条例为违反相关规定的行为设定了相应的法律责任,强化法律实施的刚性和可操作性。

《太原条例》通过系统化的法律框架,确保了体育事业的全方位发展,为太原市建设体育强市提供了坚实的制度保障和法律支持。

(三)《太原条例》主要特点分析

一是实践性强。《太原条例》为及时巩固太原体育特色发展的实践经验,将全民健身场地设施、品牌赛事等"有名有姓"地呈现在法规中。如《太原条例》第18条第3款规定:"鼓励利用滨河体育中心、汾河体育健身长廊、森林公园、水上运动中心等场所,开展全民健身活动。"第45条规定,"积极举办太原马拉松赛、环太原国际公路自行车赛"等特色体育赛事,发挥"全国篮球城市"等品牌作用。

二是文化味足。《太原条例》呈现了太原厚重的历史文化,突出了太原体育文化元素。例如,《太原条例》第9条规定:"市、县(市、区)人民政府以及有关部门应当加强体育文化建设,鼓励在传统节日或者其他节庆日,组织开展与节庆文化相融合的体育文化活动。鼓励推广太极拳、傅山拳、形意拳等具有本地特色的传统体育项目。挖掘、保护、传承民族、民间、民俗传统体育文化,支持其列入非物质文化遗产名录。"

三是协作度高。《太原条例》涵盖全民健身、青少年和学校体育、竞技体育、体育产业等多个方面,强调政府、学校、家庭与个体的共同参与,推动多方协作机制,展现公共治理的广泛性与有效性。《太原条例》强调全民健身与全民健康的深度融合发展,明确体育在提升市民健康水平方面的重要作用,有效促进全民健身,提升社会整体健康水平。《太原条例》关注体育对经济增长的积极贡献,强调体育与经济的深度融合,激发市场活力,推动体育产业发展。

三、《太原条例》的创新与发展

(一)展现本土特色,打造法治名片

《太原条例》积极引导竞技体育与全民健身的协调发展,巩固太原在传统体育项目上的优势,特别是太极拳、傅山拳和形意拳的推广。在保护文化遗产、宣扬体育文化的过程中增强了市民的文化认同与自信;突出太原特色,彰显独有的体育文化与体育魅力;结合本地特色体育场地,倡导以知名赛事为核心,打造具有品牌效应的文化活动。通过这些举措,条例将自身塑造为宣传太原的"法治名片",在强化文化传承的同时提升法治意识,促进体育与法律的深度融合,为太原市的可持续发展奠定坚实基础。

(二)开展新型活动,丰富赛事形式

《太原条例》旨在推动太原体育赛事的本地化发展,以满足市民多元化的需求。这一举措不仅提升了城市的竞技水平,还加强了体育文化的影响力。太原通过引入高水平赛事,力求成为区域内的体育活动枢纽,丰富市民的观赏体验,提升城市形象。同时,关注参与群体的多样性,确保活动形式的灵活性,促进经济增长,增强市民的归属感与自豪感。通过构建全面的体育活动体系,太原将在体育领域实现可持续发展,为城市注入新活力,打造充满活力的体育生态。

(三)高效利用场地,拓宽运动空间

《太原条例》积极推动社会体育场地设施的建设与共享,充分利用城市中的绿地、公园、广场以及滨河体育中心、汾河体育健身长廊等公共场所,以扩大体育活动的覆盖面,满足市民多样化的健身需求,有效利用资源,创造更好的健身环境。同时,《太原条例》倡导各机关单位向社会开放其体育场地与设施,充分发挥现有资源的价值,促进不同群体间的互动,增强社区凝聚力。通过充足的活动空间和多样的设施,营造积极向上的体育文化氛围,激发市民的参与热情,助力全民健身活动的深入开展,为太原市民创造更加健康的生活方式,提升整体生活质量。

(四)深化体教融合,夯实健康基础

《太原条例》特别重视青少年体育的发展,以提升青少年体质为核心目标,深化体教融合。《太原条例》明确保障学校体育课程的开展,并合理安排课外锻炼时间,确保青少年有充足的机会参与体育活动。《太原条例》鼓励学校与社会合作,推动丰富多样的体育活动进校园,使青少年更好地锻炼身心。通过系统性的培训和比赛,提升青少年的竞技能力,加强团队协作精神,培养他们的竞争意识和集体荣誉感。推动青少年体育的全面发展,为构建健康社会注入新活力,培养源源不断的健康人才。

(五)打破行业壁垒,促进多维融合

《太原条例》紧扣国家发展战略,深入推进体卫融合,明确体育运动在健康关口前移中的重要作用。通过多管齐下的方式,从宏观规划到具体实施,积极引导体育产业发展,激发市场活力。同时,《太原条例》探索体育与其他领域的多维融合,推动体育与不同产业之间的深度交融,力求实现跨行业协同发展的效益最大化。此外,《太原条例》鼓励企业参与体育产业,促进资源共享与合作创新,以提升整体产业链的效益。这种融合不仅将丰富体育市场的供给,还将推动相关产业的转型升级,为经济发展注入新的动能,为体育事业和社会经济的共同进步提供强有力的法治保障,确保体育活动在提升公众健康水平的同时,促进经济的可持续发展,最终实现社会的全面繁荣与进步。

(六)推广新型产业,拉动体育消费

面对市场,如何发挥体育活力以带动整体经济发展成为体育产业的重要议题。《太原条例》明确要充分发挥体育的本色,兼顾经济效益,增加消费点,实现体育的多样化消费。掌握民众对体育运动的要求和兴趣点,发挥专业技能,促进市场繁荣。通过细分市场,针对不同人群的需求设计多样化的体育产品和服务,吸引更多消费者参与。同时,结合当地的环境资源,因地制宜地打造产业基地,推动体育产业与区域经济的深度融合。通过这一系列措施,体育不仅能成为推动经济增长的重要动力,还将为社会创造更多就业机会,实现经济与体育的双赢发展。

(七)完善保障设施,强化应急管理

《太原条例》在完善保障设施与强化应急管理方面展现了高度的系统性与前瞻性。首先,要求建立健全管理制度,确保体育设施的安全与高效运行,彰显对用户安全的重视。其次,通过标明安全使用方法与注意事项,提升用户的安全意识,降低潜在风险;定期的设施维护和具备急救技能的人员的配置,增强了对突发事件的应对能力。再次,年度急救技能培训的规定,确保相关人员在危急时刻能迅速作出反应,体现了对应急管理的深刻理解;推动政府、学校与家庭共同参与,构建多方协作的风险防范机制,形成了全社会对体育安全的监督合力。最后,运动员伤残保险与体育意外伤害保险为参与者提供法律保障,巩固了体育活动的安全基础,促进了体育的健康与可持续发展。这些措施共同构建了一个全面的安全管理体系,为体育活动提供了深层次的保障。

四、结语

《太原条例》的制定严格遵循立法规范,贯彻立法精神,它作为太原市第一部体育领域的综合性法规,成功抓住了时代发展的契机,顺应新时代体育事业的转型需求,为太原市体育事业的高质量发展奠定了坚实基础。同时,《太原条例》充分融入了体育发展的新理念、新思想和新精神,落实了上位法的要求,不仅有效解决了新时代人民日益增长的体育需求与地方发展难题,还成为中部地区体育发展的法治典范,为推动山西省地方体育事业发展提供了有力支撑。

《甘肃省实施〈中华人民共和国体育法〉办法》修订报告[*]

2022年9月23日,甘肃省人民代表大会常务委员会发布第138号公告,《甘肃省实施〈中华人民共和国体育法〉办法》(以下简称《甘肃实施办法》)修订通过,自2022年12月1日起正式施行。此次《甘肃实施办法》的全面修订,标志着1996年《甘肃实施办法》在运行26年后迎来了全新的发展阶段。修订《甘肃实施办法》旨在深入推进体育治理体系和治理能力现代化,全面落实《体育强国建设纲要》重要战略部署,贯彻响应《民法典》保障公民体育权利的相关内容,有效呼应新《体育法》的最新精神,为甘肃建设西部强省提供坚实的法治保障。

一、《甘肃实施办法》修订的基本过程

为了推动甘肃省体育事业高质量发展,满足人民群众日益增长的参与体育活动的需求,适应体育事业改革发展新形势,甘肃省体育局高度重视本次修订工作,力求高起点、高标准、高水平推进本次《甘肃实施办法》修订工作。从时间跨度来看,本次修订工作时长近两年,具体包括了以下四个阶段:

(一)启动阶段

原《甘肃实施办法》于1996年9月25日通过,其在保障公民体育权利、增强全民体质、推动体育强省建设方面发挥了关键作用。但是随着我国经济社会尤其是体育事业的高速发展,原《甘肃实施办法》在立法理念、技术等方面都已经明显滞后于体育发展实践,亟须更新完善。基于这一现实状况,2020年年底,甘肃省体育局牵头启动修订《甘肃实施办法》工作,与兰州大学

---

[*] 邓小兵、石博文:兰州大学。

法学院专家团队联合成立《甘肃实施办法》修订工作组,着手起草《甘肃实施办法(修订草案)》,通过实地调研、专题研究和座谈讨论等多种形式展开了修订工作,并先后征求了全省各级体育行政部门、中小学校、全民健身领导小组等四十余个单位、部门的意见建议。2021年,《甘肃实施办法》被甘肃省人大常委会列为修订项目。在列入修订项目后,修订工作组重点围绕体育赛事的申办承办、体育赛事监管、体育场馆的开放和利用、体育赛事相关产业发展等方面开展修订研究,着重体现甘肃省体育发展的特点与特色,激发体育活力,促进体育事业发展,这也是贯穿本次修订工作的一条主线。

(二)征求意见阶段

1. 召开修法调研实地座谈会

为有效推进《甘肃实施办法》的修订,认真做好前期调研筹备工作,特别是研讨《甘肃实施办法》修订建议以及收集和听取相关职能部门关于调研方案的意见和建议,修订工作组于2021年6月24日在甘肃省体育局召开座谈会。本次座谈会邀请甘肃省体育局直属各单位和机关各处(室)的业务骨干参加,会上各单位参会人员结合体育工作实际,围绕运动员的升学、薪资待遇、就业,体育场馆设施的监管、开放,非在校青少年的权利义务保障,现行农村体育教师数量的配备等一系列问题进行了交流探讨,为修订工作提供了有益的思路指导。

2. 实地调研少数民族竞技运动地区

在开展修订工作前,积极学习兄弟省份的实施办法,特别是内蒙古、新疆等少数民族自治区在其实施办法中分别对开展适合农牧区的体育项目、将民族传统体育项目纳入体育课作出了相应规定。甘肃作为少数民族聚居地区,凸显民族特色也是本次修订需要重点把握的工作方向。在启动修订工作后,修订工作组于2021年7月26日前往中国少数民族地区规模最大的体育盛会聚集地之———甘南藏族自治州开展现场调研并征求修订意见。在调研过程中,甘南藏族自治州体育局对少数民族体育活动和体育赛事、体育产业、旅游产业融合的基本情况、面临的困难等进行了详细介绍,提出在资金扶持、服务购买等方面需要获得更大的支持保障。同时,体育行政部门对于涉体经营企业的事中事后监管实际上因为缺乏明确的执法权力依据,存在一定的困难。随后,修订工作组前往甘南州首府合作市文体广电和旅游局继续开展调研,合作市文体广电和旅游局相关负责人表示,目前传统民族体育和体育产业的发展效果欠佳,缺乏上级政策支持,仍需大力扶持"体育+"产业。此外,当地仍未通过体育产业创造出可持续的资金来源,目前主要依靠财政转移支付。本次调研深入了解了甘南藏族自治州民族体育活动发展状况,着重关注甘南等地民族特色体育的基本情况,知悉当地对现行少数民族体育扶持政策和活动的看法,为修订工作组全面掌握甘肃省体育文化及产业发展状况,挖掘民族特色,打造一部既符合上位法又彰显自身特色的《甘肃实施办法》奠定了相关基础。

3. 面向全省机关单位发函征求意见

为保障《甘肃实施办法》的系统性、科学性、严谨性,修订工作组以甘肃省体育局的名义发布了关于征求《甘肃省实施〈中华人民共和国体育法〉办法(修订草案)意见的函》(甘体政函〔2021〕33号),并向其他总计11个相关省政府组成部门征求修订意见。甘肃省财政厅在回函中表示,针对《甘肃实施办法(修订草案)》第37条,建议体育事业经费的增加应结合省财政实际状况,由"逐年"修改为"逐步",同时根据《甘肃省政府购买服务管理办法》(甘财综〔2021〕2号)的有关规定,政府购买服务指导性目录实行分级管理、分部门编制,因此建议第40条明确为省体育局制定政府购买服务的目录和标准。甘肃省统计局认为《甘肃实施办法(修订草案)》第36条"将体育产业统计纳入全省产业统计范畴"修改为"将体育产业统计纳入全省体育部门统计监测范畴"更为妥当和贴切。甘肃省文化和旅游厅认为《甘肃实施办法(修订草案)》第34条第3款应进一步完善修改为"依托建设美丽乡村、鼓励打造乡村运动、休闲、康养体验的特色小镇,探索发展乡村健身休闲产业"。对上述建议,修订工作组全部吸纳,并进一步修改完善《甘肃实施办法(修订草案)》。征求有关部门的意见建议,为确保《甘肃实施办法》落实落细提供了重要条件。

(三)修订草案一审稿形成阶段

在省体育局会同甘肃省人大社会建设委开展《甘肃实施办法(修订草案)》的调研、修改、论证等工作结束后,结合前期对《体育法(修订草案)》的研究,并分析、借鉴兄弟省份体育地方立法的最新内容,遵循立法原则、立法技术、基本省情和现实要求,对修订草案进行反复论证、修改和完善,形成了《甘肃实施办法(修订草案)》(一审稿)。2021年8月13日,《甘肃实施办法(修订草案)》(一审稿)经省体育局局务会审议通过后上报甘肃省人民政府,经甘肃省司法厅审查后,《甘肃实施办法(修订草案)》(一审稿)于 2021 年 10 月 25 日由省政府第一百五十次常务会议讨论通过。2021 年 11 月 25 日,甘肃省十三届人大常委会第二十七次会议对甘肃省人民政府提请审议的《甘肃实施办法(修订草案)》的议案进行了第一次审议。常委会组成人员认为,为了推动甘肃省体育事业发展,满足人民群众体育活动需求,适应体育事业改革发展新形势,有必要对《甘肃实施办法(修订草案)》作出修改,并在会上提出了一些修改意见和建议。同时,考虑到全国人大常委会正在修订《体育法》,为确保上下协调,建议待《体育法》修订通过后对实施办法再作进一步修改完善,适时提请常委会进行二次审议。

(四)修订草案二审稿形成和通过阶段

在《甘肃实施办法(修订草案)》通过一审后,甘肃省人大常委会法制工作委员会于 2021 年 11 月 26 日至 12 月 30 日面向社会公开征求意见。甘肃省人大常委会法制工作委员会根据常委会组成人员和省人大社会建设委员会的审议意见,对一审稿进行了认真修改。2022 年 6 月,新《体育法》正式通过,修订工作组与甘肃省人大常委会法制工作委员会等有关同志及时对接,对一审稿的修改完善问题共同进行了研究讨论,历经多轮修改后,将二审稿草案文本印发甘肃省人大相关专门委员会、省直有关单位、市州人大常委会、常委会立法联系点、部分人大代表和社会各方面征求意见,组织专家进行论证,并会同白银市、定西市人大常委会开展了立法调研。在此过程中,各方对《甘肃实施办法(修订草案)》的体例结构提出了大量完善建议。之后,根据此前收集到的各方对《甘肃实施办法(修订草案)》的意见建议,不断对《甘肃实施办法(修订草案)》进行推敲打磨,形成了修订草案二次审议稿。2022 年 9 月 2 日,省十三届人大法制委员会召开第五十次会议,对修订草案进行了审议。9 月 23 日,甘肃省第十三届人民代表大会常务委员会第三十三次会议通过修订后的《甘肃实施办法》。

至此,本次《甘肃实施办法》的修订工作取得圆满成功,《甘肃实施办法》的正式发布和实施为西部地域特色体育强省建设营造了良好的法治环境。

二、《甘肃实施办法》修订内容的主要亮点

新修订的《甘肃实施办法》共 9 章 43 条,较 1996 年版的《甘肃实施办法》新增了 2 章 5 条,在结构体例、章节名称方面,为突出全民健身在体育发展中

的基础性作用,将第二章"社会体育"修改为"全民健身",同时,为进一步保障青少年参与体育活动的权利,将原第三章"学校体育"修改为"青少年和学校体育"。此外,为与新《体育法》的章节设置、修改内容相衔接,《甘肃实施办法》补充完善相关内容,新增了"体育产业""监督管理"两章内容,并将原第六章"奖励与处罚"调整修改为第八章"法律责任"。可以说,本次《甘肃实施办法》的修订体现了甘肃省体育立法的科学性、前瞻性。从具体内容上看,《甘肃实施办法》的修订内容主要呈现出以下亮点:

(一)落实全民健身各项工作体制机制

在本次《甘肃实施办法》修订前,《体育法》和《全民健身条例》经过了多轮修订,《甘肃实施办法》结合对体育活动开展的基本要求,明确了县级以上人民政府应当加强对全民健身工作的领导,构建全民健身公共服务体系,制定全民健身实施计划,建立健全全民健身工作协调机制,鼓励和支持公民参加全民健身活动(第11条、第12条)。《甘肃实施办法》进一步明确了各级人民政府、体育行政部门、国家机关、企事业单位、各类社会团体以及基层群众自治组织和社区组织等各方在全民健身工作中的特定职责(第12—16条),将不同的体育事务中存在的职责差异在其中体现出来。这一职责划分旨在促进各主体之间的协同合作,确保各主体能够依据其专业性和职能定位,承担起相应的责任和义务,共同推动全民健身事业的快速发展。同时,《甘肃实施办法》强调县级以上人民政府体育行政部门应当将社会体育指导员工作纳入体育工作规划,依法对社会体育指导员工作进行管理、指导、监督。通过明确的立法规定落实社会体育指导员对全民健身活动的指导,有利于全民健身活动向科学化、规范化、标准化方向转型。

(二)强化对青少年和学校体育的支持保障

为有效保障青少年和学校体育活动的正常开展,新《甘肃实施办法》规定了需保证学生在校期间每天至少一小时的体育活动(第18条),此举对于全面推进素质教育,增强在校学生身体素质,切实提高学生体质健康水平具有重要意义。针对体育课任课教师的待遇保障问题,新《甘肃实施办法》明确了体育教师与其他学科教师具有同等地位(第21条第1款),更加公平、公正、合理。从充分利用优秀退役运动员这一资源角度出发,创新性地增加了学校可以设立体育教练员岗位,并且可以优先聘用符合相关条件的优秀退役运动员从事学校体育教学、训练活动的规定（第21条第2款、第3款）。鉴于近年来学校屡次发生体育安全事件，从风险防范的视角出发，《甘肃实施办法》新增了一系列保障学生安全的措施，规定学校应当构建体育活动安全制度，制定突发事件应急预案，加强对体育教师的安全知识和技能培训，加强对学生安全意识的教育和建立校园体育活动意外伤害事件应急管理机制，建立和完善学生体育活动意外伤害保险制度（第23条）。

（三）明确竞技体育的人才培养和赛事管理要求

在竞技体育方面，《甘肃实施办法》重点关注运动员退役后的相关问题，明确规定县级以上人民政府及其发展和改革、人力资源和社会保障、教育等部门应当引导、支持退役运动员进入高等院校、中等职业学校学习和培训，提高综合素质和就业能力（第26条）。这一规定是退役运动员尽快适应社会、实现再就业的前提保障，可以实现运动员向普通岗位的平稳过渡。为有效承接《体育法》的相关规定，同时积极响应国家"放管服"改革的基本要求，《甘肃实施办法》修改了运动员注册的要求，运动员可以参与单项体育协会的注册，并按照规定进行交流（第27条）。为进一步实施精准管理，特别是近年来"包容审慎监管""柔性执法"等执法理念的兴起，同时吸取"白银马拉松事件"的深刻教训，《甘肃实施办法》第29条明确规定了体育赛事活动实行分级分类管理，强调县级以上人民政府体育行政部门加强体育赛事活动安全监管和体育赛事活动的名称应当符合国家相关规定和要求。这一规定将使体育赛事活动组织日益规范，体育赛事活动安全系数也将显著提升。

（四）结合甘肃地方特色推动体育产业高质量发展

新《甘肃实施办法》立足甘肃省实际，增加了有关促进体育产业发展的内容：一是规定县级以上人民政府应当建立多部门合作的体育产业发展工作协调机制，形成工作合力推动体育产业发展（第30条）。二是强调要支持体育用品制造业、体育服务业发展，促进体育与教育、文化旅游、医疗健康、商业、农林、科技、互联网等产业融合发展，同时鼓励、支持发展具有区域特色的体育产业，尤其是足球、冰雪、山地户外、水上、汽车摩托车、航空、赛马等以资源禀赋为依托的运动项目（第31条、第32条）。可以说，《甘肃实施办法》的修订从制度和保障机制两方面支持甘肃省体育产业充满特色地向高质量发展阶段迈进。

(五)进一步完善对体育市场的监督管理举措

结合新《体育法》增加"监督管理"专章,《甘肃实施办法》旨在进一步压实体育行政部门和有关部门的监督检查职责,以维护体育市场的秩序和确保体育活动的安全。这必然要求构建一套清晰明确的监管框架,以便对体育市场、体育项目及体育赛事实施精准有效的监管。基于以上原因,《甘肃实施办法》一是增加了县级以上体育行政部门和其他有关部门应当按照各自职责对经营高危险性体育项目的市场主体实施日常监督检查,对直接涉及公共安全和人民群众生命健康的重点项目实施重点监管的规定(第38条);二是明确对于高危险性体育赛事活动,要加强事前、事中、事后安全监管,实现全链条、全过程监管(第39条);三是强调对体育市场进行监督管理,完善体育企业信息公示制度,强化体育企业信息归集机制,健全信用约束和失信联合惩戒机制,推进体育行业信用体系建设(第40条)。

此外,新修订的《甘肃实施办法》还对保障条件和法律责任章节进行了完善,删除了与上位法不相吻合或者与上位法重复的内容,优化调整了相关文字表述,对条款顺序也作出了相应处理。总体而言,本次《甘肃实施办法》的修订极大地推进了甘肃省体育治理现代化进程,为建立健全甘肃省体育法规政策体系奠定了重要基础。

三、《甘肃实施办法》修订的现实意义

习近平总书记指出,体育是社会发展和人类进步的重要标志,是综合国力和社会文明程度的重要体现。进入新时代以来,我国的体育治理实践发生了深刻变革,正由体育大国向体育强国转变,由偏向竞技体育向群众体育和竞技体育全面平衡发展转变。本次《甘肃实施办法》的修订和颁布实施工作始终坚持以习近平法治思想为引领,以建设西部体育强省为目标,最终进一步完善了甘肃省体育法律规范体系,极大地提升了依法治体水平。总体而言,本次修订对依法推进体育治理体系和治理能力现代化的现实意义重大。

(一)有助于全面落实《体育强国建设纲要》的战略部署

2019年国务院办公厅印发《体育强国建设纲要》,进一步明确了体育强国建设的目标、任务与措施,以充分发挥体育在全面建设社会主义现代化国家新征程中的重要作用。新《甘肃实施办法》响应《体育强国建设纲要》的

"放管服"改革要求,重塑地方立法基本理念,转变立法目的,由"管理"型立法向"服务"型立法转变,更加强调对公民、法人和其他组织等相关方合法权益的保障。同时,《体育强国建设纲要》指出,要"充分调动社会力量,构建管办分离、内外联动、各司其职、灵活高效的体育发展新模式",《甘肃实施办法》进一步完善各部门协调执法的制度机制,行业协会、体育社会组织参与体育治理的能动性、积极性得以大幅度增加。最后,《体育强国建设纲要》还特别强调要"加快发展体育产业,培育经济发展新动能",新修订的《甘肃实施办法》单独增设了"体育产业"专章,为加快促进体育产业规范有序发展提供了坚实的法治支撑。

(二)有助于保持和新《体育法》的上下协调与内外统一

《体育法》作为我国体育领域基础性、根本性的法律,奠定了我国依法治体工作的制度基础,系统、全面地反映了党和国家当前和今后一段时间内开展体育工作的路线、方针、政策,有助于规范和调整体育系统内产生的各种法律关系,在体育法治建设中发挥着举足轻重的作用。新《体育法》吸纳了体育事业发展过程中的一系列重大经验成果,增设了"反兴奋剂""体育仲裁""体育产业""监督管理"等章节,体育法治的制度框架已基本形成,制约体育事业发展的制度症结得到有效解决。《体育法》是《甘肃实施办法》的上位法依据,《甘肃实施办法》的相关内容必须根据上位法的改变而作出相应的调整完善。《甘肃实施办法》的修订无论是从篇章结构还是内容补充上,都紧密结合新《体育法》的变化,将其修改的重点内容、核心理念,结合地方特色和地方实际贯彻落实到《甘肃实施办法》的修改中,实现《甘肃实施办法》在立法理念、立法原则、立法精神上同新《体育法》的同步。

(三)有助于依法保障社会公众的体育权利

《民法典》秉持以人民为中心的发展思想,回应当今社会人民群众对美好生活的憧憬与向往,充实和丰富民事权利种类。《甘肃实施办法》也旨在体现《民法典》对保障公民权利的要求,增加落实"公民体育权利保障"的相应内容。《甘肃实施办法》的修订从完善全民健身工作机制、保障青少年学生在校体育运动时长、落实体育场馆向社会公众免费或低收费开放政策、维护运动员的各项权利等方面承认并保障公众的体育权利。可以说,《甘肃实施办法》将"权利保障"理念作为本次修订的重要基调,有效助力与保障了公民体育权利落到实处，进一步彰显了其社会法属性。

四、《甘肃实施办法》修订后甘肃依法治体工作的研究展望

《甘肃实施办法》的修订始终以《体育法》为基准，做到了修法与上位法相衔接、相协调，进一步推动了甘肃省的体育法治建设进程。但《甘肃实施办法》仍然存在一些现实不足，主要包括：需进一步细化体育赛事活动的分级分类监管规定；体育信用监管等方面的配套举措有待完善；对体育产业的具体扶持举措有待优化等。

基于依法治体的工作要求，接下来，《甘肃实施办法》应当直面体育事业发展过程中所暴露出的各种现实问题，积极回应人民群众对体育活动的新需求、新期待，并随着理论研究的深入和实践经验的丰富不断完善不足之处。为此，未来的工作思路依然是始终坚持贯彻习近平新时代中国特色社会主义思想，学习贯彻习近平法治思想、习近平总书记关于体育的重要论述、习近平总书记对甘肃作出的重要指示精神，认真对标对表新《体育法》，加强理论研究，推动《甘肃实施办法》各项规定落到实处，多措并举推动甘肃依法治体工作。

（一）细化体育赛事活动尤其是高危险性体育赛事的监管举措

针对体育赛事活动的精准管理问题，应当以包容审慎、分级分类监管为基础，强调对一般赛事实施包容监管，对高危险性体育赛事实施审慎监管。在事前监管阶段，推行以激励性为主、强制性为辅的行政备案制。在区分行政备案与行政许可的基础上，根据赛事举办过程中可能导致人员伤亡、财产损失、负面舆情和社会情绪宣泄的因素，对各类体育赛事活动进行风险等级划分，对存在较高风险的体育赛事适用行政许可，对低风险体育赛事适用行政备案。针对主动进行行政备案且未出事故的低风险赛事，可以通过资金奖励、扩大宣传等方式予以激励。此外，体育赛事活动的分级管理应当进一步明确监管主体，尤其是高危险性体育赛事活动的监管主体。具体而言，应当以属地分级管理为主、具体情节补充为辅的管理原则来确定监管分级，也就是需要根据体育赛事活动的种类、危险系数、参赛人数规模、是否跨行政区域等不同情形，清晰界分县级、地市级、省级地方人民政府体育行政部门对高危险性体育赛事管理的职责权限，以明确不同赛事活动的具体责任主体。

(二)建立健全体育行业诚信建设的长效化制度机制

《甘肃实施办法》提出要建全信用约束和失信联合惩戒机制,可以出台配套的《甘肃省体育行业信用建设管理办法》以加强甘肃省体育行业信用管理,尤其是可以对体育行业信用信息记录、采集、归集、整理、加工、共享、披露、查询、评价和使用,信用承诺,守信激励和失信惩戒,信用修复与异议处理,信用主体权益保护,信用服务行业发展等方面作出详细的规定。因信用公示同样是信用管理的重要组成部分,体育企业信息公示制度要同步完善行业主体信用采集及评价指标体系,明确将主体的信用信息划分为基本信息、正面信息、负面信息、其他信息,并对每项具体信息赋以一定的正值或负值,便于对体育行业主体的信用进行可视化评价。同时,体育行业的诚信建设不仅仅是体育行政部门一方参与就能完成的,其实际上离不开多方主体的参与。要实现体育行业的"善治",保障体育行业信用治理的可持续性和有效性,应当在现有规定基础上进一步明确不同利益主体在信用治理中的角色定位与价值,坚持党委引领、体育行政部门主导、行业协会与社会公众参与支持,彰显体育市场的主体性,并在多方协同中实现有效的信用治理。

(三)进一步明确体育产业的具体鼓励和扶持举措

《甘肃实施办法》对"体育产业"进行了专章规定,在接下来的贯彻落实中需要进一步推出相关举措和规定来促进甘肃省体育产业的高质量发展,因此首先要明确甘肃省体育产业的发展目标、产业布局、产业结构等,为体育产业的发展提供明确的指导方向。其次,结合甘肃省的实际情况,制定具有地方特色的体育产业发展战略。针对体育企业的实际需求,在《甘肃实施办法》指导下进一步制定具体的资金扶持、土地供应等政策。例如,设立体育产业发展专项资金,用于支持体育企业的研发、市场推广等活动;在土地供应方面,优先保障体育产业的用地需求。再次,考虑到中小企业是推进体育产业高质量发展的中坚力量,应当在资金、技术、政策等方面予以扶持帮助,给予更多照顾。最后,体育产业中还涉及大量的知识产权,尤其是赛事版权,因此还应当进一步加大对体育知识产权的保护力度,严厉打击侵权行为,并且通过更细致的规定来完善体育产业的相关监管机制,确保体育产业健康规范有序发展。

《焦作市太极拳保护和发展条例》制定报告*

太极拳作为中华民族传统文化的代表,2006年5月被列入首批国家级非物质文化遗产名录,2020年12月17日联合国教科文组织宣布太极拳入选人类非物质文化遗产代表作名录。2023年9月28日,河南省十四届人大常委会第五次会议批准了《焦作市太极拳保护和发展条例》(以下简称《焦作条例》),《焦作条例》自2023年12月17日起施行,这是国内首部保护特定传统武术项目的非物质文化遗产领域地方立法。

一、《焦作条例》的制定背景与制定过程

《焦作条例》制定工作于2022年5月启动,经历了调研论证、研究起草、征求意见三个阶段,重点解决了《焦作条例》的体例、保护对象、适用范围、政府及相关部门的职责、传承人的权利和义务、人才培养和保障机制、普及推广及产业发展等问题。

(一)制定背景

1. 贯彻落实中央决策部署的必然要求

党的十八大以来,习近平总书记高度重视中华优秀传统文化的传承与发展。2017年1月,中共中央办公厅、国务院办公厅印发了《关于实施中华优秀传统文化传承发展工程的意见》。2021年8月,中共中央办公厅、国务院办公厅印发了《关于进一步加强非物质文化遗产保护工作的意见》。在2023年6月2日召开的文化传承发展座谈会上,习近平总书记指出,在新的起点上继续推动文化繁荣、建设文化强国、建设中华民族现代文明,是我们在新时代新

---

* 蔡骞:河南理工大学。

的文化使命。太极拳是中华优秀传统文化的瑰宝，其创造性转化和创新性发展是新时代中国特色社会主义文化建设的必然要求。太极拳作为关注度较高的非物质文化遗产，根据目前发展状况需要及时制定相关法律，把重大方针政策及时转化为法律规定，为深入推进其高质量发展提供有力法治保障。

2. 兑现申遗承诺，履行缔约国义务

太极拳是中华民族优秀传统文化的重要组成部分，经过数百年的传承和发展，太极拳及太极拳文化已成为向世界展现中国传统文化的独特窗口，深受全世界人民的喜爱。目前，太极拳已经传播到150多个国家和地区，有80多个国家和地区建立了太极拳组织，据不完全统计，习练者达数亿人之多。2019年3月，我国在太极拳申报人类非物质文化遗产代表作名录时承诺，河南省焦作市试点先行，推进相关法规和地方政策的制定工作。中国是《保护非物质文化遗产公约》的缔约国，制定《焦作条例》是申遗时的承诺，也是在履行缔约国义务。

3. 提升保护水平，促进高质量发展

2007年，焦作市温县先后被中国民间文艺家协会、中国武术协会命名为"中国太极拳发源地""中国武术太极拳发源地"，这里记录着太极拳创拳以来的发展脉络，有众多太极拳代表性传承人和历史遗存。目前，太极拳及太极拳文化已成为向世界展现中国传统文化的独特窗口，这对焦作市太极拳的保护、传承、弘扬及高质量发展提出了更高的要求。但长期以来，还存在政府相关部门职责不清，保护对象不明确，保护单位与传承人的权利、义务不明确，太极拳的普及与教育有待加强，人才保障制度不健全，太极拳产业发展相对粗放，陈家沟古村落的保护与开发有待改进，太极拳七大社区的协作交流有待加强等问题，这些问题均需要相关法规加以规制解决。同时，经长期实践检验的成熟做法有必要提炼上升为法律规定，从而进一步确认、巩固对太极拳的保护和引领太极拳的发展。总之，推进太极拳立法势在必行，《焦作条例》将为太极拳的保护传承与创新发展提供有力的法治保障，对进一步弘扬中华优秀传统文化、推动太极拳高质量发展具有重大意义。

（二）制定过程

1. 调研论证阶段

2022年3月，《焦作条例》制定被列入焦作市人大常委会年度地方立法计划中的立法调研项目，2022年5月，作为起草单位的焦作市文化广电和旅游局与河南理工大学签订《技术服务合同》，委托河南理工大学提供《焦作条例》的编制服务，随后成立了立法起草专班。

在立法依据方面，《焦作条例》通过之前，我国尚未出台保护传统武术的专门性法规，这项地方立法工作是开创性的。依据《立法法》的规定，焦作市关于太极拳保护与发展的地方立法属于先行性立法与自主性立法。基于以上基本认识，立法起草专班充分利用图书资料、法律法规数据库等进行资料的收集和整理，初步筛选出与文化遗产相关的地方性法规三百余部，然后根据主题和内容进行分类并主要查阅有关非物质义化遗产项目的地方性法规（如传统戏剧、传统手工技艺等肢体表达或手工技术方面的非遗项目）。经进一步总结，主要上位法有《非物质文化遗产法》《体育法》《公共文化服务保障法》《河南省非物质文化遗产保护条例》《河南省体育发展条例》等，有关部门规章、规范性文件有《国家级非物质文化遗产保护与管理暂行办法》《国家级非物质文化遗产代表性传承人认定与管理办法》等，可参阅的地方性法规有《苏州市昆曲保护条例》《陕西省秦腔艺术保护传承发展条例》《汕头市潮剧保护传承条例》《盐城市淮剧保护条例》《福州市寿山石雕刻技艺保护规定》《平顶山市汝瓷文化保护条例》《衢州市围棋发展振兴条例》《甘肃省张家川回族自治县花儿保护传承条例》等，有效解决了立法资源匮乏的问题。

在加强立法针对性、科学性与可操作性方面，立法起草专班通过实地调研、访谈和座谈会等形式，在全面了解焦作市太极拳发展历史进程、阶段特征及现实状况的基础上，围绕太极拳作为非物质文化遗产的确认、立档、研究、保存、保护、宣传、弘扬、传承和振兴等方面，总结了太极拳保护工作开展情况及存在的问题和困难，确定了需要立法解决的重点问题。例如，2022年7月1日，立法起草专班到温县进行调研访谈，多位太极拳代表性传承人和行政部门负责人均建议，首先要解决保护对象和适用范围的问题，重点解决代表性传承人的权利和义务问题。陈氏太极拳省级和市级代表性传承人均提到太极拳的传承和青少年的教育普及问题，需要解决太极拳水平评价与升学相挂钩的问题、政府对传习场所的支持问题，并建议加强对民间有一定影响力的拳师（非代表性传承人）的保护，立法要侧重于太极拳的传承和保护。部分代表性传承人提出需要规范家族传承谱系、规范拜师仪式，需要整理太极拳方言、土话和心法等，需要规范太极拳的要领而不是规范具体动作等问题。对于调研中得到的反馈，立法起草专班经过斟酌有选择地进行了采纳，认为《焦作条例》属于公法性质的立法,目的在于规范公权力,应主要调整政府的领导职能和管理职能。对于非公权力调整的事项,应主要由民间自发调整和规范。经过多轮研讨,立法起草专班于2022年8月完成了立法调研报告。

2. 研究起草阶段

立法起草专班根据文献研究、访谈调研以及专家论证会的意见,拟定了《焦作条例(草案)》的指导思想和编制总体方案,于2022年9月形成了《焦作条例(草案)》初稿,共56条。《焦作条例(草案)》采用分章制体例,分为总则、保护与管理、保护单位与代表性传承人、教育与普及、传播与交流、法律责任、附则等七章。《焦作条例(草案)》确定了法规的适用范围、保护对象、保护原则,基本明确了相关主体的权利和义务等问题。例如,焦作市非遗保护中心和温县非遗保护中心均提到,太极拳保护经费存在不稳定问题。《焦作条例(草案)》给予了积极回应,规定市、县(市)、区人民政府应当加强对太极拳保护工作的领导,将其纳入国民经济和社会发展规划,所需经费列入本级财政预算,并设立太极拳保护和发展专项经费。和氏太极拳国家级代表性传承人与温县武管中心主任均提到,太极拳拳术传承与创新的关系、太极拳标准化问题、如何处理好规范化与个性化的关系、一个新套路的出现是否需要认定以及如果需要认定由谁认定等问题。立法起草专班认为,这不适宜在《焦作条例》中进行规定,建议由中国武术协会协调解决。在《焦作条例(草案)》初稿的基础上,立法起草专班召开多次修改会议,逐条研究讨论,形成了《焦作条例(草案)》提交稿。2022年10月受突发性公共卫生事件影响,调研与论证工作被迫中断。

3. 征求意见阶段

2023年2月23日,市人大组织召开立法专家论证会,就《焦作条例(草案)》征求意见。2023年3月,《焦作条例》列入焦作市人大常委会2023年地方立法计划中的提请审议项目。2023年3月31日,《焦作条例(草案)》经焦作市政府第六次常务会议讨论通过,以政府议案的形式提请市人大常委会审议。2023年4月26日,焦作市十四届人大常委会第二次会议对《焦作条例(草案)》进行了第一次审议。一审后,焦作市人大法制委和立法起草专班根据常委会的审议意见,在深入调研论证、广泛征求意见的基础上,对《焦作条例(草案)》进行了反复修改和完善,焦作市人大法制委先后组织召开立法座谈会、征求意见会、专家论证会、意见反馈会、研讨会共计16次,通过发函、发布公告等形式广泛征求意见 3 次，收集整理各方面意见建议共计 70 余条。2023 年 8 月 16 日，焦作市人大法制委对《焦作条例（草案）》进行了统一审议。在此阶段根据有关意见，对条例名称和体例作出重大调整，并对有关问题及其表述作出调整和修改。如条例名称在列入焦作市人大常委会年度地方立法计划中的立法调研项目时为《焦作市太极拳保护条例》，主要依据是《保护非物质文化遗产公约》第 2 条的定义部分将"保护"界定为确保非物质文化遗产生命力的各种措施，包括遗产各个方面的确认、立档、研究、保存、保护、宣传、弘扬、传承（特别是通过正规和非正规教育）和振兴。后经焦作市委市政府、市人大以及立法起草专班斟酌，决定采用保护与发展相统一的思路，即在保护中发展，在发展中保护，同时考虑表述习惯等因素，将法规名称修改为《焦作市太极拳保护和发展条例》。

2023 年 9 月 7 日，焦作市十四届人大常委会第六次会议对《焦作条例（草案）》进行了第二次审议并表决通过。2023 年 9 月 28 日，河南省十四届人大常委会第五次会议批准了《焦作条例》。焦作市人大常委会于 2023 年 10 月 23 日发布公告公布《焦作条例》，《焦作条例》自 2023 年 12 月 17 日起施行。

二、《焦作条例》的体例与主要内容

立法的过程就是从方案设计到形成法定制度的过程，制度设计贯穿始终，制度设计的基本要求是既有理论支撑，又有实践经验相印证，如此才能使制度设计符合立法宗旨，科学、合理、可行。

《焦作条例》采用不分章节的简易体例，共 33 条，分为总则、保护传承、传播发展、法律责任、附则五部分。第一部分是第 1—8 条，主要对立法目的和依据、适用范围、立法原则、政府及有关部门职责、社会参与、太极拳保护宣传周等作出了规定；第二部分是第 9—20 条，主要对太极拳资源调查、保护范围划定、生态保护区建设、知识产权保护、保护单位和代表性传承人的认定及其权利义务、专项经费用途等作出了规定；第三部分是第 21—30 条，主要对太极拳人才的认定和培养、传习场所的设立、标识体系的确定和应用、文化旅游项目开发、康养目的地建设、相关产业开发、媒体传播、赛事交流、区域协作等作出了规定；第四部分是第 31—32 条，主要对国家工作人员责任、法律责任转致适用等作出了规定；第五部分是第 33 条，对条例的实施日期作出了规定。《焦作条例》中有些条款是对现有做法的固定，有些是对现存问题的有效回应,本部分就《焦作条例》的有关内容进行介绍与分析。

(一)确定保护对象和适用范围

立法就是为了解决问题,问题无处不在、无时不在,但发现真问题,切实解决问题,需要立法者树立正确的问题意识和掌握科学的思维方法。

就太极拳的保护与发展进行立法,首先要解决的是保护对象和适用范围的问题。是要保护与太极拳有关的技术、实物和传承方式,保护发源于焦作市温县的国家级非物质文化遗产陈氏太极拳与和氏太极拳,还是要保护在焦作市传播和发展的所有流派的太极拳？以上问题在调研论证阶段和研究起草阶段均存在不同意见。有观点认为,将《焦作条例》所保护的太极拳明确为发源于焦作市的国家级非物质文化遗产(陈氏太极拳、和氏太极拳),能实现焦作市试点先行的立法意图。主流观点认为,如仅限定于保护陈氏太极拳与和氏太极拳将违背立法初衷,应以更高站位从保护人类非物质文化遗产的角度出发,保护在焦作市传播和发展的太极拳各个流派。《焦作条例》立法起草专班多次深入温县等地进行调研走访,结合我国在申报人类非物质文化遗产代表作名录时关于太极拳遗产项目的表述,对太极拳进行了界定。《焦作条例》所称的太极拳,是指形成于焦作市温县陈家沟村,已列入人类非物质文化遗产代表作名录,基于阴阳循环、天人合一的中国传统哲学思想和养生观念,以中正圆活为运动特征的传统体育实践。经太极拳代表性传承人、非遗专家与立法起草专班多轮论证,明确太极拳的保护对象为:太极拳的拳理、拳法、功法、套路;太极拳的拳谱、图谱、传承谱系;与太极拳相关的祖祠、名人故居、碑刻、题刻等建筑物、场所、设施、遗迹及其附属物;与太极拳相关的传统习俗、民间故事、影音档案、口述史;其他与太极拳相关的需要保护的对象。

(二)明确地方政府及有关部门的职责

地方立法权的实质在于对利益或社会资源的再调整,涉及部门利益、群众利益及公共利益,必须慎之又慎。因此,地方立法必须根据实际情况,合理设定行政主体的权力和责任、公民的权利和义务,在保障政府行使国家权力的同时充分保护公民的合法权益,构建和谐的法律秩序。

关于太极拳的保护和发展,焦作市无专门性的政府规章、规范性文件和政策予以规范,相关保护措施存在政府职责不清、机制不完善以及经费不足等问题,需要通过立法规范解决相关问题。《焦作条例》对市、县(市)、区人民政府文化和旅游、体育、教育、人力资源社会保障等有关部门的职责作出了明确规定,并重点突出了温县作为太极拳发源地的责任。同时,《焦作条例》规定市、县(市)、区人民政府应将太极拳保护和发展工作纳入国民经济和社会发展规划,并明确了太极拳保护和发展专项经费的支出项目,这从法律层面上解决了焦作市太极拳保护和发展的顶层设计与经费问题。

例如,针对调研中反馈的太极拳相关资料的保护问题,《焦作条例》明确了焦作市、温县人民政府文化和旅游、体育等部门应当开展太极拳资源调查,建立太极拳档案资料库和数据库,做好太极拳拳法、套路等的收集、整理和阐释工作。针对反映比较强烈的陈家沟古村落保护问题以及围绕太极拳进行产业开发过程中存在的问题,《焦作条例》明确了焦作市、温县人民政府应当对与太极拳保护相关的建筑物、场所、设施、遗迹及其附属物等划定保护范围,建立专门档案,并采取有效措施予以保护。同时,应当加强太极拳文化生态保护区建设,打造太极拳特色村镇、街区,对温县陈家沟村等太极拳实践的核心区域,实行区域性整体保护。

(三)规定保护单位与代表性传承人的权利和义务

立法的过程,既是一个设定规范的过程,也是价值博弈、权衡与选择的过程。陈氏太极拳与和氏太极拳作为国家级非物质文化遗产,其保护单位分别为焦作市非物质文化遗产保护中心与温县和式太极拳学会。虽然原文化部通过的《国家级非物质文化遗产保护与管理暂行办法》对相关问题作出了规定,但调研中代表性传承人和有关部门负责人均提出,上述暂行办法不够明确细致,且对保护单位应享有的权利未作规定。通过此次立法,明确了保护单位的权利,并使代表性传承人应享有的权利和履行的义务更符合焦作实际,给了代表性传承人合法的"身份保障""物质保障"以及"精神保障"。

针对调研中有关行政主管部门反映的问题,《焦作条例》明确划定"红线"。太极拳代表性传承人有下列情形之一的,由焦作市、温县人民政府文化和旅游主管部门依法取消其代表性传承人资格:丧失中华人民共和国国籍的;采取弄虚作假等不正当手段取得资格的;无正当理由不履行义务,累计两次评估不合格的;违反法律、法规或者违背社会公德,造成重大不良社会影响的;自愿放弃代表性传承人资格的;其他应当取消的情形。

（四）建立健全人才培养及保障机制

学校教育方面，焦作市自2001年开始在全市中小学推广普及太极拳，在体育课中增设太极拳内容。2010年，太极拳正式纳入焦作市中招体育考试项目。焦作市的高校中，河南理工大学设置有体育学院（太极拳学院）以及建设了省高校人文社科重点研究基地太极文化研究中心和国内首家太极拳实验室，焦作师范高等专科学校设置有体育学院（太极文化学院），焦作大学设置有太极武术学院。另外，部分代表性传承人在温县开办的武校或武馆等教学机构，均在人才培养方面作出了相应贡献。

人才评价方面，调研中部分代表性传承人强调，仅有少部分代表性传承人通过办学校或开武馆进行太极拳的传承传播，在一定区域内有影响力，还有相当一部分代表性传承人或民间拳师面临多重危机：一是年老体衰，后继乏人；二是经济状况不佳；三是权利保障不够充分。为了促进太极拳在发展中得到充分保护，弘扬太极拳文化，涵养太极拳人才队伍，根据武术段位制管理有关规定、非物质文化遗产传承人标准要求和焦作市人才评价体系改革发展政策，结合太极拳传统武术文化发展的实际需要，焦作市人民政府于2021年3月印发了《焦作市太极拳人才认定办法（试行）》，将市太极拳人才认定设为四级：特级太极拳师、高级太极拳师、中级太极拳师和初级太极拳师。2023年7月，焦作市人社局印发了《焦作市体育专业教练员（太极拳）申报评审标准（试行）》，规定太极拳教练员职称设初级和中级。

《焦作条例》将以上属于焦作市在改革发展或者民生改善中较为成熟的做法加以固定，鼓励市、县（市）、区人民政府教育部门将太极拳纳入中小学校体育与健康教学；鼓励职业院校开展太极拳人才培养；支持高等院校开展太极拳相关研究，设置太极拳学院（系）、太极拳实验室等教学科研机构，培养太极拳专业人才。《焦作条例》还规定，市人民政府人力资源社会保障部门应当会同体育、文化和旅游部门，建立健全太极拳人才认定制度，完善人才培养和保障机制，促进太极拳人才队伍建设。

（五）确定宣传推广普及路径

为广泛开展太极拳推广普及活动，创新宣传方式，弘扬太极拳文化，《焦作条例》将每年12月17日所在周设定为焦作市太极拳保护宣传周，明确规定要利用文化和自然遗产日、全民健身日和市太极拳保护宣传周等重要时间节点,组织开展太极拳宣传推广活动。

在调研访谈中,民众普遍反映市域范围内没有统一的太极拳文化标识以及景观标识不足问题,就此问题,立法起草专班参阅了其他地方的非遗立法经验,并与有关部门沟通后在《焦作条例》中给予了回应,规定市人民政府应当确定本市太极拳品牌标识,市、县(市)自然资源和规划、住房城乡建设等部门应当将具有太极拳文化特色的品牌标识和经典性元素等合理应用于公共场所。

为了解决普及推广中存在的问题,《焦作条例》规定政府应当设立公益性太极拳传习场所,组织编制简单易学、统一规范的太极拳推广套路,通过政府购买服务、社会资助、公益演出等方式,支持开展太极拳进机关、进企业、进学校、进社区、进农村等活动。

因突发性公共卫生事件,太极拳的线下普及推广受到了严重影响,部分代表性传承人反映太极拳传承发展困难。为了适应时代的发展,《焦作条例》规定,鼓励单位和个人通过互联网平台,开展与太极拳相关的展示展演、线上教学和课程开发等活动,培育发展媒体传播新业态。

(六)指明太极拳产业融合发展方向

焦作市以太极拳为媒介,以云台山为纽带,融体育赛事、文化旅游、经贸活动为一体,"一赛一节"(中国焦作国际太极拳大赛暨云台山旅游节)在国内外的影响力日益提升,"太极圣地""山水焦作"已经成为两个世界级文化旅游品牌。中国焦作国际太极拳大赛连续多次被授予"中国体育旅游精品项目"荣誉称号。

为进一步加强太极拳与旅游、康养等产业的深度融合,《焦作条例》对完善太极拳文化旅游、传承实践配套设施,开发太极拳体验、休闲、研学、寻根等文化旅游项目,壮大太极拳演艺、游戏、动漫等文创产业,拉长培训、服饰、器械等相关产业链条,发挥太极拳学拳明理、修身养性和强身健体等功能,建设集健康养生和文化传承为一体的康养目的地等作出了规定。

三、《焦作条例》的立法启示

《焦作条例》是焦作市获得地方立法权以来,制定的首部涉及历史文化保护的法规,也是我国第一部关于太极拳保护的法规。该条例坚持党的全面领导,严格落实请示报告制度;践行全过程人民民主,最大限度吸纳民意、汇集民智;突出地方特色,从实际情况和实际需要出发,有针对性地解决焦点问题。《焦作条例》的制定兑现了焦作市先试先行的承诺,为民族传统体育非物质文化遗产领域的地方立法提供了参考。

(一)遵循立法原则,践行人民民主

焦作市按照"党委领导、人大主导、政府依托、各方参与"的立法工作要求,遵循"不抵触、小切口、有特色、可操作"的地方立法原则,严格遵守有关法律法规,正确处理了下位法与上位法的关系,确保《焦作条例》在法律体系的框架内开展、依照法定的权限和程序进行。在市人大常委的主导下,立法起草专班深入开展立法调研论证,广泛征求意见建议,认真做好《焦作条例(草案)》的起草修改工作,确保法规条款符合实际,更具操作性。

例如,《焦作条例》体例结构的调整。《焦作条例(草案)》提交稿采用分章制体例,分为总则、保护与管理、保护单位与代表性传承人、教育与普及、传播与交流、法律责任、附则等七章。随后,焦作市人大常委会以及立法起草专班先后多次召开座谈会、专家论证会征求意见,向市委多次进行汇报,听取市政府相关部门、温县人民政府、立法咨询专家、立法联系点、太极拳协会、代表性传承人的建议和意见,并征询省人大常委会、省直有关部门意见,通过发函、发布公告等方式广泛征求社会各界意见,系统梳理并及时归纳整理,广泛采纳合理吸收。关于《焦作条例》的体例问题,经讨论决定,《焦作条例》的制定要着眼于实效,避免追求"大而全"的模式,坚持"有几条立几条、管用几条制定几条"的原则,集中力量研究推敲"关键的几条",按照地方立法原则和立法技术规范要求,对《焦作条例(草案)》中一些重复性、宣示性的条款予以删除,对部分条文内容进行整合、顺序进行调整。《焦作条例》最终采用不分章节的简易体例,内容按照总则、保护传承、传播发展、法律责任、附则进行排序,力求逻辑结构合理、内容明确具体、表述规范简练。

总之,焦作市按照立法工作要求和立法原则,在《焦作条例》的调研、起草和修改过程中最大限度地凝聚社会各方面的智慧和共识,立法充分反映了民情、体现了民意、集中了民智。

(二)突出地方特色,解决发展难题

焦作市温县是中国民间文艺家协会、中国武术协会确认的太极拳发源地,记录着太极拳创拳以来的发展脉络,有众多太极拳代表性传承人和历史遗存,太极拳的保护传承属于历史文化保护方面的事项,制定《焦作条例》符合《立法法》规定的制定地方性法规的要求。

特色是地方立法的生命。特色始终是地方立法保持活力的要素,是衡量地方立法质量的重要标准,也是检验地方立法水平的试金石。由于太极拳发源地温县的重要地位,《焦作条例》对温县有关部门的职能作了明确规定,突出了其主体责任。太极拳的保护和发展,人才是关键,需要得到政府认可,但能够得到政府认可成为国家级、省级、市级和县级非遗代表性传承人的毕竟是少数,还有相当一部分拳师未得到认可。为此,焦作市政府及市人社局积极推动,分别制定了《焦作市太极拳人才认定办法(试行)》和《焦作市体育专业教练员(太极拳)申报评审标准(试行)》,并通过本次立法予以肯定。《焦作条例》明确了要进一步健全太极拳人才认定制度,完善人才培养和保障机制,促进太极拳人才队伍建设。

总之,《焦作条例》坚持特色为魂、精细为本,凸显焦作特色,解决了太极拳保护和发展中的难题,增强了法规的针对性与可操作性。

(三)发挥引领作用,提供立法参考

国家立法可以发挥引领和推动作用,地方立法同样可以发挥引领和推动作用。入选国家级非物质文化遗产代表性项目名录的传统武术项目有近50项(不含扩展项目),如大众熟知的少林武术、形意拳、八卦掌、咏春拳、蔡李佛拳、武当武术、精武武术、青城武术等,这些传统武术项目的传承和发展需要制度进行规范。

《焦作条例》是我国第一部关于传统武术项目保护和发展的地方性法规,突出了焦作市的地方特色,也反映了国内太极拳保护和发展的实际情况。《焦作条例》的制定不仅为焦作市太极拳的保护和发展提供了法律依据,也为太极拳其他保护区域(社区)的法规建设提供了参考和模板,同时也为上述传统武术项目的保护探索出了新路径、提供了宝贵经验。

四、焦作市太极拳保护和发展展望

作为焦作市制定的首部涉及历史文化保护的法规,《焦作条例》也是我国首部关于太极拳保护的法规,《焦作条例》的制定与实施使焦作市在太极拳的保护与发展方面有法可依、有法可循,将为太极拳的传承保护与创新发展提供强有力的法治保障,这对于提升太极拳在世界范围内的知名度和影响力,提升太极文化品牌价值有着重要作用,对于增强民众的文化认同感和民族凝聚力有重要意义。

(一)相关责任主体做好贯彻落实工作

法律的生命力在于实施,法律的权威也在于实施。把《焦作条例》的贯彻落实放在太极拳工作的重要位置,进一步加强太极拳的保护体系建设,依法促进太极拳高质量发展。接下来需要围绕《焦作条例》的内容进一步明确责任、细化落实具体措施,相关部门和单位应建立太极拳保护和发展协同机制,共同研究和解决太极拳保护和发展中的突出问题,形成保护、发展协同互促的新格局。如《焦作条例》第13条规定,市、温县人民政府文化和旅游主管部门应当制定太极拳保护发展规划。据了解,焦作市文化和旅游主管部门正在落实本条规定,已经启动了发展规划的制定工作。

(二)建立健全保护区域协作机制

以立法促进共治共理、协同发展。《焦作条例》凝结了各方面的智慧,具有开拓性和里程碑意义,它探索积累了新时代太极拳法规建设的宝贵经验。《焦作条例》第30条规定,市、温县人民政府应当加强与其他太极拳传承集中区域所在地同级人民政府的交流协作,建立健全保护区域协作机制,提高太极拳保护传承水平。太极拳七大保护区域(社区)所在地有地方立法权的分别是焦作市、邯郸市、北京市、天津市和邢台市,为贯彻落实本条规定,协作机制的建立健全需要在法治轨道上展开,推进协同立法是可行的方式之一。例如,在调研访谈和座谈会上,反映比较集中的问题是部分省、市在认定太极拳代表性传承人的制度上存在差异甚至冲突,对于该问题可通过保护区域协作机制来解决。协同立法的最终目的,是实现共管、共治、共享。太极拳各保护区域(社区)资源禀赋和发展定位各异,在解决共同问题的基础上,各保护区域(社区)应科学合理地设置符合当地实际的个性规定,使法规行得通、落得了地。

体育行政篇

我国经营高危险性体育项目执法检查报告(2023)[*]

2023年,体育总局政策法规司(以下简称"政法司")根据我国体育项目开展的季节特点,分别于上半年和下半年前往海南省、河南省、山东省、上海市、江苏省、吉林省、黑龙江省、新疆维吾尔自治区、河北省、山西省等省、自治区、直辖市,针对这些地区的高危险性体育项目(以下简称"高危项目")经营活动行政执法情况进行了广泛、深入的调查。

一、经营高危项目执法检查工作基本情况

(一)时间与范围

2023年4月16日至26日,政法司高危项目监督检查组分别赴广东省、湖南省、湖北省开展2022年高危项目经营活动行政执法监督检查"回头看"工作,赴江西省、海南省、河南省、山东省、上海市、江苏省6个省(市)及其部分地市、区县体育行政部门开展2023年高危项目经营活动行政执法监督检查工作。此次检查重点为游泳、潜水、攀岩项目。2023年11月19日至12月1日,监督检查组分别赴吉林省、黑龙江省、新疆维吾尔自治区、河北省、山西省等省、自治区及部分地市、区县体育行政部门开展2023年下半年高危项目经营活动行政执法监督检查。此次检查侧重滑雪项目,兼顾游泳、潜水、攀岩项目。

---

* 赵毅、储贝贝:苏州大学;于昊、孙云霄:北京体育大学。

(二)内容与形式

1. 内容

一是主体责任落实情况。包括学习宣传相关法律法规、定期召开会议,研究部署高危项目监管工作情况;落实高危项目监管工作责任部门、人员情况;落实高危险性体育赛事监管工作责任部门、人员情况。

二是行政许可工作情况。包括依法依规开展高危项目审批情况(是否存在无证经营现象、是否在许可中增设条件);信息公开情况;在自由贸易试验区推行经营高危项目许可告知承诺制工作情况;开展高危险性体育赛事审批情况。

三是其他行政执法工作情况。如体育执法机制建设情况,体育、教育、文化和旅游及行政审批、综合执法等相关部门的职责设定和高危项目监管工作机制;行政执法制度建设情况,有关细化裁量权、规范程序等的配套文件制定修订等;开展行政执法检查工作情况,针对高危项目经营活动开展专项执法检查和联合执法检查,利用"双随机、一公开"平台加强监管;行政执法规范化建设情况,贯彻执行行政执法基本程序制度,落实行政执法"三项制度"要求,行政执法文书和案卷的制作、装订、归档,以及执法装备配备、基础设施建设等;行政执法决定执行情况,行政相对人因体育行政执法提起的行政复议、诉讼案件以及群众举报、投诉等社会监督情况;行政执法主体建设情况(人员配置和专业能力、经费保障),行政执法人员资格管理、开展业务培训及队伍管理等情况。

四是遇到的困难和相关意见建议。如"放管服"改革和加强安全监管的政策是否会产生冲突,如何协调;高危项目执业人员培训和管理是否能满足市场对社会体育指导人员和救生人员的需求,是否开展相关执业人员能力年度认定工作;对第三方检验机构如何监管;高危项目监管、高危险性体育赛事审批配套制度如何构建;对非高危项目、部分新兴项目如何监管等。

2. 形式

监督检查的形式包括座谈会、人员谈话、调阅资料、走访审批大厅和执法队、经营场所现场抽查等。具体而言,座谈会的内容包括:监督检查组组长介绍此次执法检查的部署和要求;各省、自治区、直辖市体育局对照《2023年高危险性体育项目经营活动行政执法监督检查问题清单》汇报工作;听取地方各级体育局对高危项目监管的意见建议。人员谈话的内容主要围绕省局职责分工、制度建设、执法检查的具体情况。此外,被检查方需按照《2023年高危险性体育项目经营活动行政执法监督检查问题清单》提供相关材料供监督检查组查看。同时,监督检查组走访审批大厅和执法队,并在各区县随机抽查1至2个场所,实地了解体育行政部门行政许可和执法检查开展情况,听取场所的意见建议。

(三)参与人员与组织方式

1. 参与人员

2023年上半年,政法司在全员参与的基础上,组织科研所、水上中心、游泳中心、登山中心,天津市、河北省、吉林省、安徽省、福建省、广西壮族自治区、云南省、陕西省、青海省、宁夏回族自治区、新疆生产建设兵团体育行政部门,北京国体世纪质量认证中心、北京华安联合认证检测中心以及中国法学会体育法学研究会等单位的60多位同志组成6个监督检查组赴各地开展工作。2023年下半年,政法司全员及科研所、冬运中心、天津市、上海市、山东省、河南省、湖北省、广西壮族自治区、贵州省、云南省、陕西省、青海省、中体产业集团标准认证集团、北京华安联合认证检测中心、北京国体世纪质量认证中心等单位的同志组成5个监督检查组赴各地开展工作。

2. 组织方式

各监督检查组设组长1名、副组长1至2名、成员若干。组长由政法司等系统内(体育总局相关司局,游泳、水上、登山、冬运等项目中心,科研所,中体产业等)司局级领导担任,副组长由技术支撑单位和体育总局相关单位或中国法学会体育法学研究会人员担任,成员由体育总局相关单位和中国法学会体育法学研究会、技术支撑单位人员组成。

(四)重点关注的问题

1. 规范行政处罚裁量权,打造良好营商环境

河南省体育局推行行政执法"四张清单制度"(不予处罚事项清单、从轻处罚事项清单、减轻处罚事项清单、不予实施行政强制事项清单),内容包括违规经营高危项目的处罚等,在推动高危项目规范发展的同时减轻企业负担,进一步激发市场主体活力和社会创造力。

2. 优化行政许可流程,提升审批效能

江苏省体育局对高危项目许可事项进行优化,推动审批事项在全省不同地区和层级无差别受理、同标准办理;南京市实施高危项目"一网通办";无锡

市开展"减证便民"活动,可100%实现"不见面"审批功能。上海市对经营高危项目行政许可流程进行优化,推动"一业一证"等改革事项,将一个行业准入涉及的多张许可证整合为一张"行业综合许可证",压减审批环节和时限,提升行政效能和办事效率。吉林等地通过减时不减服务压缩办理时限,进一步提升审批服务效能,为企业经营发展助力赋能。黑龙江等地按照"一套材料、同时受理、联合验场、并联审批、证照同发"的要求,优化工作流程,推动"进一次门,查多项事"。山西省推进"一网通办",对于能通过政务服务平台检索到材料的,不再要求提交;利用信息化手段,让"信息多跑路、群众少跑腿",提升申办者的满意度。

3. 制定"首违不罚"事项清单,彰显执法温度

长春市等地方体育行政部门制定"首违不罚"事项清单、包容审慎执法"四张清单",规定高危项目经营活动不予处罚的情形,进一步优化了营商环境,激发了市场主体活力。

4. 设立金融贷绿色通道,为企业融资提供保障

江苏省体育局从机制、政策、资金等方面,提出一系列便利化服务体育企业措施,设立"体育企业金融贷绿色通道",2021年向373家体育企业发放贷款3.3亿元;2022年给予102家企业信贷支持,共计2.34亿元。

5. 加强宣传,普及高危项目安全知识

广东省一些体育行政部门制作游泳场馆规范安全管理宣传片、游泳救生员日常训练片,利用媒体力量,宣传高危项目的法律法规和技术规范;联合教育部门开展游泳安全进校园宣讲活动,增强群众安全意识和自我保护意识。吉林市体育行政部门同媒体加强合作,宣传体育领域新政策、高危项目经营活动监管工作,提升体育行政人员、高危项目经营场所从业人员安全意识,减少事故发生概率。

6. 开展监督检查,确保高危项目规范、安全运行

各级体育行政部门采取多种方式加强高危项目安全监管,如协同市场监管、文旅、公安等部门开展联合检查,开展单部门或多部门"双随机、一公开"抽查,实施月度行政执法检查,委托第三方检验机构开展检验,纪检监察部门牵头开展专项监督检查,开展安全生产专项整治检查等。

7. 完善规章制度,促进规范管理

上海市、江西省、江苏省等开展地方立法工作,推动制定、修订全民健身

条例、高危项目经营管理办法、体育经营活动监督管理规定、体育领域行政处罚裁量权基准等制度性文件,为规范高危项目经营活动提供制度保障。张家口市修订滑雪场所安全管理相关标准,依据标准进行安全监管,以保障滑雪运动健康发展。大庆市开展高危项目经营场所标准化建设,提高场所管理服务水平。

8. 创新监管制度,避免监管缺位

太原市、大同市建立体育行政部门领导包联县制度和AB岗位制度(指在落实岗位责任制的基础上,对每项业务均明确A、B两名责任人,两岗位互相补位,确保不出现空岗的工作制度),避免了监管工作缺位和空岗现象,提高了监管效能。

9. 建立经营高危项目"一单两库",助力监管工作

江苏省体育局要求市、区、县各级体育行政部门建立本地区经营高危项目"一单两库"(抽查事项清单、企业名录库以及执法人员库),实时动态更新,掌握经营高危项目行政许可和运行情况,确保"精准"执法。

10. 实施分级分类监管,提升监管效能

山东省对高危险性体育场所进行分级分类管理,根据风险等级,将场所划分为A级、B级、C级、D级。南京市一些地区将游泳场所划分为重点检查、重要检查、常规检查等类别,对不同类别场所采取不同监管力度。太原市、大同市按照信用风险等级对体育经营场所实施差异化监管,对风险低、信用好的市场主体降低抽查比例和频次,对风险高、信用低的市场主体提高抽查比例和频次,进一步提升了问题发现率,改善了营商环境。

11. 开展人员培训,减少风险隐患

吉林市、通化市不定期组织开展游泳、滑雪执业人员国家职业资格培训,增加执业人员市场供给,为高危项目行业安全发展提供人员保障。

12. 加强资金监管,促进高危项目行业健康发展

江苏省将体育单用途预付卡管理纳入市场监管领域部门联合抽查事项清单,一些市建立"先消费、后付款"的体育消费监管模式,将收取预付费的场所纳入体育预付卡资金监管服务平台监管,使相关领域投诉数量大幅度下降,促进了高危项目行业的健康发展。

二、各地经营高危项目经验总结

2023年,各地从实际出发,在《体育法》《全民健身条例》《经营高危险性

体育项目许可管理办法》等法律法规和规章的指引下，广泛开展地方立法和执法实践，不断优化经营高危项目许可流程，提升执法规范性、公正性和文明度，形成了有效经验。

(一)地方制度供给进一步丰富

1. 密集开展地方综合性体育立法工作

2022年新《体育法》通过后，多地陆续开展"立法适配工作"，集中对本地区综合性法规进行"立改废"，密集开展地方综合性体育立法工作，为经营高危项目、体育市场监管、体育执法提供基础性依据。2022年9月通过的《甘肃省实施〈中华人民共和国体育法〉办法》，从保障条件、监管责任等方面同《体育法》予以衔接，为甘肃省体育执法提供了指引；《上海市体育发展条例》作为上海市第一部综合性、基础性的体育地方性法规，为上海市体育执法提供了扎实依据。除甘肃和上海外，内蒙古、河南等地也根据新《体育法》的最新规定，结合本行政区的体育发展特色进行地方性法规的修订工作，为本行政区内体育法治建设提供更加充分的制度依据。

2. 积极开展经营高危项目的相关立法

除综合性立法外，各地结合上位法，国家在体育强国建设、营商环境建设以及行政执法等方面的政策要求和本地实际，积极开展本区域经营高危项目许可、日常监管、执法等方面的立法，完善相关制度建设。上海、江西、江苏等地开展地方立法工作，推动制定或修订全民健身、高危项目经营管理、体育经营活动监督管理等方面的地方性立法或规范性文件，为规范高危项目经营活动提供制度保障。例如，2023年9月27日，江西省第十四届人民代表大会常务委员会第四次会议审议并通过了《江西省全民健身条例》，条例自2023年12月1日起正式实施，该条例的出台填补了江西省体育地方性法规的立法空白，为加快推进该省全民健身事业高质量发展提供了制度保障。

(二)政务服务进一步优化

优化政务服务、提升行政效能是优化营商环境、建设全国统一大市场的必然要求，对加快构建新发展格局、推动高质量发展具有重要意义，也是完善体育监管、提升体育治理能力的要求。2023年，各地方体育行政部门积极落实新《体育法》和相关政策要求，不断提升高危项目许可标准化水平，取得了以下进展：

1. 进一步提升经营高危项目许可"清单化管理"水平

许可清单化是推进行政许可标准化、规范化,不断提高监管效能的重要手段。各级地方体育行政部门不断提升经营高危项目许可"清单化管理"水平,建立经营高危项目"一单两库",助力监管工作。河北省体育局在《河北省体育局行政许可事项清单(2023年版)》中明确规定了经营高危项目许可的设定依据、许可办理部门层级、许可机关、监管主体等内容,为申请人提供清晰明确的指引。四川省根据《四川省权责清单管理办法》和《四川省行政许可事项清单(2023年版)》,经对《体育法》等有关法律法规规章的全面梳理,对全省体育行政部门行政权力事项进行了动态调整,形成了体育行政部门的权力清单,明确规定了经营高危项目许可权力的行使层级等信息,规范体育行政部门经营高危项目许可权力的行使。

2. 优化许可流程,提升许可效能

除许可"清单化管理"外,许可流程同样是影响许可效能的重要因素。2023年,各级地方体育行政部门依据相关政策要求,积极推动本部门高危项目许可流程优化,为申请人提供便利。江苏省体育局对高危项目许可事项进行优化,推动许可事项在全省不同地区和层级无差别受理、同标准办理。其中,苏州工业园区将"经营高危项目(许可、变更、注销)"纳入"一网通办",推动"通办"向"好办""智办"转变,相较于以往只能通过园区一站式服务中心窗口线下办理的模式,企业或个体工商户通过"融易办"平台申请办理相关业务,可以免去线下奔波的烦恼,节约时间成本,使企业和群众享受更加高效、便捷的政务服务;无锡市开展"减证便民"提速活动,可100%实现"不见面"审批功能。上海市对经营高危项目行政许可流程进行优化,推动"一业一证"等改革事项,将一个行业准入涉及的多张许可证整合为一张"行业综合许可证",压减审批环节和时限,提升行政效能和办事效率。

(三)严格规范公正文明执法进一步落实

严格规范公正文明执法是《法治政府建设实施纲要(2021—2025年)》对"健全行政执法工作体系"的要求,是实现体育强国建设的重要法治保障。2023年,各级地方体育行政部门积极落实党中央、国务院和体育总局的相关政策要求,不断提升执法规范性和文明度,主要经验如下:

1. 落实"三项制度",进一步提升执法规范性

"三项制度"是行政执法规范性建设的重要方面,也是规范和加强地方体

育行政执法工作的重要内容。地方各级体育行政部门积极落实相关要求,不断完善"三项制度"建设,推动执法公开,提升执法规范性。山东、江西、河南、江苏等省体育局制定行政执法"三项制度"的配套文件,进一步明确各级体育行政执法主体落实"三项制度"的具体要求。南京、郑州、南昌等一些市体育行政部门出台体育行政执法配套文件、实施细则,规范市、区县两级体育行政部门行政执法。江苏省体育局要求市、区县各级体育行政部门建立本地区经营高危项目"一单两库"(抽查事项清单、企业名录库以及执法人员库),完善执法信息公开制度,并实时动态更新,掌握经营高危项目行政许可和运行情况,确保"精准"执法。江西省体育局出台《关于进一步规范和加强体育行政执法工作的通知》,要求江西省各级体育行政部门梳理执法事项清单,理顺执法体制机制,基层体育主管部门确需委托执法的,应按照公开透明高效原则和履职需要,依照法律、法规或者规章的规定,遵守委托执法程序,与受委托综合执法机构签订书面委托协议,报同级司法行政部门备案,并向社会公示后组织实施。严格按照年度"双随机、一公开"行政执法检查计划,安排行政执法检查工作。

2. 日常监管有序开展,进一步提升执法效能

日常监管是加强事中事后监管,提升执法效能的重要环节。根据国家有关政策的要求,各级体育行政部门不断健全以信用为基础的新型执法机制,规范涉企行政检查,完善联合检查、"双随机、一公开"监管、非现场执法等工作机制,推动监管信息共享互认,避免多头执法、重复检查。南京市将对经营高危项目许可单位的检查纳入全市"双随机、一公开"目录并制定配套的检查计划,按照"双随机、一公开"的相关要求不定期对辖区内经营高危项目的场所开展检查。与此同时,南京市体育行政部门还针对经营高危项目的场所不定期开展专项检查、安全隐患排查整治等,并与当地应急管理、卫生健康等部门合作开展联合检查,探索不同的日常监管模式,区县体育行政部门每年配合省市体育行政部门开展检查,并开展日常检查,确保高危项目场所安全运营。黑龙江省七台河市体育局联合市场监管部门、应急管理部门、卫生健康部门联合开展"双随机、一公开"检查,严格按照抽查程序抽选了相关经营场所为检查对象。各部门重点围绕场所经营许可证、安全设备配备、人员资质、卫生环境管理等抽查事项进行检查,针对检查中发现的问题提出了整改要求,实现上下联动,形成工作合力,实现了"进一次门、查多项事",杜绝了部

门间的重复检查,提升了日常监管效能。

3. 行政裁量进一步明确,执法更加公正文明

明确和规范执法裁量权不仅有利于提升执法规范性,更有利于提升执法公正性和文明度,是促进"同一事项相同情形同标准处罚、无差别执法"的重要方式。河南省体育局推行行政执法"四张清单制度"(不予处罚事项清单、从轻处罚事项清单、减轻处罚事项清单、不予实施行政强制事项清单),内容包括经营高危项目的处罚等,明确了经营高危项目行政处罚裁量基准,在推动高危项目规范发展的同时做到公正文明执法,减轻经营主体负担,进一步激发经营主体活力和社会创造力。济南市体育局同样出台了《济南市体育局行政处罚"四张清单"》,对首次出现"未经批准擅自经营高危险性体育项目""高危险性体育项目经营者取得许可证后不再符合条件仍经营""经营高危险性体育项目单位不规范经营"等违法行为规定了明确的"不予处罚""减轻处罚""从轻处罚""从重处罚"的适用条件,并规定了对应的配套监管措施,进一步明确了济南市体育行政执法的裁量基准。

(四)风险防范与处置机制进一步健全

高危项目具有一定的风险性,关系到参与者的人身安全,对相关风险的防范和处置是高危项目监管和执法中关注的重点。各级体育行政部门十分重视对经营高危项目风险的防范和化解,不仅将安全监督放在日常检查的重要位置,还在安全知识普及、安全生产专项整治方面发力,进一步健全了风险防范和处置机制。

1. 加强宣传,普及高危项目安全知识

广东省一些体育行政部门制作游泳场馆规范安全管理宣传片、游泳救生员日常训练片,利用媒体力量,宣传高危项目的法律法规和技术规范;联合教育部门开展游泳安全进校园宣讲活动,增强群众安全意识和自我保护意识。

2. 开展安全生产专项整治检查

各省、市、区县体育行政部门采取多种方式加强高危项目安全监管,如协同市场监管、文旅、公安等部门开展安全生产联合检查,开展单部门或多部门"双随机、一公开"抽查,实施月度行政执法检查,委托第三方检验机构开展检验,纪检监察部门牵头开展专项监督检查,开展安全生产专项整治检查等。

3. 实施分级分类监管,提升监管效能

山东省对高危险性体育场所进行分级分类管理,根据风险等级,将场所划分为 A 级、B 级、C 级、D 级。南京市根据信用等级高低采取差异化监管措施,全面树立对守法诚信的经营主体"无事不扰",对违法失信者"利剑高悬"的管理理念。同时将分级分类监管与"智慧监管"相融合,利用大数据、人工智能等技术"感知"经营高危项目的相关主体,开展风险智能预警,及早防范化解行业性、区域性风险,推动监管关口前移,提升监管的精准性和靶向性。针对游泳场所,南京市部分地区按照"分级分类监管"的理念,将游泳场所划分为重点检查、重要检查、常规检查等类别,对不同类别场所采取不同监管力度。

三、经营高危项目存在的主要问题

(一)高危项目范围尚待更新统一

1. 高危项目概念界定含混不清

新《体育法》第 105 条和第 106 条分别确定了高危险性体育赛事项目和高危险性体育赛事活动的概念,但从地方实践来看,将两种概念混同的情况大量存在,如某省制定的体育赛事活动管理实施意见中,规定举办高危项目的赛事活动,按照《经营高危险性体育项目许可管理办法》等规定执行。然则高危项目和高危险性体育赛事活动的许可审批标准不尽相同,将两者混同容易造成行政执法的混乱。

2. 各地对高危项目范围划定不一

2013 年体育总局等五部门发布了《第一批高危险性体育项目目录》,对高危项目管理范围进行了统一的大类规范,设定了行政权力的清单,各级体育行政部门应在此基础上进行范围细分,但目前各地行政部门对高危项目的划定尚不统一,广东省、吉林省发布的高危项目范围甚至与项目目录中的存在差异,高危项目范围有待统一。

3. 诸多新兴高危项目未被纳入

新兴高危项目不断涌现,但目前我国的高危项目目录仍为 2013 年发布版本,距今已 10 余年,久未调整更新,大量新兴高危项目游离在法律监管范围之外。尤其在甘肃白银事件后,山地越野、戈壁穿越、翼装飞行等新兴高危项目被进一步重点监管,减少或暂停审批。但从长远发展来看,新兴高危项目应得到必要的发展空间,此时,如何完善管理制度、健全标准规范、保障项目安全健康发展才是亟待解决之难题。

(二) 高危项目行政许可规范性尚待提升

1. 高危项目行政许可覆盖面不广

研究发现,目前经营高危项目行政许可工作覆盖面不广,无证经营的情况仍旧存在。部分经营者法律意识不强,对申请行政许可的认识不到位,不知道需要办理或者不明白如何办理,未主动到体育行政部门办理申请手续。此外,部分基层体育行政部门由于资源有限,无法覆盖到所有的高危项目经营场所,特别是一些偏远或小型的经营单位。部分地区甚至没有对高危项目经营规定行政许可,如《陕西省全民健身条例》中仅要求县级以上质量技术监督部门和体育行政部门加强对高危项目的检查监督;《云南省全民健身条例》中对高危项目经营未有特殊规范。

2. 高危项目行政许可主体不明

《体育法》《全民健身条例》均规定,经营高危项目要向县级以上地方人民政府体育行政部门提出申请。但符合规定的部门有县人民政府体育主管部门、设区的市人民政府体育主管部门、省人民政府体育主管部门以及体育总局。不同部门分别对应不同规模和不同风险的项目许可审批,但不同层级部门许可审批的范围具体为何、受理主体和批准主体是否为同一主体,都没有进一步的规定。部分地方甚至没有规定实施行政许可的主体为何,给需要经营高危项目的企业和个体工商户等经营主体带来困扰。

3. 行政许可的程序和标准不够规范

《体育法》等相关法律规范对高危项目经营许可的审批要求较为笼统,需要各地制定更为具体明确的规范,强化可操作性。调研发现,各地行政审批部门细化的制度规范中,对高危项目审批流程、审批标准、审批时间等规定不一。部分省份规定的高危项目行政许可条件沿袭上位法的规定,可操作性仍旧不强;各地对具体审批事项的认定标准理解不一致,部分地区只规定从业人员需要经过岗位培训而未规定需取得相应资质,给后续监管带来困难。在审批时间的规定上,各地区也不尽相同,如部分地区规定为"自收到申请之日起20个工作日内",部分地区规定为"自收到申请之日起30个工作日内"。概言之,各地审批程序和标准不一,甚至存在冲突矛盾,给法规政策实施带来阻力。

4. 人员资质许可审查标准有待完善

《体育法》第105条第1款第2项规定,经营高危项目需要具有达到规定数量的取得相应国家职业资格证书或者职业技能等级证书的社会体育指导人员和救助人员。调研发现,一则真正符合资质的人员较少,各地社会体育指导人员和救助人员的培训考试较少,职业鉴定周期较长且收费较高,以致符合资质要求的人数较少,难以满足市场需求;二则各地对人员资质的审查标准不统一,对国家职业资格证书或职业技能等级证书缺乏统一要求和管理,如对救助人员而言,医护人员证书、行业机构急救证书等具有可替代性,但考取难度和管理力度不一,弱化了持证人员的专业能力。

(三)高危项目行政监管力度有待加强

1. 对行政许可的事后监管力度较弱

研究发现,目前体育行政部门对于已经发放的许可证后续监管力度不足。部分高危项目,如室内游泳项目、滑雪项目等,经营主体变更较为频繁,场所工作人员流动性大,体育行政部门理应对其变更事项进行现场审核,确定设施设备、救生人员等变化情况,及时办理相应的吊销、注销手续。然而从现实来看,已被许可的经营场所存在设备数量不足、设置不符合要求、社会体育指导人员和救助人员数量和资质不足等问题,对高危项目的事后监管存在漏洞。

2. 相同层级部门间的协同监管有待完善

高危项目经营的监管需要多部门的参与,包括体育、市场监管、医疗、交通、旅游等。不同部门或多或少拥有对高危项目部分监管审批的权力,如卫生部门拥有对高危项目经营公共卫生方面的监管权力等。部分地区缺乏部门协同机制,面临部门间互相推诿,监管政策落地难的问题,影响高危项目的健康经营。2023年国务院办公厅《关于深入推进跨部门综合监管的指导意见》为高危项目执法监管的多部门协同机制建设提供了政策支持,体育领域多部门协同执法监管机制亟待建立完善。

(四)高危项目行政处罚能力有待提高

1. 行政处罚专业性尚待提升

高危项目具有高风险性特征,且对高危项目经营场所和设施等是否符合国家标准进行验证,需要较强的技术和专业能力支持,因而对执法人员的专业素养和执法部门的设置配备有较高要求。但在现实层面上,基层体育行政部门面临人员不足的问题,尤其是机构改革后,绝大多数体育行政部门和教育、广电、文旅等部门合并,合并后负责体育行政工作的人员数量锐减且往往身兼数职,不仅要完成体育行政部门的工作,还要完成其他部门的工作,执法力量严重不足。此外,行政执法人员普遍缺少相关专业背景,自身执法能力存在不足,体育行政部门也缺少相应的专业设备,行政执法面临专业性挑战。

2. 行政处罚权力边界较模糊

在高危项目行政执法上,仍旧存在多头执法和互相推诿的现象,在"北大法宝"中以"经营高危险性体育项目"为检索对象检索行政处罚类案件,发现行政处罚机关各有不同,涵盖市场监督管理部门、文化旅游部门、城管执法部门以及体育行政部门等,其中体育行政部门作为处罚主体的案件数量占比较低,体育行政部门的执法功能依旧薄弱。此外,不同地方行使处罚权的主体也不尽相同,某些地方由市场监督管理部门处罚,某些地方又由体育行政部门处罚,各单位部门之间存在权力边界模糊的问题。

四、对经营高危项目的建议

(一)完善顶层立法,明确项目经营范围

1. 调整更新高危项目目录

厘清高危项目和高危体育赛事活动关系,应根据体育总局等七部门公布的《高危险性体育赛事活动目录(第一批)》,及时更新《高危险性体育项目目录》。根据《体育法》第 105 条之规定,国务院体育行政部门是制定、调整高危项目目录的第一责任主体,应当由其作为提起主体,对体育项目危险性进行动态评估并启动目录调整程序。此外,根据《体育法》第六章之规定,各级各类体育组织可以对相应体育项目的风险进行定期评估,并向体育行政部门提出调整高危项目目录的建议。

2. 明确高危项目管理边界

为了明确体育行政部门管理范围,明确高危项目经营范围,除更新目录外,还应当明确高危项目管理边界,为行政相对人提供更为明确的指引。高危项目行政许可本质上是一种风险管理制度,可以从风险要素识别角度出发,基于人身安全风险、专业技术要求和安全保障风险来构建评估指标体系。其中,人身安全风险指体育项目导致参与人遭遇人身伤害的风险;专业技术要求指非专业从事项目训练的人员参与该类项目的人身损害风险;安全保障风险则是项目场所及环境特殊性造成的安全保障不力风险。

3. 完善新兴高危项目管理标准

各地应结合本地实际情况,明确新兴高危项目的管理要求和标准,进一步加快制定山地越野、戈壁穿越、翼装飞行等新兴高危项目的管理制度和标准规范,建立明确的行政许可制度。

(二)深化制度改革,明确行政许可规范

1. 扩宽行政许可的覆盖范围

一方面,需要加强对经营高危项目行政许可相关法规政策的宣传力度,确保所有的法规政策的透明公开,通过政府网站、社交媒体等多种渠道,发布有关高危项目行政许可的相关信息和政策解读;鼓励公众、体育经营者和从业人员对相关政策提出意见和建议,提高公众和体育经营者对高危项目行政许可政策的认识。另一方面,各地应当完善地方性立法和相关政策,在顶层设计上明确行政许可制度,而非以简单的检查监督替代,以确保高危项目经营的安全和合规性,保护消费者的安全,促进体育产业健康发展。

2. 明确行政许可的权力主体

在高危项目行政许可主体确定的问题上,可以参考《体育法》中其他涉及行政许可的制度,例如临时占用公共体育设施的许可制度,来细化规范,保持法律规范的一致性。根据《体育法》第87条之规定,因特殊需要临时占用公共体育设施超过10日的,应当经本级人民政府体育行政部门同意;超过3个月的,应当报上一级人民政府批准。此处的受理主体和批准主体应当被理解为是统一主体,结合《体育赛事活动管理办法》第13条的规定,在高危项目许可审批中,应当沿袭该规定,谁受理、谁审批。在具体的内部权力分配上,应当结合体育项目经营规模和危险程度进行细化考量,进一步引入风险指标进行界定。

3. 细化申请程序及许可标准

进一步明确经营高危项目申请需要提交的材料,对总体的形式要求和材料种类要求尽量统一明确,增强政策法规的可操作性。可以参考出租车经营许可的相关规定,不仅对申请人需要提交的材料作出详细规定,还以附件形式为申请人提供相应模板以及经营申请表,贯彻执法为民的便民原则。

4. 完善从业人员资质认定体系

在进行从业人员资质认定时,应当把握好地方特色和全国统一的关系。地方各级体育行政部门可以根据地方高危项目实际情况,完善资质认定体

系,对不同主体建立的资质认定体系进行整合,探索已有的资格证书与高危项目经营中要求的资质证书间的相互转换;体育总局牵头制定各省市之间高危项目经营中社会指导人员和救助人员资格证书的转换制度,完善体育领域人员资质证书的认定机制,构建全国统一的资质认证体系。此外,还应提高高危项目人员的培训数量,加强人才供给,提高"持证上岗"的人员比例。

(三)厘清职责边界,加大行政监管力度

1. 规范对被许可人的审批后监管

《行政许可法》第61条规定了对行政相对人进行监督的基本要求,来确保其特定义务的履行。高危项目经营活动是长期的、持续的,因而在行政许可审批程序完成后,还应加强对后续的经营活动的持续监管,否则会违背许可制度的初衷。具体来说:①作出行政许可的机关应当加强对本行政区域内高危项目的监督管理,检查项目经营过程中涉及人身安全、公共安全的场地、设施、设备,并依法依需求进行抽检或实地检查。②督促被许可人定期进行自检自查,在出现设施设备变动时及时上报,弥补体育行政部门工作及时性不足的问题。③行政机关在监管过程中发现项目经营的场地、设施、设备变动存在安全隐患的,应责令行政相关人限期更换或维修;发现经营场所或设施设备与行政许可证上标明的不符的,可以暂停其经营,在调查后依行为严重程度作出整改后继续经营或者撤销行政许可的决定。

2. 构建"一体化"协同执法监督机制

以高危体育赛事项目为单位,对项目经营涉及的部门开展"一体化"执法监督。一是设立由地方人民政府主要领导牵头,地方体育行政部门主要负责,多部门共同参与的联席会议机制,重点解决跨部门和跨区域经营协调的难题。二是搭建一体化服务平台,由地方体育行政部门牵头,制定一体化的高危项目监管流程,将部门责任具体化、清单化,切实解决互相推诿、懒惰怠政的问题。三是提高执法工作的透明公开度,体育执法监管过程全记录、案卷全保留、结果全公开,相关数据信息与工商、市监、民政、公安等相关部门共享。

(四)加强队伍建设,提高行政执法能力

1. 加强体育执法队伍专业性建设

《体育法》第107条规定,县级以上地方人民政府应当建立体育执法机制,为体育执法提供必要保障。该规范为体育执法队伍建设提供了法律基础。一方面,可以组建体育行政部门自身的执法队伍,适当引进具有高危项目经营专业背景或从业背景的人才,依托专职人员的专业素养提高执法的效率和专业性;也可以在体育行政部门内部建立独立的执法部门以应对繁杂的行政执法工作。另一方面,各地体育行政部门还可以汇集专家资源,对高危项目的经营风险进行综合的跟踪评估;通过购买服务、科研合作等方式引入第三方机构,提高执法的专业性、科学性和有效性,弥补执法人员不足带来的监管缺失及执法不当等问题。

2. 梳理行政执法处罚清单

其一,需明确体育行政部门拥有优先处罚权,保障体育行政部门的执法效能。体育行政部门在体育产业发展过程中,承担筹措资金、宣传动员、组织活动和服务指导等各个方面的责任义务,贯穿体育产业发展全过程,因而其对于高危项目经营过程中出现的各类问题,均应当有优先处罚权。其二,需梳理其他部门之间的行政执法处罚清单。例如,市场监管部门的职责应是合作运营、资源配置,即涉及高危项目经营者不正当经营等违反市场秩序的,包括健身房跑路等涉嫌商业欺诈的现象,市场监管部门可以对其进行处罚等,明晰各部门间行政处罚的权责边界。

我国体育赛事活动规范制定实施报告(2023)*

2023年,我国各级体育行政部门对于体育赛事活动的立法态度都十分积极,相关规范呈现全面性、系统性和前瞻性等特征。《体育赛事活动管理办法》等规范的修订与实施,为我国体育赛事活动提供了明确的法律框架,强化了体育赛事活动的安全保障和知识产权保护,推动了体育法治建设的进步。

一、体育赛事活动规范制定情况

(一)体育行政部门规范制定情况

1. 国家层面体育赛事活动政策法规制定情况

为进一步规范体育赛事活动的组织与实施,确保赛事活动的安全性、合法性和专业性,体育总局于2022年12月22日修订通过了《体育赛事活动管理办法》,并于2023年1月1日起施行。本次修订涵盖了体育赛事活动的各个方面,从组织责任到安全保障,从信息公开到知识产权保护,以及对突发事件的应对措施等,旨在规范体育赛事活动,促进体育事业的健康发展。《体育赛事活动管理办法》共八章,分别为总则、体育赛事活动申办和审批、高危险性体育赛事活动许可、体育赛事活动组织、体育赛事活动服务、体育赛事活动监管、法律责任和附则。

2. 地方层面体育赛事活动规范制定情况

(1)四川省

2023年12月29日,四川省体育局发布《四川省体育赛事活动管理实施

---

* 张恩利、邢天胜、于秀亚:西安体育学院。

细则（试行）》，自 2024 年 1 月 31 日起施行，有效期 2 年。该细则旨在加强全省体育赛事活动的监管服务，促进体育事业的健康发展，适用于四川省内依法举行的各级各类体育赛事活动，并遵循政府监管与行业自律相结合的原则，实行分级分类管理。四川省体育局负责全省体育赛事活动的监管，而市、县级人民政府体育行政部门负责所辖区域的监管工作。细则要求体育赛事活动必须遵守合法、安全、公开、公平、公正、诚信、文明、绿色、简约、廉洁的原则，并鼓励融入地方文化特色，明确了主办方、承办方和协办方需通过书面协议明确各自的权利、义务和责任分工，并负责竞赛安全和保障工作。此外，细则还对体育赛事活动的申办与审批、组织、服务与监管等方面作出了详细的规定。

（2）江苏省

2023 年 12 月 25 日，江苏省体育局发布了《江苏省贯彻〈体育赛事活动管理办法〉实施细则》，该细则涵盖了体育赛事活动的申办、审批、组织、安全管理、赛风赛纪、服务与监管等方面，明确了体育赛事活动应遵循的原则，包括合法、安全、公开、公平、公正、诚信、文明、绿色、简约、廉洁，并强调了体育行政部门、体育社团和赛事组织者的职责。同时，规定了体育赛事活动的名称使用、行政许可、风险管理、保险购买、信息公开等，以及对违规行为的处理措施，旨在提升体育赛事活动的组织水平，确保赛事安全、有序进行。细则自 2024 年 2 月 1 日起施行，有效期至 2029 年 1 月 31 日。

（3）陕西省

陕西省体育局为加强体育赛事活动的管理，依据《体育法》《体育赛事活动管理办法》以及《陕西省体育赛事管理办法》等法律法规的规定，结合实际情况，于 2023 年 12 月 22 日颁布了《陕西省体育局体育赛事活动管理细则》，旨在规范以省体育局及其直属单位名义主办或承办的国家级体育项目目录所列的赛事活动。省体育局负责每年发布《陕西省体育局年度体育赛事活动名录》，并确保这些赛事活动的组织实施。根据细则，主办或承办体育赛事活动必须遵循爱国、安全、公开、公平、公正、诚信、绿色、文明、简约和合法的原则。主办方，即省体育局及其直属单位，需要建立与赛事规模相适应的组织机构，明确相关事务及职责分工，并审定包括总体工作方案、安全保障方案、突发公共事件应急预案、宣传工作方案、市场开发方案以及经费使用管理方案在内的"一赛六案"，确保赛事活动的各项具体措施得到落实。如果赛事活动方案有其他规定,则应遵循这些规定。

(4)天津市

2023年12月25日,天津市体育局发布了《天津市贯彻〈体育赛事活动管理办法〉实施细则》,旨在规范体育赛事活动,促进体育事业的健康发展。该细则依据国家相关法律法规,结合天津市的实际情况制定,涵盖了总则、申办与审批、组织、服务与监管等内容。细则明确了体育赛事活动应遵循的原则,包括政府监管与行业自律相结合、分级分类管理,以及事中事后监管等。同时,规定了体育赛事活动的组织者、参与者的权利与义务,以及体育行政部门的监管职责。此外,还强调了体育赛事活动的安全管理和服务保障,以及对违规行为的处理措施。该细则自颁布之日起施行,有效期为5年,由天津市体育局负责解释。

(5)福建省

福建省体育局发布的《福建省体育赛事管理办法》旨在规范省内体育赛事活动,确保赛事的安全有序进行,并促进体育事业的发展。该办法根据《体育法》和《体育赛事管理办法》制定,结合福建省的实际情况,体现了地方政府在体育赛事管理方面的规范性和适应性。办法的特点是其分级分类管理的原则,明确了各级体育赛事的主办和监管责任。福建省体育局负责全省性体育赛事的监管,并指导单项体育协会的监管工作;省单项体育协会负责本项目全省性体育赛事的具体监管;市、县人民政府体育主管部门或单项体育协会以及全省行业体育协会负责本地区、本行业的相关体育赛事的具体监管。该办法的目的是为体育赛事活动提供一个清晰的组织和管理框架,确保赛事活动的合法性、安全性和公正性。其旨在通过规范赛事申办、审批、组织等环节,提高体育赛事的组织水平,增强赛事的公信力和吸引力,同时保障参赛者和观众的权益。在作用方面,办法通过明确体育赛事的分类、申办流程、名称使用规范、组织工作规范以及赛区工作管理,为体育赛事活动的顺利进行提供了制度保障。该办法还建立了体育赛事活动的"熔断"机制,以应对可能影响赛事安全的突发事件,确保赛事的顺利进行和参与者的安全。此外,办法鼓励体育赛事活动的市场化和商业化发展,通过规范赛事名称使用和赛区管理,保护赛事组织者的合法权益,同时促进体育产业的健康发展。

(6)青海省

2023年,青海省体育局发布《青海省体育赛事活动管理办法(征求意见稿)》,旨在规范青海省内的体育赛事活动,促进体育事业健康发展。该办法依据国家相关法律法规,结合青海省的实际情况,明确了体育赛事活动的监管原则、申办和审批流程、组织和监管要求,以及法律责任等内容。办法强调了政府监管与行业自律相结合,实行分级分类管理,并加强了事前事中事后的监管。青海省体育局负责全省体育赛事活动的监管,同时鼓励社会力量参与体育赛事活动的组织和举办,支持引进重大体育赛事活动,并鼓励赛事活动融入地方文化特色,培育具有青海特色的自主品牌赛事。此外,办法还特别提出了体育赛事活动的"熔断"机制,以应对可能影响赛事安全的突发事件,确保赛事的顺利进行和参与者的安全。通过这些规定,青海省体育局希望构建一个公平、公正、有序的体育赛事环境,推动体育事业的可持续发展,并体现青海地区特色。

(二)体育组织内部体育赛事规则制定情况

体育组织内部体育赛事规则的制定体现了对赛事规范化管理的重视,旨在提升赛事的专业性和公信力。整体来看,首先,这些规则遵循"谁主管、谁监管"和"谁办赛、谁负责"的原则,共同确保赛事的安全和秩序。其次,适用范围广,并要求各级体育主管单位或协会根据相关细则制定符合地方特点的规范。最后,规则强调了赛事组织者和参与人员的行为规范,对于违反规则的行为,细则规定了包括行业处罚和法律处罚在内的处理措施,确保规则的有效执行。

2023年3月27日,中国保龄球协会印发了《保龄球赛场行为规范管理实施细则(试行)》,旨在规范保龄球比赛的赛场行为,确保国内保龄球赛事活动的安全、有序和文明开展。这一细则的制定体现了对体育赛场行为规范管理的重视,旨在通过明确的规范和措施,提升保龄球赛事的整体形象和质量。细则强调了赛事活动组织者(包括主办方、承办方、协办方)的责任,要求其通过协议明确各自的权利和义务,并协同做好赛场安全保障工作。

该细则的适用范围涵盖了在中国境内举办的所有级别的保龄球赛事活动,要求各级体育主管单位或保龄球协会参照该细则制定符合地区特点的赛场行为规范。细则还特别强调了赛事组织者的行为规范,包括引导观众文明观赛、划分运动员区域、防止打架斗殴和拥挤踩踏等事件发生,以及对赛事相关人员进行体育赛场行为道德规范教育。此外,细则对赛事活动参与人员的行为规范也作出了具体要求,如遵守法律法规、维护国家利益和荣誉、践行社会主义核心价值观等。对于赛场观众，细则要求其服从赛事活动组织者的管理，文明理性观赛，禁止发表或展示不文明、有侮辱性或破坏民族团结的言论和标语。细则还规定了监督管理措施，包括对中国保龄球协会所属各级团体会员单位、赛事组织单位的监督指导职责，以及对违反治安管理行为的处罚措施。对于违反细则的赛事活动参与人员和观众，细则规定了相应的处罚措施。

二、体育赛事活动规范实施情况

（一）体育行政部门规范实施情况

1. 国务院体育行政部门体育赛事活动法规实施情况

作为国务院体育行政部门，体育总局坚持开放办体育、全社会办体育的总体思路，强化政策引导，推动全民参与体育活动。始终围绕坚持以人民为中心的发展理念，简化审批流程，提高服务效率，鼓励更多社会组织和个人参与赛事组织，推动我国从体育大国迈向体育强国，对体育赛事活动提供指导和服务，牢固树立风险防控意识，确保体育赛事活动规范有序开展。

（1）规范体育赛事活动申办和审批程序

体育总局依据《体育赛事活动管理办法》对体育赛事活动的申办和审批流程进行重大调整。在取消商业性和群众性体育赛事活动审批程序后，体育赛事活动的管理更趋开放，允许更多社会力量和个人参与到赛事组织中来，例如，2023年"世界力王（中国）争霸赛·唐山站"即在取消审批的背景下，由地方政府与社会力量合作举办。赛事的申办流程简单快捷，此次比赛，有来自新西兰、德国、拉脱维亚、法国等十几个国家和地区的顶级力量选手及中国最强力量选手参赛，在俗称"掰腕子"的项目中吸引了来自全国各地的"掰腕子"爱好者，众多社会力量跃跃欲试，此次赛事充分调动了社会力量参与力量运动的积极性，极大地提升了赛事的参与度和影响力，有效推进专业力量与大众参与相结合，不断加快力量运动项目的普及与推广，努力推动京津冀协同发展，加强体育规划衔接，拓展体育领域合作。这一变革不仅简化了行政审批流程，响应了市场需求，还通过制度创新有效推动了全民健身和体育文化的发展。对需要特别管控的赛事活动，《体育赛事活动管理办法》进行了详细界定。例如，涉及国家安全或有重大社会影响的全国性综合赛事、国际赛事活动，以及特定项目，如健身气功、航空体育、登山等依然要求履行行政审批程序。此外，对于境外非政府组织在境内举办的赛事活动，由于涉及国家形象，依旧需要审批。在赛事名称管理方面，政策进一步明确，既鼓励创新和使用，又保护赛事组织者的合法权益，防止不正当竞争损害赛事品牌形象。

（2）完善赛事组织结构

为保障赛事活动的顺利运行，《体育赛事活动管理办法》强调了赛事组织结构的规范化和系统化。对于主办和承办的体育赛事活动，必须建立完善的组织架构，包括组委会及相关专业委员会。在大型或具有重要社会影响力的赛事活动中，要求组委会设立党组织或临时党组织，加强党的领导，以确保赛事活动符合国家政策方针，同时确保活动的安全性和有序性。如杭州亚运会，为确保赛事的顺利开展，赛事组委会专门成立了党的领导组织，深入贯彻习近平总书记重要指示批示精神，全面落实"简约、安全、精彩"的办赛要求，进一步统一思想、明确任务、落实责任，完善指挥运转调度机制，强化城市侧与重大活动、赛事侧的协同配合，确保向世界奉献一届具有中国特色、亚洲风采，精彩纷呈的体育文化盛会，营造安定有序祥和的社会环境，为重大活动和赛事的顺利举办提供坚实保障。在这项政策指导下，杭州亚运会为国内外观众呈现了"绿色、智能、节俭、文明"的体育盛会。同时，这也进一步提升了我国在国际大型赛事组织中的专业形象和执行能力。在赛事活动公告方面，体育行政部门有责任提前通过官方网站或主流媒体发布公告，确保信息公开透明。此外，作为主办方的体育行政部门需承担购买公众责任保险的义务，为赛事提供必要的安全保障。2023年举行的成都大运会在主办方安排下购买了公众责任保险，并制定了详尽的风险防控预案，保证了每一位参赛人员的安全，得到了国内外参赛者的高度评价。承办方在此基础上应制定详尽的风险防控和应急处理预案，并落实具体安全措施。协办方则有责任保证其产品和服务质量，避免影响赛事的正常运行。赛事主办方和承办方有权依法进行市场开发以获取合法收益，任何组织或个人不得侵犯这些合法权益。

（3）健全服务保障体系

为进一步提升赛事活动的专业性与服务水平，体育行政部门和相关体育协会加强对赛事组织者及相关从业人员的培训，并设立专项资金，通过奖励、政府购买服务等方式，鼓励和引导社会力量积极参与赛事组织。群众体育赛事活动四项行业标准的发布明确了适合由社会力量申办的赛事活动类型、优先扶持的赛事项目及公共服务的范围,以此保证社会力量的参与更加制度化和规范化。体育协会充分发挥其专业优势,推动赛事活动的标准化和规范化。协会制定办赛指南和参赛指引,并根据赛事主办方和承办方的需求,提供必要的技术、规则和器材支持。此外,协会在收费标准上也进一步做到了公开透明,依法依规收取相关费用,杜绝强制性收费或违规收费现象。这一系列措施显著提高了赛事活动的服务质量,并推动了社会力量的深度参与。

(4)加强监督管理

为确保赛事活动管理的科学性和规范性,体育行政部门建立了健全的监管机制,综合运用多种监管手段。例如,借助"互联网+监管"平台,相关部门能够实现赛事活动信息的实时共享与统一应用,大幅提高监管效率。杭州亚运会期间,政府部门与互联网平台合作,通过线上实时数据监控、赛事信息共享和网络举报渠道,加强了对赛事的全程监督。在赛事活动举办期间,任何违法违规的行为都得到了快速处理,确保了赛事活动的透明性和公正性。此外,体育协会通过完善章程和管理办法,强化对赛事活动的行业自律,并制定团体标准、奖惩制度及信用管理规范,进一步推动行业内的自我管理与监督。主办方和承办方在赛事活动举办过程中应确保对赛风赛纪的管理,维护赛事活动的公平、公正性。《体育赛事活动管理办法》还对违规行为的处理机制进行了规范,要求对于在赛事活动举办前或举办过程中发现的违法违规行为,或收到的投诉、举报,体育行政部门需及时处理,必要时还应将案件移交至其他主管机构进行处理。这些监管机制的强化不仅提高了赛事活动的透明度,也增强了社会公众对赛事管理的信心。

(5)强化法律责任

在新《体育法》中,增加了赛事组织者对违规行为的法律责任,具体包括对赌博、使用兴奋剂等严重违法行为的处罚措施,增强了对赛事组织者的法律约束力。同时,为维护公信力,法律还规定了对处理决定不服的救济申请途径,确保赛事参与方享有合法的申诉权。这一条款的修订有效保障了赛事活动的秩序和公正性,进一步提高了赛事管理的法律规范性和赛事的公信力。新《体育法》在实际赛事中也得到了有效应用。例如,在2023年11月12日举办的罗城半程马拉松赛事中,赛事组委会通过检测发现两名参赛选手存在兴奋剂违规行为。运动员李某因违规使用违禁物质,被处以禁赛3个月的处罚;另一名运动员张某则因涉及不同种类的兴奋剂被判禁赛3年,其解禁日期为2027年1月17日。这一案例彰显了新《体育法》在保护赛事活动上的公正性、加强赛事管理上的有效性,同时也提升了公众对赛事活动的信心。

2. 地方层面体育赛事活动政策法规实施情况

(1) 地方体育赛事活动申办和审批流程优化

地方体育行政部门对地方体育赛事活动的申办和审批流程进行了改革。例如,2023年,江苏省体育局修订了《江苏省贯彻〈体育赛事活动管理办法〉实施细则》,明确规定除申办国际体育赛事活动和举办需要行政许可的体育赛事活动外,省体育局对其他体育赛事活动一律不再审批。这一举措旨在减少行政干预,激发社会力量参与体育赛事活动的积极性,促进体育事业的健康发展。

(2) 完善赛事组织架构与风险防控体系

在地方体育赛事活动的组织过程中,各地注重建立合理的组织架构,并强化风险防控体系。例如,2023年北京马拉松赛事组委会设立了应急管理小组,制定了详细的风险预案,确保赛事的安全性。在赛事筹备过程中,组委会还提前通过官方平台发布赛事信息,邀请公众监督和反馈,以提高赛事的透明度和公信力。此外,为强化风险防控,部分地区还在赛事管理中引入了保险机制。例如,2023年环广西公路自行车世界巡回赛中,桂林市政府要求所有赛事承办方必须购买公众责任保险,保障参赛者的安全。一旦发生意外情况,保险公司会迅速介入,协助进行赔付与处理。这一举措提升了赛事的安全保障水平,使得参赛者更加放心,进一步增强了赛事的吸引力。

(3) 健全服务保障体系

地方体育行政部门和地方体育协会加强对赛事组织者的支持,特别是在技术、资金和培训等方面提供帮助。例如,上海市体育局推出了《上海市体育赛事管理办法》《上海市体育赛事体系建设方案(2021—2025年)》等一系列纲领性文件,提出了一系列体育赛事管理创新举措,构建以赛事管理与服务为引领、以建设赛事体系为重点、以"赛事认定—赛事评估—赛事扶持"为抓手、以赛事监管和赛事管理数字化平台建设为支撑的上海市"1+1+3+2"体育赛事管理创新体系,为符合条件的地方赛事提供专项资金补贴,重点支持具有创新性和社会影响力的赛事活动。与此同时,北京市某体育协会通过定期培训,提高赛事组织者的业务能力和赛事管理水平。此类支持措施不仅大大提升了地方赛事的服务质量,还增强了赛事的专业性。在赛事服务的标准化方面,各地体育协会发挥了专业优势。例如,江苏省体育局修订了《江苏省贯彻〈体育赛事活动管理办法〉实施细则》,明确赛事报名、参赛指引、应急服务等方面的标准,为地方赛事提供了详细的指导框架。在2023年的南京马拉松中,主办方依据此规范进行组织和服务管理,参赛选手普遍反馈赛事安排井然有序,服务保障周全,展现了地方赛事的专业水准。

(4)加强赛事监管与公平性管理

地方体育行政部门通过多种方式加强赛事监管,以确保地方赛事活动的公平性与规范性。例如,2023年北京市体育局通过"赛事信息公开机制",推进"互联网+监管",统筹开展年度体育赛事活动信息登记。2023年度,在信息管理平台上公示的体育赛事活动共计875项次,较去年同期增加了390项次。加强分级分类监管,研究制定并计划发布《北京市贯彻〈体育赛事活动管理办法〉实施细则》,完善市、区监管层级和协同机制,注重发挥市级单项体育协会作用。规范赛事行政审批,制定高危险性体育赛事活动审批办事指南,会同市有关单位完成大型高危险性体育赛事活动审批"一件事"集成。此外,创新监管方式,加强对体育赛事活动举办单位的"风险+信用"评价,进一步提升监管效能。这些措施从机制、流程和创新手段等多方面入手,为体育赛事活动的规范化和高质量发展提供了有力保障。

(5)强化法律责任与完善地方性政策法规

地方体育行政部门在落实新《体育法》时,制定了相应的地方性政策法规,进一步明确赛事活动的法律责任。例如,2023年11月,浙江省发布了《浙江省举办高危险性体育赛事活动分级管理实施意见》,对高危险性体育赛事的管理进行了详细规定。该意见不仅明确了赛事组织者的法律责任,还强调其必须严格遵守相关法规,确保赛事活动的安全与规范。此外,为了保障赛事活动中公众的合法权益,部分地区还建立了专门的救济机制。以广东省为例,《广东省体育赛事活动管理细则》对赛事活动中的投诉与仲裁程序作出了明确规定,为参赛者和公众提供了有效的权益保护渠道。通过颁布这些地方性文件,地方体育行政部门强化了法律责任的落实,完善了地方性政策法规,为体育赛事的健康发展提供了坚实的法律保障,进一步促进了体育赛事管理的规范化和透明化。

(二) 体育组织内部体育赛事规则实施情况

1. 制定统一的赛事规则标准

各类体育组织,尤其是国家级体育协会,通常负责制定统一的赛事规则,为不同类型的赛事提供指导。例如,中国田径协会针对国内马拉松赛事制定了详细的赛事规则,包括起跑程序、赛程设置、成绩判定等方面的细则,以保证赛事的规范性。通过全国统一的规则标准,确保了在全国范围内举办的马拉松赛事具有一致性,提升了赛事的公信力和影响力。例如,2023年厦门马拉松采用了中国田径协会的最新规则,对起跑顺序、补给站设置、参赛人数上限等方面进行了详细安排,确保赛事流程更加科学合理。此外,赛事中设有电子计时芯片,所有选手必须通过固定赛道的检测点,这一规则有效防止了选手作弊现象的发生,保证了成绩的真实有效。

2. 提供赛事技术支持与规则执行指导

体育组织往往对赛事提供技术支持和规则执行指导。以2023年的北京马拉松为例,赛事组委会邀请了中国田径协会派遣的某科技专业技术团队来为赛事提供全方位的技术支持,包括赛道设置、计时系统的安装与调试、实时成绩跟踪、选手身份验证等关键环节。比赛过程中,选手们佩戴的电子计时芯片通过固定检测点与赛道上的实时监控系统进行数据同步,确保成绩的精准记录与即时反馈。这项技术的运用,不仅提高了赛事的执行效率,也有效避免了人为干扰和作弊现象的发生。此外,赛事组织方还通过定期培训和现场指导,确保赛事工作人员和志愿者能够全面理解并严格执行赛事规则。以2023年全国游泳锦标赛为例,赛事组委会为裁判员和工作人员举办了多次技术培训,特别是对新的比赛规则与评判标准进行详细讲解。在赛前的模拟演练中,所有裁判员和工作人员都经过了严格的测试,确保能够迅速、准确地判断赛事中的每个细节,从起跳到计时、从成绩判定到违规处理,每个环节都无缝衔接,确保了赛事的公正性与顺利进行。通过这些技术支持与规则执行指导,赛事的质量和公信力得到了显著提升。

3. 建立规则宣传与参赛指引体系

为确保赛事参与者对赛事规则的充分理解,体育组织通过发布参赛手册、举办规则培训会等方式加强规则宣传。例如,中国篮球协会在中国男子篮球职业联赛开赛前发布了参赛手册,其中包含详细的参赛指引、行为规范和比赛规则,确保所有参赛队伍和球员对规则有清晰的认识。这一措施有效减少了赛事中的违规行为,增强了赛事的规范性和可观赏性。在2022—2023赛季中国男子篮球职业联赛开始前,中国篮球协会组织了新赛季竞赛规则培训会议,邀请各持权转播平台主持人、评论员以及部分公用信号制作团队主创人员参加。同时,在新赛季动员大会暨赛风赛纪警示教育专项会议上,各俱乐部的运动员、教练员和工作人员也接受了新规则的专题培训。

4. 加强对赛事不正当行为的管控与处罚

体育组织在赛事规则实施中注重对不正当行为的管控,积极通过制度约束和处罚措施维护赛事公平。例如,中国足球协会对足球赛事中的踢假球、吹黑哨等行为实施严格的纪律处罚措施,维护比赛的公正性。2023年,中国足球协会对足球赛事中的踢假球、赌球等行为,通过线上方式召集中超、中甲、中乙联赛各俱乐部负责人举行了一次有关维护赛风赛纪、打击足坛丑恶现象的专题工作会议,中国足球协会接到有关部分俱乐部参与赌球的举报后,迅速成立专题工作小组,与公安部门携手展开调查,共同打击足坛赌球违法犯罪活动。

5. 完善兴奋剂检测和安全保障机制

为保障赛事的公平性与安全性,体育组织在赛事规则中普遍设置了兴奋剂检测及安全保障机制。特别是在重要赛事中,兴奋剂检测是保证公平竞争的必要手段。例如,中国举重协会在全国性举重赛事中设立了严格的兴奋剂检测规则,确保运动员在公平的条件下竞争。2023年,中国举重协会在全国性举重赛事中全面加强了兴奋剂检测工作。例如,在2023年全国举重锦标赛上,赛事组委会对参赛的所有获奖运动员以及部分随机抽选的选手进行了兴奋剂检测。赛事组织方严格按照世界反兴奋剂机构的标准执行检测程序,并通过第三方机构进行样本分析,以确保检测的公正性和准确性。对检测结果为阳性的选手,除取消其比赛成绩外,还根据相关规定给予禁赛处罚,并通报至国际举重联合会,以维护赛事的公平性。

6. 推动规则改进与科学管理

体育组织还致力于推动规则改进,使之更适应赛事发展的需求。例如,中国排球协会对排球联赛规则进行了多次调整,增加了"挑战系统",允许教练挑战判罚决策,以提高比赛的透明度和公正性。在2023年的中国女排联赛中,挑战系统得到了全面应用,不仅减少了错判漏判,还提升了赛事的观赏性。此外,中国足球协会每年定期对中超联赛的比赛规则进行回顾,并邀请专家和裁判对规则进行讨论,确保比赛规则能够与国际接轨,适应国内足球发展的需求。这种科学化管理和动态调整机制使得赛事规则更加完善,符合赛事发展和市场需求,能够确保赛事的长远健康发展。

三、体育赛事活动规范制定实施中的问题

(一)国家层面体育赛事活动政策法规存在的问题

1. 立法层级不高

近年来,随着国家对体育事业的日益重视,各类体育赛事活动蓬勃发展。体育赛事不仅能够提升公众的身体素质和健康水平,还能促进地方经济的发展,提升城市形象,增进国际交流。然而,在我国体育赛事活动管理过程中,由于缺乏国家层面的具有较高法律效力的专门性法律法规,主要依赖地方性法规、规章和政策文件进行规范,导致了体育赛事活动管理的法律依据不足、执行力度不够、监管标准不统一以及违规行为难以惩治等问题,进而影响了体育赛事活动的健康发展和公平竞争环境的建设。同时,也使得一些违规行为难以得到有效的惩处,损害了参与者的权益,不利于体育事业的整体推进。

首先,法律依据不足。地方性法规、规章和政策文件的法律效力有限,导致在实际操作中缺乏强有力的法律支持,使得一些重要的决策难以落实。其次,执行力度不够。由于缺乏全国统一的高位阶法律法规,地方在执行过程中可能存在尺度不一的情况,导致一些重要的规定无法严格执行,从而影响了体育赛事活动的规范性和公平性。再次,监管标准不统一。不同地区的监管标准不一致,导致参赛者和观众在不同地方参加比赛时面临不同的规则和要求,增加了组织者的负担,同时也可能引发争议。最后,违规行为难以惩治。缺乏明确和严格的法律条款,使得一些违规行为难以被检测。

2. 监管内容不全面

第一,监管范围有限。某些新兴或非传统体育项目(如电子竞技、极限运动等)可能未被现有法律法规充分覆盖,存在监管空白。以电子竞技和极限运动为例,首先,电子竞技作为一项新兴的体育项目,已经得到了一定程度的认可。目前,主要赛事由体育总局授权的相关机构组织,例如腾讯、网易等游戏公司。然而,尽管电子竞技已被正式认定为体育运动,但其法律地位仍然

未明确，尤其是在职业保障和市场秩序方面存在诸多问题。电竞选手的职业生涯普遍较短，退役后的保障问题亟待解决。此外，由于缺乏统一规范，行业内存在虚假宣传等问题。政府已经采取措施限制未成年人的游戏时间，例如使用"网络游戏防沉迷系统"，但仍需进一步完善相关法规以保护电竞选手的权益。其次，极限运动因其高风险特性，安全标准和技术要求相对较高。体育总局等部门提出了相应的安全标准和技术要求，并鼓励从业者参加专业培训以获得相关资格证书，从而提高技术水平和安全保障能力。然而，极限运动的风险控制难度较大，场地设施的缺乏也制约了这项运动的发展。最后，在事故责任归属、保险理赔等方面还存在一定的法律空白。这些问题都需要通过完善法律法规和加强行业自律来逐步解决。总之，无论是电子竞技还是极限运动，在快速发展的同时都面临着不同程度的监管难题。未来需要政府、行业组织以及社会各界共同努力，不断完善相关法律法规，加强行业自律，从而促进这些新兴体育项目的健康发展。同时，也要注重对参与者权益的保护，确保每个人都能在一个安全、公平的环境中享受运动的乐趣。

第二，信息透明度不足。信息透明度不足在体育赛事的组织与监管中确实带来了诸多挑战。当赛事组织者和监管机构之间存在信息不对称时，监管机构可能无法全面掌握赛事的实际情况，从而难以进行有效的监管。例如，赛事组织者可能会隐瞒关键信息，如场地的安全状况、参赛选手的资格审核情况，以及潜在的安全隐患等，这会导致监管机构无法及时采取适当措施确保赛事的顺利进行和参与者的安全。此外，信息透明度不足还可能导致监管政策和措施的制定缺乏科学依据。监管机构在信息不足的情况下，可能无法准确识别赛事中的风险点，也无法提出针对性的预防和应对措施。这不仅会降低监管的有效性，还可能导致资源浪费，因为监管措施可能没有覆盖真正需要关注的领域。例如，安全标准执行不严格可能导致赛事组织者忽视必要的安全措施，增加运动员受伤的风险。如果运动员和教练员的资质认证过程缺乏透明度，可能会让不具备相应技能的人参与高风险活动，从而增加事故发生的可能性。当安全事故发生时，如果相关信息不公开透明，将难以确定事故责任方，影响后续的赔偿和改进措施的实施。因此，提高信息透明度对于确保体育赛事的顺利进行和参与者的安全至关重要。

第三，处罚措施不够严厉或执行不到位。对于违反规定的行为，如果处罚力度不够或者执行不力，将难以起到应有的震慑作用，从而促使一些组织和个人铤而走险。体育赛事活动有明确的规章制度,然而,在实际执行过程中,常常出现处罚措施力度不足或执行不力的情况,这不仅削弱了规定的约束力,也降低了对潜在违规者的威慑力。从问题产生的原因来看,主要有以下几点:一是制度设计上的缺陷,处罚标准偏低,不足以形成有效震慑;二是执行资源有限,监管机构可能面临人员、资金等方面的限制,难以进行全面有效的监督和执法;三是执行流程复杂,复杂的处罚程序可能会拖延时间,增加成本,使得及时有效地执行处罚变得困难;四是监管懈怠,监管机构可能存在懈怠心理,缺乏足够的动力去严格执法,或者内部存在腐败现象,导致处罚执行不力;五是法律漏洞,法律法规本身可能存在漏洞,使得某些违规行为难以被追责。当处罚措施不够严厉或执行不到位时,将会产生一系列负面后果:一是体育赛事活动中的违规行为增多,缺乏足够的威慑力,使得更多组织和个人敢于冒险违规,以追求短期利益;二是体育赛事活动公平性受损,违规行为破坏了公平竞争的原则,损害了守规矩者的权益;三是体育赛事活动以及职能部门的公信力下降,公众可能会质疑规则的有效性和公正性;四是负面影响扩散,违规行为的影响不仅仅局限于个案,还会逐渐扩散至整个行业甚至社会,造成更广泛的负面影响;五是体育赛事活动长远发展受阻,从长期来看,这种状况将严重影响体育赛事活动的健康发展,阻碍其正常运作。因此,处罚措施不够严厉或执行不到位的问题需要引起高度重视,并采取有效措施加以解决,以确保规章制度能够真正发挥其应有的作用。

第四,缺乏对赛事参与者权益保护的规定。在当前的体育赛事中,对参与者权益的保护还存在明显的不足,尤其是缺乏明确和完善的法律规定来保障运动员、观众及其他利益相关者的权益。这导致在处理纠纷和认定事故责任时常常出现不确定性,进而影响到各方的合法权益。例如,在运动员受伤的情况下,由于缺乏明确的责任划分标准,往往难以确定责任方,使得运动员可能无法得到应有的赔偿或医疗支持。同样,对于观众而言,如果发生安全事故或服务不到位等问题,也将因为缺乏有效的法律保护而难以得到合理的补偿。这种法律和规定上的缺失不仅损害了参与者的权益,还可能引发更多的社会矛盾和信任危机。因此,迫切需要制定和完善相关的法律法规,明确各方的权利与义务,确保在遇到纠纷或事故时能够有法可依,从而更好地保护所有参与者的合法权益。

第五,国际赛事对接存在问题。随着全球化发展,越来越多的国际性体育赛事在中国举办,但由于各国法律体系差异较大,在跨国合作中可能会遇到一些法律障碍或冲突。首先,法律适用是其中的一大难点。不同国家和地区有不同的法律体系和司法实践,当跨国合作涉及合同签订、知识产权保护、税务安排等多个领域时,如何确定适用哪一国法律成为首要难题。例如,关于赛事转播权的归属、赞助协议的具体条款解释等,都可能因法律适用的不同而产生分歧。其次,监管标准和合规要求也是一个重要方面。各国对于赛事组织、安全检查、环境保护等有着各自严格的监管标准和合规要求。如果未能充分了解并遵守东道国及参赛方所在国家或地区的相关规定,可能会面临罚款、禁赛甚至更严重的法律后果。再次,知识产权保护也不容忽视。在国际赛事中,品牌标识、赛事标志等知识产权的保护尤为重要。不同国家和地区对知识产权的保护力度不一,可能导致侵权行为发生,损害赛事主办方或合作伙伴的利益。最后,争议解决机制也是关键环节。当国际赛事出现争议时,选择何种方式解决(是仲裁还是诉讼)、适用哪一国法律以及如何执行判决等,都是需要事先协商并达成一致的重要事项。否则,一旦发生争议,可能难以找到双方都能接受的解决方案。

第六,技术应用监管滞后。随着科技的迅速发展,新兴技术如虚拟现实(VR)、增强现实(AR)、大数据分析等正在广泛应用于体育领域,极大地推动了体育行业的创新和发展。然而,这种快速的技术进步也带来了一些监管上的滞后问题,从而产生了新的风险点。首先,在隐私保护方面,大数据分析技术的广泛应用使得大量运动员和观众的数据被收集和分析,尽管这些数据有助于提升比赛质量和观赛体验,但同时也引发了个人隐私泄露的风险。如果缺乏有效的隐私保护法规和技术措施,用户的个人信息可能会遭到滥用或不当使用。其次,数据安全成为另一个重要的问题。新兴技术如云计算、物联网等的应用,使得体育赛事中的数据管理变得更加复杂,一旦数据安全防护措施不足,就有可能导致敏感信息被盗取或篡改,从而影响比赛的公平性和公正性。再次,随着 VR 和 AR 技术的应用,这些新技术也为训练和比赛提供了新的手段,但同时也增加了通过技术手段作弊的可能性。如果没有明确的规则来规范这些新技术的使用,可能会破坏体育精神和公平竞争原则。在健康与安全方面,生物监测技术和可穿戴设备的发展使我们能够更好地监控运动员的身体状况,预防运动伤害。然而,如果相关数据处理不当或者设备质量不过关,则可能对运动员的健康造成威胁。最后,数字化内容的增加也带来了知识产权保护的问题。随着赛事直播信号、官方标志图案等数字化内容的增多,知识产权保护变得越来越重要。但是,现行法律法规往往跟不上数字时代的变化速度,导致版权侵权现象频发。

(二)地方体育赛事活动政策法规存在的问题

1. 配套立法缺位

随着体育产业的快速发展和公众对体育赛事关注度的不断提高,体育赛事活动已经成为推动经济发展和社会进步的重要力量。然而,在实际操作中,体育赛事活动往往受到各种法律规范不足的影响,尤其是配套立法的缺位问题。当前,我国虽然已经出台了一些关于体育赛事活动的基本法律,但在具体实施过程中,仍缺乏完善的配套法规来支撑和细化相关规定。例如,关于赛事安全、运动员权益保护、赛事转播权等方面的法律法规尚不健全,导致在实际操作中经常出现法律空白或适用困难的情况。在实践过程中,地方体育赛事活动配套立法缺位主要表现为以下几点:

第一,体育赛事活动快速发展与立法滞后的矛盾。随着体育事业的快速发展,特别是体育赛事活动的多样化和市场化,现有的法律法规可能无法全面覆盖新兴的体育项目和运营模式。这种快速发展与立法滞后之间的矛盾,导致一些新兴体育项目在现有法规中缺乏明确的规定和监管措施。

第二,中央与地方立法关系需进一步明确。新《体育法》要求国家对体育赛事活动实行分级分类管理,具体办法由国务院体育行政部门规定。这意味着需要进一步明确中央与地方在体育赛事活动管理中的立法关系,规范和统一各地体育赛事活动管理规定,以完善体育赛事活动管理制度。

第三,体育赛事活动管理新规定的适应性。新《体育法》对体育赛事活动管理作出了新的规定,特别是对高危险性体育赛事活动实行行政许可制度。这些新规定要求地方体育赛事活动管理规章制度及时更新,以适应新的法律要求。

第四,体育赛事活动组织者及相关方权利义务需进一步明确。为了规范体育赛事活动,需要明确体育赛事活动组织者、承办方、协办方等各方的权利与义务,确保体育赛事活动安全、公平和有序进行。

第五,体育行政部门服务保障职责需加强。体育行政部门需要承担更多的服务保障职责,如统筹规划体育赛事活动、建立健全体育赛事活动应急工作机制、提高服务保障水平等,以满足人民群众的多样化需求和促进产业融合发展。

第六，监督管理机制需进一步完善。体育行政部门需要加强对体育赛事活动的监督管理，建立赛事活动报告制度，加强对所辖区域体育赛事活动信息的收集，提出整改意见，以及向社会推介组织规范、运行良好、保障到位、整体水平高的体育赛事活动。

第七，法律责任规定需进一步强化。为了确保体育赛事活动监管的有效性，需要强化体育赛事活动组织者的法律责任，明确利用体育赛事活动从事赌博活动、违规使用兴奋剂等行为的法律责任，并增加因对处理决定不服发生纠纷可申请救济的规定。

2. 立法时效性欠佳

近年来，随着体育事业的蓬勃发展和体育赛事活动的日益增多，相关立法的重要性愈发凸显。然而，目前我国体育赛事活动的立法工作仍存在明显的滞后现象，即立法时效性欠佳。一方面，体育赛事活动的形式和内容不断创新和发展，但法律法规的制定和修订却难以紧跟其步伐，导致一些新兴的体育项目和运营模式缺乏明确的法律依据。另一方面，体育赛事活动涉及的领域广泛，包括安全管理、知识产权保护、环境保护等，而现有法律法规在这些领域的规定相对滞后，难以适应快速变化的现实需求。此外，体育赛事活动的国际化趋势也对立法提出了更高的要求，但我国的相关立法尚未完全与国际接轨，导致在国际赛事组织和管理中面临诸多困境。因此，探讨体育赛事活动立法时效性欠佳的原因及其对策，对于促进我国体育事业健康有序发展具有重要意义。体育赛事活动监管中，立法时效性欠佳的原因主要包括以下几个方面：

第一，立法周期长。其一是复杂性高，体育赛事活动涉及众多领域，如体育管理、公共安全、环境保护、经济管理等，需要综合考虑多方因素，因此立法过程相对复杂，耗时较长。其二是协调难度大，不同部门之间的协调工作烦琐，需要平衡各方利益，达成一致意见，这也增加了立法的难度和时间成本。

第二，信息不对称。其一是快速变化的市场需求。体育市场和技术发展迅速，新的需求和模式不断涌现，而立法机关可能无法及时掌握这些变化，导致新出台的法律法规与实际需求脱节。其二是公众参与不足。公众参与立法的程度有限，导致立法过程中未能充分听取社会各界的意见和建议，使得法律法规不能及时反映社会现实需求。

第三，技术更新快。其一是新兴技术应用范围广。随着科技的发展，新兴技术（如大数据、人工智能、虚拟现实等）在体育赛事活动中的应用越来越广泛，但相关法律法规的更新速度往往跟不上技术进步的步伐。其二是数据保护与隐私问题。体育赛事活动中产生的大量个人数据需要受到严格保护，但现有法律法规在数据保护方面往往不够完善，难以应对新技术带来的挑战。

第四，行政效率低下。其一是体育赛事活动立法程序繁杂。从草案起草到最终通过，需要经过多个环节，包括调研、论证、征求意见、审议等，这些程序往往较为烦琐，影响了立法的效率。其二是人员配置不足。负责立法工作的政府部门可能面临人员配置不足或专业能力欠缺的问题，导致立法进度缓慢。

第五，资源分配不均。其一是体育赛事活动监管立法优先级排序较低。政府在立法过程中需要面对众多议题，而体育赛事活动监管往往不是优先级最高的领域，因此在资源分配上可能得不到足够的重视和支持。其二是各地区立法部门间跨区域合作不足。不同地区的体育赛事活动监管需求和特点各异，但由于缺乏有效的跨区域合作机制，立法工作难以高效推进。

第六，体育赛事活动法律具有滞后性。其一是体育赛事活动监管立法的预见性不足。立法过程中难以完全预见未来可能出现的新情况和新问题，导致法律出台后不久就可能变得不合时宜。其二是体育赛事活动监管立法的修订周期长。即使发现已有法律法规存在不足，修订和完善这些法律法规也需要经历较长的周期，进一步影响了立法的时效性。

3. 立法创制性不足

随着体育赛事活动的快速发展和多样化，如何确保相关立法能够及时跟进并有效应对各种挑战成为亟待解决的问题。当前，体育赛事活动的监管面临诸多难题，其中最为突出的是配套立法创制性不足，其主要原因包括以下几个方面：

第一，监管概念混淆和能力不足。在监管高危险性体育赛事活动时，体育行政部门面临概念混淆以及监管能力不足、标准不清、流程不畅、监督不力等问题。这表明在立法时可能没有充分考虑实际操作中的困难和复杂性，导致立法的创制性不足。

第二，体育赛事活动立法与实践发展不同步。体育赛事活动的发展速度快,而立法周期较长,导致立法难以跟上快速发展的体育赛事活动实践。新兴的体育项目和运营模式可能在法律中没有相应的规定,使得监管缺乏法律依据。

第三,监管标准设定不明确。在体育赛事活动的交通、通讯、知识产权保护等领域,体育法规缺乏具体明确的规定,导致在争端出现时难以有效处置和协调。监管标准设定不明确,反映了立法创制性不足的问题。

第四,监管资源分配不均。在体育赛事活动的监管中,由于监管资源有限,监管机构在执行现有法规时已经捉襟见肘,难以投入更多资源去推动立法的更新和完善。

第五,公众参与度不足。立法过程中公众参与度不足可能导致立法内容无法充分反映社会公众的意愿和需求,使得立法内容在实施时难以得到社会的广泛认可和支持。

第六,利益协调困难。体育赛事活动涉及多方利益主体,包括组织者、参与者、赞助商等,各方的利益诉求可能存在冲突,使得立法时需要进行复杂的利益协调,这也可能导致立法进程缓慢。

4. 软硬法互补性不强

在体育赛事活动中,软法与硬法的相互补充对于确保赛事的顺利进行和维护各方权益至关重要。然而,当前体育赛事活动中的软法存在一些问题,这些问题影响了软法与硬法之间的有效互补。

第一,软法制定主体多元,导致规范性不一。关于体育赛事活动的软法可能由不同的组织和机构制定,包括体育行政部门、单项体育协会、赛事组织者等,这些主体制定的软法在规范性和权威性上可能存在差异,导致软硬法之间的互补性不强。

第二,软法的创制与监督机制不完善。软法在制定过程中可能缺乏严格的审议和监管机制,导致其在实施过程中的约束力不足,难以与硬法形成有效的互补。

第三,软法与硬法之间存在冲突。在某些情况下,软法的规定可能与硬法存在冲突,导致在实际执行中难以形成统一的法律体系,影响互补效果。

第四,软法的执行力度不足。软法通常依赖于自律和自愿遵守,缺乏硬法那样的强制执行力,这可能导致软法在实践中的执行力度不足,难以达到预期的监管效果。

第五,硬法供给不足。在体育赛事活动的某些领域,硬法的规定可能不够全面,导致软法需要填补的空白较多,但软法本身又缺乏足够的约束力,使得软硬法之间的互补性不强。

四、体育赛事活动规范制定实施的完善建议

(一)提升立法质量,完善体育赛事活动配套立法

体育赛事活动的顺利进行离不开完善的法律规范和有效监管。针对当前体育赛事活动配套立法缺位的问题,建议加强前瞻性立法、明确中央与地方的立法分工、强化体育行政部门的服务保障职责、完善监督管理机制和法律责任等,提升体育赛事活动的立法质量,确保体育赛事活动的健康发展。

1. 加强前瞻性立法

为应对体育赛事活动的快速发展和市场化趋势,立法机关需加强前瞻性立法,及时修订和完善相关法律法规。建议立法机关建立定期评估机制,预测体育产业发展趋势,提前制定或修订法律规范,以适应新兴体育项目和运营模式的需要。同时,应加强立法的适应性,确保立法内容能够及时反映体育赛事活动的新情况和新问题,提高立法的时效性和灵活性。

2. 明确中央与地方的立法分工

根据《体育法》的要求,中央和地方应进一步明确在体育赛事活动管理中的立法职责。中央层面可以制定统一的基本法律框架,为体育赛事活动提供基本原则和方向,而地方则可以根据本地实际情况制定具体的实施细则,以实现立法统一性和灵活性的平衡。这有助于规范和统一各地体育赛事活动管理规定,完善体育赛事活动管理制度。

3. 强化体育行政部门的服务保障职责

体育行政部门需承担更多服务保障职责,如统筹规划体育赛事活动、建立健全体育赛事活动应急工作机制等。建议体育行政部门加强对体育赛事活动的监督管理,建立赛事活动报告制度,提出整改意见,并向社会推介组织规范、运行良好、保障到位、整体水平高的体育赛事活动。此外,体育行政部门应加强对体育赛事活动组织者及相关方的培训,提高体育赛事活动组织水平。

4. 完善监督管理机制和法律责任

体育行政部门需加强对体育赛事活动的监督管理,确保赛事的安全、公

平和有序进行。建议建立体育赛事活动报告制度,加强对所辖区域体育赛事活动信息的收集,提出整改意见。同时,需要强化体育赛事活动组织者的法律责任,以确保体育赛事活动监管的有效性。

(二)废改立释纂并举,增强立法时效性

随着体育产业的迅猛发展和技术的不断革新,现行的体育赛事活动立法面临着诸多挑战,包括立法周期长、信息不对称、技术更新滞后以及行政效率不高等问题。为了更好地适应这一变革,确保体育赛事活动的健康、有序发展,有必要对体育赛事活动立法进行相应的优化和改进。

第一,缩短立法周期和提高立法效率。为了适应体育赛事活动的快速发展,立法机关可以考虑简化立法程序,提高立法效率。例如,通过采用更高效的立法技术和方法,减少不必要的行政环节,加快立法进程。同时,立法机关可以利用数字化手段,如在线立法平台,提高公众参与度,加快立法反馈速度和缩短修订过程。

第二,增强信息对称性。立法机关应加强与体育产业的沟通,及时掌握市场和技术变化。可以通过建立定期的沟通机制,如行业咨询委员会,以及利用数字化平台收集和分析数据,提高立法的针对性和时效性。此外,提高公众参与立法的程度,也是确保立法内容能够及时反映社会现实需求的重要途径。

第三,紧跟技术步伐。随着科技的发展,新兴技术在体育赛事活动中的应用越来越广泛。立法应跟上技术进步的步伐,特别是在数据保护与隐私方面。立法机关可以考虑设立专门的委员会或工作组,负责监测技术发展动态,并及时提出立法建议。同时,通过与科技企业合作,了解技术应用的实际需求和潜在风险,以便制定更为有效的法律规范。

第四,提高行政效率。简化体育赛事活动监管程序,增加人员配置,提高负责立法工作的政府部门的专业能力。这可以通过加强公务员培训、引入专业咨询和评估机制来实现。同时,通过建立跨部门协作机制,提高监管效率,加快立法进度。

(三)优化地方体育赛事活动法律法规,提升立法创制性

体育赛事活动的快速发展带来了监管上的挑战,包括赛事安全、市场秩序、参与者权益保护等问题。为了确保体育赛事活动的健康发展,提升监管

效能,构建一个高效、透明的体育赛事活动管理体系显得尤为重要。

第一,明确监管概念,提高监管能力,制定清晰的监管标准和流程。这可以通过建立完善的标准体系来实现,如体育总局发布的《体育赛事活动管理办法》中提到的加快构建体育赛事活动标准体系,制定办赛指南、参赛指引,明确体育赛事活动举办的基本条件、标准、规则和程序。

第二,实现立法与实践发展同步。立法周期应与体育赛事活动的发展速度相匹配,确保立法能够及时反映实践中的新情况和新问题。例如,体育总局等十一个部门联合印发的《关于进一步加强体育赛事活动安全监管服务的意见》中提到,要统筹发展和安全,进一步加强体育赛事活动安全监管服务,保护人民群众的生命安全和身体健康。

第三,明确监管标准。在体育赛事活动的交通、通讯、知识产权保护等领域,制定具体明确的监管标准。《体育赛事活动管理办法》中提到了对体育赛事活动名称、标志、徽记、吉祥物、口号、举办权、赛事转播权和其他无形资产权利的保护,以及对赛事活动的"熔断"机制的规定。

第四,增加监管资源投入。投入更多资源以推动立法的更新和完善,确保监管机构能够有效执行现有法规。《关于进一步加强体育赛事活动安全监管服务的意见》中提到了加强事中事后监管,对各类体育赛事活动的组织、保障等进行全程监管。

第五,提高公众参与度。在立法过程中,提高公众参与度,确保立法内容能够充分反映社会公众的意愿和需求。《体育赛事活动管理办法》中提到了体育行政部门和体育协会应当为社会力量依法举办的体育赛事活动提供必要的指导和服务。

第六,协调多方利益。在立法过程中,平衡和协调各方利益主体的诉求,以促进立法的顺利进行。《关于进一步加强体育赛事活动安全监管服务的意见》中提到了政府监管与行业自律相结合,实行分级分类管理,加强事中事后监管,监管与服务相结合等原则。

(四)提升软法效能,实现软硬法有效互补

为了更好地发挥软法在社会治理中的作用,同时确保法律体系的统一和协调,有必要对软法的制定、执行和监督机制进行完善。通过规范软法的制定主体、完善软法的创制与监督机制、避免软法与硬法的冲突、加大软法的执行力度以及增加硬法供给等措施,提高软法的规范性和权威性,从而实现软

硬法的有效互补,促进法治社会的和谐发展。

第一,规范软法的制定主体。软法的制定主体应当具有一定的权威性和代表性,以确保软法的规范性和有效性。这可以通过法律、法规的授权,明确软法的制定主体和适用范围,从而提高软法的规范性和权威性。例如,体育总局发布的《体育赛事活动管理办法》就是由具有权威性的国家机构制定,确保了软法在体育赛事活动中的规范性和权威性。

第二,完善软法的创制与监督机制。建立严格的审议和监管机制,确保软法的制定和实施公开、透明,接受社会监督。建立开放协调的立法机制,确保参与主体的法律地位平等、机会平等、信息与过程透明,从而提高软法的约束力。

第三,避免软法与硬法的冲突。在制定软法时,应确保其与硬法的规定相协调,避免冲突。这需要在软法的制定过程中充分考虑现有硬法的规定,确保软法与硬法的衔接和协调,形成统一的法律体系。

第四,加大软法的执行力度。执行力度的加大能确保其在实践中达到预期的监管效果。通过建立有效的软法监督体系,加强对软法实施情况的监督检查,确保软法得到有效执行。

第五,增加硬法供给。在某些领域,通过增加硬法的规定,减少软法需要填补的空白,提高软硬法之间的互补性。通过立法机关制定更多的法律、法规,明确权利义务关系,减少对软法的依赖,从而提高法律体系的整体效能。

体育组织篇

全国性单项体育协会规则修订报告（2023）*

2023年新《体育法》的实施为我国体育事业的发展注入了新的动力，其中新增的体育仲裁制度尤其引人关注。在体育总局和体育仲裁委员会的呼吁下，各全国性单项体育协会陆续根据新《体育法》中关于体育仲裁的规定，对协会章程、竞赛规程等规则进行相应修订。这一系列调整既是对新规定的积极响应，更是旨在有效提高体育仲裁的专业水准和公正性，有助于妥善处理日益复杂的体育纠纷。

一、全国性单项体育协会仲裁规则修订的背景

为了充分发挥体育仲裁的效能，进一步推动我国体育事业的繁荣与进步，新《体育法》特别聚焦体育仲裁制度，倡导各体育组织构建内部纠纷处理机制，并确保其与现有仲裁制度的顺畅对接。新《体育法》第92条规定了体育仲裁的适用范围，包括：对体育社会组织、运动员管理单位、体育赛事活动组织者按照兴奋剂管理或者其他管理规定作出的取消参赛资格、取消比赛成绩、禁赛等处理决定不服发生的纠纷；因运动员注册、交流发生的纠纷；在竞技体育活动中发生的其他纠纷。这些规定明确了体育仲裁的适用范围，使其具有更强的可操作性。

《体育仲裁规则》在上述规定的基础上作出了更为详尽的规定。其一，《体育仲裁规则》第11条进一步明确了"当事人可依据仲裁协议向体育仲裁

* 刘万勇：中通策成律师事务所。

委员会申请仲裁。仲裁协议包括合同中订立的仲裁条款和在纠纷发生前或发生后达成的具有仲裁意思表示的协议。仲裁协议应当采取书面形式。书面形式包括合同书、信件、电传、传真、电子数据交换和电子邮件等可以有形地表现所载内容的形式。在交换仲裁申请书和仲裁答辩书时,一方当事人声称有仲裁协议而另一方当事人不做否认表示的,视为存在书面仲裁协议。合同中的仲裁条款、附属于合同的仲裁协议与合同其他条款相互分离、独立存在;合同的变更、解除、终止、转让、失效、无效、未生效、被撤销以及成立与否,均不影响仲裁条款或仲裁协议的效力"。第12条规定:"当事人可依据体育组织章程与体育赛事规则申请体育仲裁。体育组织章程授权制定的管理规则中的体育仲裁条款,视为体育组织章程的体育仲裁条款。体育赛事报名表、参赛协议或竞赛规程中的体育仲裁条款,视为体育赛事规则的体育仲裁条款。"其二,《体育仲裁规则》指出,体育组织没有内部纠纷解决机制或者内部纠纷解决机制未及时处理的,当事人可以向体育仲裁委员会申请体育仲裁。

新《体育法》和《体育仲裁规则》均强调将仲裁协议、体育组织章程及体育赛事规则作为申请仲裁的依据。书面形式的仲裁协议确保了仲裁申请的合法性和规范性,同时,体育组织的章程和体育赛事规则也进一步加强了特定领域纠纷处理的专业度和针对性,为纠纷的妥善解决提供了有力保障。正因如此,各全国性单项体育协会对内部规则的修订与完善,不仅是确保新《体育法》和《体育仲裁规则》有效实施的必要条件,更是推动我国体育仲裁制度建设和发展的重要环节。这一举措对于维护体育领域的法治秩序,保障各方权益具有重要意义。

新《体育法》的实施以及体育仲裁制度的引入,无疑是我国体育法治建设的重要里程碑。全国性单项体育协会迅速响应,积极启动章程修订工作,修改竞赛规程,为体育仲裁制度的顺利实施打下了坚实的基础。这一系列举措意味着体育仲裁制度将在我国体育领域中扮演越来越重要的角色,为解决错综复杂的体育纠纷提供更专业和高效的路径,从而推动我国体育事业迈向更高的台阶。

二、全国性单项体育协会仲裁规则修订的内容

随着新《体育法》和《体育仲裁规则》的深入实施,全国性单项体育协会面

临对协会内部仲裁规则进行全面修订的重要任务。这一修订工作不仅是法律法规要求的必要调整，更是提升体育行业治理水平、保障运动员和各方权益的重要举措。在具体修订过程中，各全国性单项体育协会需要细致考虑如何实现旧规则到新规则的平稳过渡以及二者的有效衔接，确保修订后的仲裁规则能够切实发挥作用，为体育事业的健康发展提供有力保障。其中，中国足球协会、中国篮球协会等全国性单项体育协会在章程、工作规则及管理办法上针对仲裁条款予以修订。部分全国性单项体育协会则在管理办法及赛事规程类文件中增设了仲裁条款，但仍需进一步细化相关表述，更多协会则尚未公布针对新《体育法》与《体育仲裁规则》形成的关于内部纠纷解决的文件。

（一）中国足球协会

为做好足球行业内部纠纷解决工作，双向适应2023年新实施的《体育法》，有效衔接体育行业内部纠纷解决机制和体育仲裁制度，中国足球协会对足球字〔2009〕308号文件《中国足球协会仲裁委员会工作规则》进行了修订，于2023年8月16日在官方网站发布了通知公告。在此次修订中，中国足球协会将《中国足球协会仲裁委员会工作规则》第4条的"仲裁委员会处理纠纷案件实行一裁终局制度"改为"中国足球协会管辖范围内发生的相关纠纷，可以依法向中国体育仲裁委员会申请仲裁"。一方面，中国足球协会为响应新《体育法》和《体育仲裁规则》而作出的修订规则的举措值得肯定，此次修订在一定程度上促进了中国体育仲裁制度的发展及中国足球协会内部纠纷解决机制同体育仲裁制度的衔接。另一方面，中国足球协会作为一家设立内部纠纷解决机制多年、拥有较为丰富的内部纠纷解决经验和相对详细的内部纠纷解决规则的全国性单项体育协会，仅仅针对《中国足球协会仲裁委员会工作规则》中的一个条款进行概括性的修改显然不足以较好地完成新形势下内部纠纷解决机制同体育仲裁制度的衔接工作。

在2023年2月11日中国体育仲裁委员会正式成立前，我国并未设有真正意义上的体育仲裁机构。中国足球协会仲裁委员会虽然名为"仲裁委员会"，但其并不符合《仲裁法》中关于仲裁机构的规定。从性质上来讲，中国足球协会仲裁委员会仍属于内部纠纷解决机构，其作出的"仲裁裁决"属于协会内部决定，并不具备终局性以及普遍、严格的约束力，这种"裁决"的效力范围仅限于足球行业。正如上海市第二中级人民法院在一起体育争议案件的裁定书中所述："××协会仲裁委作出的裁决从性质上而言为协会内部决定。裁决的拘束力和执行力以××协会相关规则对成员的约束力为保障,换言之,裁决具有的是内部强制力。"综上所述,中国足球协会对"仲裁委员会处理纠纷案件实行一裁终局制度"这一条款的修改,无疑是中国足球协会内部规则在合法性上的一次重大进步。另外,随着国家设立中国体育仲裁委员会,中国足球协会已将中国足球协会仲裁委员会更名为中国足球协会纠纷解决委员会,以准确区分二者,并及时对协会章程等内部规则的表述进行修改。

总体而言,中国足球协会对《中国足球协会仲裁委员会工作规则》的修订是促进协会内部纠纷解决机制与仲裁制度衔接的一次新的尝试、一个好的开端,但为了更好地完成衔接工作,中国足球协会还应当在仲裁衔接程序方面制定更为详尽的规则。

(二)中国篮球协会

目前各全国性单项体育协会中,中国篮球协会的内部纠纷解决机制与仲裁制度衔接的完成度较高,于2022年年末完成了对协会章程的修订,增加了与仲裁制度衔接的相关条款,并于2023年年初完成了内部纠纷解决机构的改制,将"中国篮球协会仲裁委员会"改为"中国篮球协会纠纷解决委员会",修订并公布了《中国篮球协会纠纷解决委员会工作规则》。

最新版《中国篮球协会章程》于2022年12月17日经第九届第四次会员代表大会表决通过,其第65条规定:"本会建立民主协商和纠纷解决机制,依法依规妥善解决纠纷。本会具有管辖权的纠纷解决适用本会纠纷解决委员会规则。属于《中华人民共和国体育法》规定的体育仲裁管辖范围的纠纷,应当首先提交本会纠纷解决委员会处理,当事人对本会纠纷解决委员会未及时处理的纠纷或者对作出处理结果不服的,可以依法申请体育仲裁。"本规定明确了中国篮球协会的内部纠纷解决机构为纠纷解决委员会,确立了"先内后外"的仲裁衔接程序和"用尽内部救济"的纠纷处理原则,该条不仅回应了新《体育法》中鼓励协会建立内部纠纷解决机制的规定,尽可能将争议解决在"基层",避免体育仲裁委员会出现"累讼"的情况,还与国际体育仲裁院《体育仲裁法典》(Code of Sports-related Arbitration)第 R47 条规定的体育仲裁用尽内部救济原则相呼应,有利于我国仲裁制度同国际体育仲裁制度接轨。

《中国篮球协会纠纷解决委员会工作规则》中关于内部纠纷解决机制与仲裁制度衔接的条款为第4条和第57条。第4条规定:"纠纷解决委员会处理争议案件,若当事人不服合议庭裁决的,可向中国体育仲裁委员会提起仲裁。"第 57 条规定:"当事人对合议庭裁决书不服向中国体育仲裁委员会提起仲裁,仲裁裁决前,纠纷解决委员会的合议庭裁决有效。中国体育仲裁委员会作出仲裁裁决后,执行该仲裁裁决。"这两个条款中,第 4 条与章程第 65 条相呼应,强调了解决纠纷时"用尽内部救济"的原则,第 57 条明确了衔接过程中内部决定的效力以及内部决定的效力与仲裁裁决效力的关系。

在修订协会章程、建立专门的内部纠纷解决机制并制定相关组织规则后,可以说中国篮球协会目前在仲裁制度衔接方面的工作已经取得了一定成果,但在仲裁制度衔接规则的细节方面仍有较大的完善空间。

(三) 其他全国性单项体育协会

截至 2023 年 12 月 31 日,多数全国性单项体育协会尚未结合新《体育法》和《体育仲裁规则》对内部规范进行修改,如:中国滑冰协会、中国冰球协会、中国马术协会、中国自行车运动协会、中国现代五项运动协会、中国帆船帆板运动协会、中国赛艇协会、中国皮划艇协会、中国摔跤协会、中国柔道协会、中国拳击协会、中国跆拳道协会、中国空手道协会、中国手球协会、中国曲棍球协会、中国棒球协会、中国垒球协会、中国橄榄球协会、中国乒乓球协会、中国羽毛球协会、中国极限运动协会、中国台球协会、中国钓鱼运动协会、中国健美协会、中国拔河协会、中国龙狮运动协会、中国信鸽协会、中国风筝协会、中国毽球协会、中国龙舟协会、中国轮滑协会、中国门球协会、中国武术协会等。

少数全国性单项体育协会已经有了部分修订成果,主要体现在管理办法类文件或竞赛规则类文件中。

1. 管理办法类

中国铁人三项运动协会在《中国铁人三项运动协会赛事活动管理办法》第 68 条中规定:"对铁人三项协会、体育赛事活动组织者作出的取消参赛资格、取消比赛成绩、禁赛等处理决定不服发生纠纷时,当事人可以根据协会章程、赛事规则或仲裁协议等申请救济。相关机构应当及时、公正解决纠纷,保护赛事活动相关人员的合法权益。"此条款虽然规定"当事人可以根据协会章程、赛事规则或仲裁协议等申请救济",但既未明确处理救济申请的方式为内部纠纷解决机制还是体育仲裁,也难以根据条款内容确定体育仲裁的机构系中国体育仲裁委员会还是国际仲裁组织。

中国高尔夫球协会在《中国高尔夫球协会纪律准则及处罚办法(试行)》第

68条中规定:"(一)受理申诉的机构为中国体育仲裁委员会。(二)除下列处罚外,其他处罚不得申诉:1.禁赛。2.退回奖项。3.取消比赛成绩。4.取消注册资格。5.禁止从事任何与高尔夫球有关的活动。6.其他更严重的处罚。"

2. 竞赛规则类

中国田径协会在《衢州有礼·2023年全国田径锦标赛竞赛规程》《2023年全国青年(U20)田径锦标赛竞赛规程》等文件中规定,"在本赛事活动中发生的纠纷,可以依法向中国体育仲裁委员会申请仲裁"。

各全国性单项体育协会对于竞赛规则的修订主要存在三个问题:一是文件中仅提及仲裁员指派规定,未设置仲裁条款,如《2023年全国游泳城市系列赛竞赛规程》规定,"仲裁、裁判长由国家体育总局游泳运动管理中心指派,其他裁判员由承办单位选派"。二是虽然文件中设置了仲裁条款,但无法据此确定纠纷解决机制及仲裁机构,如《2023年全国青少年艺术体操锦标赛竞赛规程》规定,"仲裁委员会及裁判员的职责和管理按照《全国艺术体操裁判员选派与监督管理办法实施细则》、《2023年全国艺术体操比赛裁判员管理办法(试行版)》规定执行"。三是规则中明确了仲裁机构,但并未包含中国体育仲裁委员会,如《2023年中国花样滑冰俱乐部联赛竞赛规程》规定,"(五)比赛将设置仲裁委员会,仲裁委员会组成和职责按国际滑联相关规则执行"。

三、总结

新《体育法》意味着中国体育法治化建设迈出了重要一步。全国性单项体育协会在此基础上,修订各自章程和竞赛规程,完善内部纠纷解决机制,为体育仲裁制度的实施提供了有力支持。这些举措不仅有助于维护体育赛事的公平性和公正性,还能为体育从业人员提供更为可靠的法律保障,对于推动中国体育事业的健康发展具有重要意义。

诚然,随着我国建立起具有中国特色的体育仲裁制度,体育行业内的纠纷解决渠道更为多元化,体育从业人员的权益保障得到进一步强化,我国体育行业法治化到达了全新的高度。但与此同时,由于体育仲裁制度建立时间不长、经验不足,在实际运行中存在仲裁管辖范围不够明确、仲裁衔接程序缺少详细规定、与国际体育仲裁间的协调性不足等问题。为应对以上问题,各全国性单项体育协会应当加快修订和完善内部规则,建立内部纠纷解决机制的进程,做好仲裁制度衔接工作。

我国体育职业联赛治理发展报告（2023）*

2023年，面对体育职业联赛治理典型案例中暴露出的短板，体育行政部门与单项体育协会进一步深化体育职业联赛治理，强调健全体育职业联赛的规则体系，为体育职业联赛的开展提供有效制度供给；强化党建引领，明晰俱乐部发展结构，健全体育职业联赛的现代治理机构；创新体育赛事赛风赛纪管理机制，增设安全保障要求，制定全行业俱乐部维护职业形象的倡导性规范，提升体育职业联赛的决策和执行水平，推动体育职业联赛的科学运行；加强体育职业联赛办赛机构监管，提高政治站位，强化底线思维，提高俱乐部准入法律要求，完善制度规则，排查风险隐患，提升赛事规范化、职业化、标准化水平。

一、体育职业联赛治理典型案例

（一）新疆广汇篮球俱乐部退赛事件

2023年2月28日，在中国男子篮球职业联赛重燃战火之际，新疆广汇篮球俱乐部有限公司（以下简称"新疆广汇"）宣布退出赛季比赛及中国男子篮球职业联赛联盟。退赛的导火索是中国篮球协会出具的一份"处罚通知"。2023年2月17日，中国篮球协会纪律与道德委员会发布了一份"处罚通知"，针对周琦提出的新疆广汇涉及违规的情况，该委员会立案并成立专项组对相关方开展调查、核实后认定，新疆广汇利用所获准的注册资格，未经注册机构批准，将其实际运营、管理等核心业务转由非注册主体之关联公司开展；在组织机构、财务管理、业务经营、俱乐部注册和准入等方面，新疆广汇与其

---

* 张鹏：南京师范大学。

关联公司存在人格混同；新疆广汇未按照注册、赛事准入等规定，聘用教练员、工作人员，亦未按照相关法律、法规要求，承担对运动员支付薪酬的义务。由此，新疆广汇严重违反《中国篮球协会注册管理办法》的规定，构成注册违规。根据相关条款，对新疆广汇予以通报批评，自处罚决定作出之日起一年内，限制注册新运动员，禁止参加或进行国内运动员转会交流。但是，新疆广汇认为俱乐部"无法认可、决不接受"中国篮球协会对其作出的违规认定和处罚决定，认为处罚违背事实、违反程序、毫无依据，决定退出中国男子篮球职业联赛（Chinese Basketball Association，CBA）本赛季比赛，退出 CBA 联盟，并将通过仲裁和其他一切有利于解决问题的途径，依法依规维护合法权益。

（二）陕西信达篮球俱乐部总决赛罢赛事件

2023 年 9 月 22 日晚，在全国男子篮球联赛（National Basketball League，NBL）季后赛总决赛中，陕西信达篮球俱乐部（以下简称"陕西队"）径直宣布退赛。该场比赛中，陕西队客场迎战安徽文一篮球俱乐部（以下简称"安徽队"）。比赛中，陕西队教练多次向裁判表达不满，连续被吹罚技术犯规，最终主裁判判罚安徽队五罚一掷。之后在安徽队一次暂停期间，陕西队直接退场，没有返回赛场比赛，此时比分为 102∶96，安徽队领先，比赛还剩 3 分 37 秒结束。最终，裁判判定安徽队获胜。

9 月 24 日，全国男子篮球联赛的运营方深篮体育对此作出处罚并对临场裁判判罚的情况进行了说明。深篮体育在官网公布《关于 2023 全国男子篮球联赛总决赛相关处罚的通知》，联赛组委会认为，陕西队构成了《全国男子篮球联赛违规处罚办法》规定的罢赛行为，造成了极其恶劣的影响，为严肃联赛纪律，根据《全国男子篮球联赛违规处罚办法》对陕西队罚款人民币 100 万元；取消评奖资格；取消本赛季全国男子篮球联赛比赛成绩；将违规情况报请中国篮球协会纪律与道德委员会追加处罚。对陕西队主教练热夏提·克里木给予警告，罚款 1 万元、停赛一场；对陕西队工作人员王鹏旭和戴笠给予警告，各罚款 1 万元和追加停赛一场。

（三）江苏肯帝亚篮球俱乐部苏州肯帝亚篮球队与上海久事篮球俱乐部久事篮球队季后赛消极比赛事件

2023 年 4 月 14 日，中国男子篮球职业联赛季后赛 12 进 8 第三场，上海久事篮球俱乐部久事篮球队（以下简称"上海队"）迎战江苏肯帝亚篮球俱乐部苏州肯帝亚篮球队（以下简称"江苏队"），这是季后赛附加赛唯一一场打到生死局的系列赛。比赛的前三节，双方平分秋色，战成平手。不过，在末节上半节，比赛形势突变，江苏队靠着稳定发挥，竟然反客为主，取得 7 分的领先优势。末节最后一分钟，江苏队还有 4 分领先优势，上海队似乎大势已去。随后，便出现了 CBA 史上最荒唐的一幕，江苏队在短短一分钟内，竟然连续出现 5 次失误，送给对手一波 10∶0 的小高潮，将胜利直接拱手让人。

最终，该行为被中国篮球协会定性为消极比赛。中国篮球协会 2023 年 4 月 17 日发布公告，认定上海队在 2022—2023 赛季中国男子篮球职业联赛季后赛 12 进 8 第二场消极比赛情况属实，江苏队在季后赛 12 进 8 第三场消极比赛情况属实，两队的行为严重违反体育运动精神。根据《中国篮球协会纪律准则和处罚规定》《2022—2023 赛季中国男子篮球职业联赛纪律准则》的相关规定，作出如下处罚：取消上海队和江苏队 2022—2023 赛季比赛名次和 2022—2023 赛季参赛资格；对上海久事篮球俱乐部和江苏肯帝亚篮球俱乐部各核减联赛经费人民币 500 万元；对上海队主教练李春江，自处罚决定作出之日起 5 年内中止其教练员注册资格；对江苏队主教练李楠，自处罚决定作出之日起 3 年内，中止其教练员注册资格；对江苏肯帝亚篮球俱乐部总经理史琳杰，自处罚决定作出之日起 5 年内，限制从事与篮球相关的活动；对上海久事篮球俱乐部总经理蒋育生，自处罚决定作出之日起 3 年内，限制从事与篮球相关的活动。

二、完善体育职业联赛的制度规则

在体育总局指导单项体育协会完善竞赛内部规则的同时，各单项体育协会愈发注重竞赛规则、准入规则、纪律处罚规则等相关规则的完善，强调健全体育职业联赛的规则体系，为体育职业联赛的开展提供有效制度供给。

（一）体育总局指导单项体育协会完善规则

体育总局相关部门作为指导单位、主办方，引导、参与体育职业联赛赛事规程的制定。如 2023 年，体育总局群众体育司、中华全国体育总会群体部作为指导单位，体育总局社会体育指导中心、中央广播电视总台体育青少节目中心、全民健身活动推广与指导委员会、北京市体育局以及北京市体育总会主办的 2022—2023 年中国飞盘联赛·北京站，由体育总局社会体育指导中心专门制定印发"竞赛规程"，对参赛办法和资格，竞赛办法，日程安排，注册、报名、报到和检录等内容作出详细规定,引导联赛制度规则进一步完善。

(二)单项体育协会制定颁布竞赛规则及相关规则

中国足球协会进一步规范参加职业联赛俱乐部的准入规则。2023年,中国足球协会先后公布了《关于开展2023赛季中超、中甲和中乙联赛俱乐部准入工作的通知》《关于取消有关职业联赛参赛俱乐部注册资格的通知》等文件,对于俱乐部发展结构、女足队伍建设、基础建设标准、人员与队伍管理、法律标准、财务标准等作出修订,并要求各俱乐部在本次准入审查期内解决2022赛季及之前足球行业内的全部欠薪和欠款(部分国际仲裁案件应遵照亚足联及国际足联的相关规定解决)。中国足球协会根据上述政策要求,分两批对外公布完成债务清欠俱乐部的名单,接受社会监督。根据公示结果和后期调查,确认武汉长江足球俱乐部、广州城足球俱乐部、河北足球俱乐部、陕西长安竞技足球俱乐部、北京北体大足球俱乐部、淄博蹴鞠足球俱乐部、新疆天山雪豹足球俱乐部存在欠薪行为且未能解决。2023年3月,中国足球协会发布《关于公布获得2023赛季职业联赛准入资格俱乐部名单的通知》,并在4月印发《关于取消有关职业联赛参赛俱乐部注册资格的通知》,在明确获得2023赛季中国足球协会职业联赛准入资格的俱乐部名单的同时,对于前述欠薪的职业俱乐部,取消其参加2023赛季中超联赛、中甲联赛和中乙联赛的注册资格,并对上述被取消注册资格的俱乐部的职业球员去向作出安排,规定球员可书面通知原俱乐部单方解除原工作合同;而此前租借至上述俱乐部的球员应当返回原租出球员的俱乐部。

2023年,中国击剑协会出台《2023年中国击剑俱乐部联赛竞赛规程》、中国击剑俱乐部联赛全国赛(含分站赛、总决赛)裁判员的选调规则,明确全年竞赛计划、竞赛规程、备选裁判员名单、工作要求、报到事项、经费规定等相关内容。同时,出台中国击剑俱乐部联赛全国赛(含分站赛、总决赛)比赛执裁工作的通知,明确根据技术等级、执裁经验等条件选派比赛裁判等事宜。

(三)单项体育协会明确对于职业俱乐部和球员的纪律处罚规则

2023年《中国台球协会纪律准则和处罚规定(修订版)》在第三章第五节规定了赌球等违法犯罪行为,根据第7条的规定,涉嫌违反法律法规或涉嫌犯罪者,移交司法机关处理。2023年中国篮球协会《关于进一步加强全国篮球各级赛事赛风赛纪工作的通知》规定,赛事出现赛风赛纪问题应视为重大事项,赛事组织单位要第一时间处置,同时向上级体育行政主管单位报告,并及时关注事态发展,有效应对舆情信息。

三、健全体育职业联赛的现代治理结构

我国体育职业联赛不断强化党建工作,清晰俱乐部发展结构,健全体育职业联赛的现代治理结构。

(一)强化职业俱乐部党建工作

2023年2月,中国足球协会公布了《关于开展2023赛季中超、中甲和中乙联赛俱乐部准入工作的通知》《关于调整俱乐部准入规程部分条款的通知》,对于俱乐部发展结构的科学性作出完善,要求强化责任担当,不断提升俱乐部自身建设和文化建设水平,将俱乐部党建工作、文化工作增加为中乙A标。

(二)构建现代俱乐部发展结构

中国足球协会《关于开展2023赛季中超、中甲和中乙联赛俱乐部准入工作的通知》《关于调整俱乐部准入规程部分条款的通知》要求中超、中甲和中乙联赛俱乐部建立清晰的俱乐部发展结构,具体包括:俱乐部应当有自己的理念和风格,建立长远的、可实现的发展规划;建立不同年龄层次的梯队;建立清晰、顺畅的优秀球员选拔、提升通道;有充足的资源支持俱乐部所建立的各级球队发展。对于不同层次的俱乐部,通知也作出了差异化的规定:对于中超俱乐部,要求下设至少6支不同年龄层次的青少年梯队,分别为U21、U19、U17、U15、U14、U13;而中甲俱乐部必须下设至少5支不同年龄层次的青少年梯队,分别为U19、U17、U15、U14、U13;而中乙俱乐部必须下设至少4支不同年龄层次的青少年梯队,分别为U17、U15、U14、U13。同时,完善主教练资质。中乙俱乐部主教练资质要求:获得中国足球协会颁发的A级教练员证书或经中国足球协会认可的同级别教练员证书,经正式注册并参加和通过相应年度的培训;经亚足联RECC认证,为亚足联A级的教练员资质;正在参加A级教练员培训,经中国足球协会认可,准许担任俱乐部一线队主教练。并且,相应增加中超俱乐部U21梯队以及中超、中甲俱乐部U19梯队的教练员资质要求:主教练至少获得中国足球协会颁发的A级教练员证书或经中国足球协会认可的同级别教练员证书,经正式注册并参加和通过相应年度的培

训；经亚足联 RECC 认证，为 A 级的教练员资质；正在参加 A 级教练员培训，经中国足球协会认可，准许担任俱乐部 U19 梯队教练员。

四、创新体育职业联赛的管理机制

我国体育职业联赛注重创新体育赛事赛风赛纪管理机制，增设安全保障要求，制定全行业俱乐部维护职业形象的倡导性规范，提升体育职业联赛的决策和执行水平，推动体育职业联赛科学运行。

(一) 提升职业体育赛事水平，维护良好发展环境

体育总局办公厅于2023年发布《关于进一步加强全国体育赛事竞赛组织和赛风赛纪工作的通知》(体竞字〔2023〕151号) 及《关于进一步加强篮球赛事赛风赛纪管理工作的通知》(体竞字〔2023〕146号)。据此，中国篮球协会发布《关于进一步加强全国篮球各级赛事赛风赛纪工作的通知》，要求各单位要加大工作力度，综合研判本地区篮球项目竞赛组织、赛风赛纪工作特点，进一步完善办赛指南、参赛指引、安全防范要求、赛场行为规范等制度措施，建立健全赛事考核评价机制；根据近期出现的赛风赛纪问题的特点和原因，提升办赛水平，加强竞赛规程的严谨性、规范性，在运动员资格、注册权限，包括外籍球员参赛等方面制定合理、公平的规定和办法，在追求赛事观赏性的同时要深度结合本地区篮球运动发展的实际情况，实事求是地开展本地区的各级篮球赛事活动。要求各单位加强对参赛队伍的教育管理，严格遵守赛事纪律、竞赛规程、比赛规则等，引导参赛运动队树立正确的胜负观，在篮球规则的框架下规范场上行为举止，营造风清气正的竞赛环境。

(二) 新增安全保障、排除风险隐患等要求

一是增加职业俱乐部体育场的安全认证要求，中国足球协会《关于开展2023赛季中超、中甲和中乙联赛俱乐部准入工作的通知》要求，按照《中国足球协会职业俱乐部准入规程》等的规定，申请准入的俱乐部所申报的体育场需满足包括安全、建筑质量、消防、大型活动许可、灯光检测证明在内的一系列要求。二是进行风险预判和科学处置。中国篮球协会《关于进一步加强全国篮球各级赛事赛风赛纪工作的通知》要求各单位对本地区、本行业篮球赛事，按照竞技水平、赛事规模进行分级、分类管理，对赛事潜在的风险进行科学预判，提前采取必要的防范措施。要求各单位加大监督检查力度，从严梳

理排查赛事风险隐患,紧盯关键环节、重点领域,重点场次,完善各种突发事件的应急处置预案,配合当地公安、交通、卫生等部门,动态调整赛事组织方案。三是增加职业联赛设备配置要求。如《中国足球协会职业俱乐部准入规程》要求增加体育场救急设备,必须配备自动体外除颤器(AED)。四是要求各职业俱乐部制定反对种族歧视的具体标准。如《中国足球协会职业俱乐部准入规程》要求,申请准入的俱乐部应制定禁止种族主义的规定。

五、完善体育职业联赛的综合监管体系

我国体育职业联赛不断加强办赛机构监管,提高政治站位,强化底线思维,提高俱乐部准入法律要求,完善制度规则,排查风险隐患,提升赛事规范化、职业化、标准化水平。

(一)提高政治站位,强化底线思维

中国篮球协会在《关于进一步加强全国篮球各级赛事赛风赛纪工作的通知》中提出明确要求:提高政治站位,强化底线思维,充分认识赛风赛纪工作的重要性。要求深入贯彻落实习近平总书记关于体育工作的重要论述,充分认识加强赛风赛纪工作的重要性,要从让党放心、让人民满意的高度,做好各类篮球赛事竞赛组织和赛风赛纪工作,切实提升办赛水平。要进一步强化底线思维,以"时时放心不下"的责任感抓好赛事风险防范,在满足人民对篮球参赛、观赛需要的同时强化赛事安全,维护赛场秩序,为体育事业高质量发展、为"三大球"振兴战略营造良好的竞赛和舆论环境。

(二)完善联赛组织架构,改革创新管理模式

2023年10月,中国足球协会完成换届工作,新一届中国足球协会将按照"13部门+2公司+1基地"的模式完成内部机构整合,原场馆部、战略规划部等部门及"足城办"将被取消,其原有职能划拨其他部门。中超、中甲、中乙联赛未来大概率将统一由职业联赛公司负责运营。在本轮换届之前,中国足球协会是按照"18+1+1+1"的模式设置组织架构的,"18"即下设18个职能部门。3个"1"分别指的是中国足球协会全资子公司福特宝公司、香河国家队训练基地和中足联筹备组(中超公司)。此外,与中国足球协会内部管理架构产生交集的还有相对独立的全国足球发展重点城市工作领导小组办公室(足城办)。根据方案,2023年起,中国足球协会将下设13个职能部门,分别为党

务、纪检与监察、媒体公关、综合、外事、国家队管理、青训、女子足球、裁判、竞赛、技术、社会足球、会员协会等。原五人制及沙滩足球部、场馆部、信息管理部、财务部、行政人事部、战略规划部等部门将被取消，其原有职能将分别划拨至社会足球、技术、综合等部门。

（三）新增俱乐部准入相关法律标准的要求

中国足球协会《关于开展2023赛季中超、中甲和中乙联赛俱乐部准入工作的通知》《关于调整俱乐部准入规程部分条款的通知》调整了俱乐部准入相关法律标准的要求：一是增加关于积极认真参加亚足联赛事的承诺，不得无故弃赛、罢赛，应服从赛事组织方管理，加强赛风赛季管理，派出最强阵容，争取最好成绩。二是增加积极参加足协杯、超级杯等赛事的承诺，要求俱乐部承诺按照足协杯、超级杯等赛事规程认真准备比赛，服从赛事组织方管理，加强赛风赛季管理，派出最强阵容，争取最好成绩。三是俱乐部依规执行国际体育仲裁院、国际足联、亚足联、中国足球协会、中国体育仲裁委员会等机构作出的纪律处罚决定、仲裁裁决。四是对俱乐部年度审计报告和俱乐部财务预算和弥补、减少亏损的说明中提交材料的时间有所更改。

（四）强化体育职业联赛监督指导与赛风赛纪监管责任

中国篮球协会《关于进一步加强全国篮球各级赛事赛风赛纪工作的通知》要求各有关单位要切实履行监管职责，加强对赛事承办、运营等赛事组织方的监督和指导。进一步规范和加强赛事认证、备案制度和准入门槛，注重打造精品赛事。同时，明确中国篮球协会承担全国篮球赛事赛风赛纪监管工作的主体责任，各单位要严格按照"谁审批、谁负责""谁主管、谁负责""谁主办、谁负责"的要求，一级抓一级，层层抓落实，全面加强对所主办、承办篮球赛事的监督指导，确保各类篮球赛事活动安全、规范、有序进行。要求各单位按照属地管理、分级负责原则，落实对所辖区域内篮球赛事的属地监管责任，加强对各类篮球赛事竞赛组织和赛风赛纪工作的监督检查、指导服务，完善责任体系和工作机制，形成工作合力。进一步加强对重点赛事赛风赛纪的督察，出现赛风赛纪问题要严肃处理、追责，中国篮球协会将在全国范围定期通报，形成有效震慑。同时，各单位要及时关注、有效应对舆情信息，对重大事项及时报告。

（五）依法依规作出行业纪律处罚

我国体育职业联赛重拳打击消极比赛、操纵比赛、默契球、"假赌黑"、球场暴力、违反反兴奋剂规定等行为。2023年6月,中国台球协会发布《关于对违反世界职业比利和斯诺克协会行为准则中国籍球员的处罚决定》,对于参加世界职业比利和斯诺克协会(WPBSA)主办的世界职业斯诺克赛事期间,被判定操纵比赛结果的10名中国籍职业斯诺克球员作出处罚决定。由此,世界职业比利和斯诺克协会、中国台球协会对梁文博等球员的处罚的效力发生于国际、国内两个层面。国内层面的处罚决定包括:对梁文博、李行处以终身禁赛的处罚,禁止其以任何形式、任何身份参与中国大陆境内所有台球赛事与活动;对鲁宁处以禁赛8年的处罚,直至2030年12月6日,禁赛期内禁止其以任何形式、任何身份参与中国大陆境内所有台球赛事与活动;对颜丙涛处以禁赛7年6个月的处罚,直至2030年5月11日,禁赛期内禁止其以任何形式、任何身份参与中国大陆境内所有台球赛事与活动;对陈子凡处以禁赛5年的处罚,直至2027年12月20日,禁赛期内禁止其以任何形式、任何身份参与中国大陆境内所有台球赛事与活动;对张健康处以禁赛4年5个月的处罚,直至2027年5月1日,禁赛期内禁止其以任何形式、任何身份参与中国大陆境内所有台球赛事与活动;对白朗宁处以禁赛4年的处罚,直至2026年12月6日,禁赛期内禁止其以任何形式、任何身份参与中国大陆境内所有台球赛事与活动;对赵心童处以禁赛2年6个月的处罚,直至2025年7月1日,禁赛期内禁止其以任何形式、任何身份参与中国大陆境内所有台球赛事与活动;对赵剑波处以禁赛2年4个月的处罚,直至2025年4月7日,禁赛期内禁止其以任何形式、任何身份参与中国大陆境内所有台球赛事与活动;对常冰玉处以禁赛2年的处罚,直至2024年12月7日,禁赛期内禁止其以任何形式、任何身份参与中国大陆境内所有台球赛事与活动。

(六)新增联赛裁判社会监督制度

为加强廉政建设,提高CBA联赛裁判讲师、裁判员廉洁自律意识,从思想源头上杜绝违规、违纪事件的发生,确保比赛公平、公正、健康、和谐、有序进行,CBA联赛裁判讲师、裁判员于2023—2024赛季CBA联赛开赛前签署了《2023—2024赛季CBA联赛裁判讲师、裁判员自律公约》,主要内容包括:第一、赛前、赛中、赛后均不得与俱乐部和运动队以及有关的人员有任何非工作接触。如系工作事宜需单独与俱乐部、运动队以及有关人员接触,则必须事先向CBA公司裁判办公室报告。如俱乐部通过任何方式与裁判讲师、裁判员联系、接触,裁判讲师、裁判员必须立即向CBA公司裁判办公室汇报。为加强自我约束和监督,本人自愿将所有正在或将来使用的手机等通讯方式在 CBA 公司裁判办公室登记备案。若本人与俱乐部、运动队或有关人员联系而未向 CBA 公司裁判办公室报告或使用未在 CBA 公司裁判办公室登记备案的手机等通讯方式视为违规。第二,坚决做到不索取和收受参赛各俱乐部、运动队和有关人员以各种名义和形式提供的礼金、有价证券和任何礼物,不接受任何宴请及安排的娱乐活动。不与各俱乐部和运动队发生任何利益上的交易。第三,坚决不以任何名义向中国篮协、CBA 公司管理人员赠送礼金、礼品、土特产品、茶叶、烟酒等。第四,严格遵守赛区作息和外出请假制度,严禁在赛区去娱乐场所、喝酒和夜不归宿,严禁赌博、严禁参与和支持任何形式的赌球和迷信活动,不做任何违法乱纪之事。第五,严格遵守 CBA 公司和各赛区财务制度,按照比赛的交通及酬金规定,实事求是地报销和领取酬金,严禁在交通报销和酬金方面牟利。第六,严禁将自己或他人的工作任务透露给俱乐部、运动队或有关人员。第七,不违反廉政自律所规定的其它行为。社会公众如发现 CBA 联赛裁判讲师、裁判员涉嫌违规行为,可进行举报。举报时请提供相关证据,包括但不限于照片、录音、视频、票据、文件材料等。举报人对提供证据的真实性负责。鼓励实名举报,CBA 公司对举报人相关信息严格保密。

体育赛事篇

我国体育产业反垄断法治发展报告
（2015—2023）*

体育赛事举办过程中，赛事准入、俱乐部迁移、运动员流动、赛事转播权售卖等环节均可能存在垄断问题，但国内相关的司法实践鲜有涉及。近10年来，我国体育产业涉垄断纠纷的代表性案例主要有：2023年的北京市围棋协会组织达成垄断协议案（以下简称"北京市围棋协会案"）、2022年的体娱公司诉中超公司等滥用市场支配地位纠纷案（以下简称"中超图片案"）和2015年的粤超公司诉广东省足协等垄断纠纷案（以下简称"粤超案"）。北京市围棋协会案的处理是对单项体育协会作为经营者的反垄断规制在体育产业作出的初步探索。未来，随着我国体育产业不断趋于成熟，反垄断法治在体育产业的适用空间也将逐步扩大。

一、体育产业中的垄断行为类型

依照《反垄断法》划分的垄断行为类型，可将目前体育产业中可能涉及的垄断问题大体划分为如下几种。当然，相关行为是否构成垄断，还应结合具体行为场景作具体分析，不可一概而论。

（一）垄断协议

垄断协议是指经营者之间达成的有关固定价格、限制产量、分割市场等限制市场竞争的协议，又可进一步分为横向垄断协议和纵向垄断协议。体育产业中的横向垄断可能主要存在于俱乐部或竞争者之间达成的关于运动员

---

* 戎朝：上海邦信阳律师事务所。

数量、运动员工资、赛事相关产品或服务价格、集中打包出售赛事转播权的协议之中。体育产业中的纵向垄断则可能发生于上下游供应商之间,例如赛事联盟和转播机构之间签署独家转播协议,抑或是赞助商和赛事主办运营方之间签订排他性赞助协议等,都有可能招致反垄断审查。

(二)滥用市场支配地位

滥用市场支配地位是指经营者滥用自身的市场支配地位,通过不公平的高价销售商品、低价购买产品、拒绝交易或限定交易对象等方式排除、限制市场竞争。在2022年体娱公司诉中超公司和映脉公司的中超图片案中,体娱公司认为,映脉公司获得案涉赛事图片独家经营权并禁止摄影师向其他图库输送赛事图片的行为构成滥用市场支配地位、限定交易相对人进行独家交易,最终法院认可了中超公司、映脉公司在案涉赛事图片经营市场具有市场支配地位,但认为涉诉行为并非滥用市场支配地位行为,而是体现公平竞争性的行使正当民事权利的行为。

(三)经营者集中

经营者集中是指经营者通过收购或合并等方式形成对市场的控制,并排除、限制市场竞争的行为。在体育产业中,如果赛事组织方在出售转播权时明确要求两家以上平台对每赛季赛事进行转播,而某两家实属同一集团的公司共同购买了该赛事转播权,则有可能构成具有排除、限制市场竞争效果的经营者集中。

(四)行政垄断

行政垄断主要是指行政机关滥用行政权力排除、限制市场竞争,全国性单项体育协会在履行法律法规规定的公共事务管理职能时,很有可能参与到滥用行政权力的排除、限制市场竞争行为中。在粤超案中,粤超公司认为,广东省足协通过协议批准珠超公司运营举办室内五人制足球联赛的行为构成行政垄断,但最终法院认为,当时广东省政府已经取消省内所有足球赛事的行政审批,在此情况下,涉诉行为本身并非在履行行政层面的公共事务管理职能。

二、体育产业中反垄断规制的法治实践

(一)立法动态

我国体育领域并无专门的反垄断法律法规,体育产业中垄断行为的认定

与规制还是依照《反垄断法》等法律法规。

1.《反垄断法》

2007年《反垄断法》梳理的垄断行为包含垄断协议、滥用市场支配地位、经营者集中,以及滥用行政权力排除、限制竞争等,这也是目前国内通说对垄断行为的主要分类。《反垄断法》作为维护我国良好市场竞争秩序、建立健全市场资源配置的根本性法律之一,对我国垄断行为的规制和法律适用有着全局性的指导意义。2022年《反垄断法》修正,对目前数字经济领域热点和争议并存的"算法推荐"问题作出回应,规定"经营者不得利用数据和算法、技术、资本优势以及平台规则等从事本法禁止的垄断行为",如果后续新兴技术和体育产业相结合,这一条款将发挥作用。

2.《体育法》

新《体育法》没有直接规制垄断行为的条款。根据在威科先行等法律数据库中检索的情况,在"垄断纠纷"案由之下提及《体育法》的判决书只有两份,即2015年粤超案和2022年中超图片案的判决书。根据两份判决书,《体育法》在反垄断领域适用时,主要援引的还是对赛事活动的管理性条款,作为辅助因素确认行业协会是否满足行政垄断行为的主体的资质要求。

在粤超案中,法院结合1995年《体育法》第31条地方单项体育竞赛管理办法的制定规则,以及第49条和第50条关于由体育社会团体按照章程规定对竞技体育中违反纪律和体育规则及在体育运动中使用禁用的药物和方法的行为给予处罚的规定,认为广东省足协实际履行职能的过程是足球公共事务管理职能部分从政府行政部门转移到社会团体的体现,进而认为广东省足协系《反垄断法》所称的"具有管理公共事务职能的组织"。

在中超图片案中,法院援引2016年《体育法》第31条、第39条的规定,认为既然全国单项体育竞赛由该项运动的全国性协会负责管理,那么中国足协基于法律授权和政府委托便有权管理全国足球事务,享有基于组织赛事而产生的赛事商业权利。法院认为,中超公司基于中国足协的独家授权,将赛事图片经营权部分转授给映脉公司独家行使的行为,乃行使赛事商业权利这种民事权利的体现。

(二)我国反垄断诉讼司法实践

目前国内体育领域的反垄断诉讼案例并不多见,近10年来的代表性案例除粤超案和中超图片案外,还有北京市围棋协会案,该案发生在新《体育法》实施以后。

1. 北京市围棋协会案

（1）基本案情

2023年9月，北京市市场监督管理局就北京市围棋协会案作出行政处罚决定，责令北京市围棋协会及参与达成并实施垄断协议的8家会员单位停止违法行为，对北京市围棋协会处罚款5万元；对8家会员单位处2021年度全部销售额之2%的罚款，合计116184.89元（见表1）。

表1 北京市围棋协会案处罚结果

序号	当事人名称	罚金比例	罚金金额	行政处罚决定书
1	北京市围棋协会	—	50000元	京市监垄罚〔2023〕06002号
2	北京市怀柔区围棋协会	2%	6818.10元	京市监垄罚〔2023〕06005号
3	北京市丰台区围棋协会	2%	24344.65元	京市监垄罚〔2023〕06003号
4	北京市房山区棋牌智力运动协会	2%	3702.61元	京市监垄罚〔2023〕06008号
5	北京市东城区棋牌运动协会	2%	7891.76元	京市监垄罚〔2023〕06010号
6	北京市西城区武术和棋类运动管理中心	2%	10068.35元	京市监垄罚〔2023〕06009号
7	北京弈和康体育文化有限公司	2%	39790.94元	京市监垄罚〔2023〕06007号
8	北京博昇英华教育咨询有限公司	2%	9521.55元	京市监垄罚〔2023〕06006号
9	北京红枫叶体育文化传媒有限公司	2%	14046.93元	京市监垄罚〔2023〕06004号

北京市围棋业余段、级位赛事活动服务费原在200元/人至310元/人之间不等，证书服务费一般在20元/本至100元/本之间，个别段位赛的证书服务费达到160元/本或180元/本。2021年9月，北京市围棋协会在其官网上发布北京市围棋协会《关于北京市围棋业余段、级位证书及赛事活动服务费

建议标准的公示》(以下简称《公示》),规定北京市围棋业余段、级位证书服务费的建议收费标准为不高于 120 元/本;北京市围棋业余段、级位赛事活动服务费的建议收费标准为不高于 360 元/人。《公示》出台以后,大多数机构收取的赛事活动服务费直接跃升为 360 元/人,证书服务费 120 元/本。

该案 8 家涉案单位在北京市围棋协会的组织下,达成的前述固定北京市围棋业余段、级位证书服务费及赛事活动服务费变动幅度的垄断协议,使得北京市原本差异化的服务费逐渐趋同,且极大地提高了社会公众参与围棋赛事所付出的成本,加重了参赛的经济负担,排除、限制了市场竞争。对此,北京市市场监督管理局认为,前述行为违反 2007 年《反垄断法》第 13 条"禁止具有竞争关系的经营者达成下列垄断协议:(一)固定或者变更商品价格"的规定。而北京市围棋协会作为组织方,违反 2007 年《反垄断法》第 16 条"行业协会不得组织本行业的经营者从事本章禁止的垄断行为"之规定。

(2)案件解读

对于北京市围棋协会案的处罚决定书,可从如下三个方面进行分析解读。

第一,建议指导价并非不具有固定价格的强制性效力。虽然《公示》中采用的措辞是"建议收费标准""不高于",然而,其在施行结果上确实起到了固定价格的效用——大多数会员单位均顶格适用了前述建议收费标准。事实上,2019 年 1 月 4 日国务院反垄断委员会公布的《关于汽车业的反垄断指南》第 6 条就提及,如果由于协议一方的压力或激励,建议价、指导价或最高价被多数或全部经销商所执行,在实质效果上等同于固定转售价或限定最低转售价时,根据个案具体情形,该等行为有可能被认定为固定转售价或限定最低转售价。因此,并非采用了谦抑性的表述就可脱责,尤其是在行业协会作为价格协议的达成主体时,更容易产生固定价格的强制性效力。

第二,以上一年度销售额的一定比例作为行业协会的罚金适用标准,不一定符合过罚相当原则。与一般经营者不同,行业协会不以市场销售为主要业务,如果横向比较,其市场销售额基本上都低于行业内的"龙头企业",但基于行业协会的管理性职能,其实施的垄断行为给相关市场带来的影响却会远超一般市场经营者。例如,在北京市围棋协会案的系列行政处罚决定书中,会员单位所受到的最高罚金金额也不过 2 万余元。同时,对于行业协会而言,其账面上可能还存在财政性拨款,以及会员费等狭义的"销售额"之外的收入，这部分是否可计入"上一年度销售额"之中，值得进一步探讨。

第三，目前对行业协会组织实施垄断行为的罚金惩戒力度总体还是较轻的。2022年《反垄断法》将行业协会组织达成垄断协议的罚金上限从原来的50万元提升到300万元，足以窥见立法者对行业协会组织实施垄断行为的惩罚力度其实是有所提高的，也希望通过加大惩罚力度起到事前遏制垄断的作用，但是本次对北京市围棋协会所处的罚金为5万元，还是体现了较为缓和的惩戒态度。

（3）案件意义

北京市围棋协会案是适用《反垄断法》对体育行业协会作出处罚的第一案，也是体育行业协会作为"经营者"直接受到《反垄断法》行政处罚的第一案。相当于明确了体育行业协会在承担垄断责任上的"双重性质"，亦即，体育行业协会在从事直接的市场经营活动时，其身份应当是经营者，而在发挥管理性职能时，则属于行业管理者。

2. 2022年中超图片案

2016年，中超公司通过公开招标确定由映脉公司作为2017—2019年中超联赛官方图片合作机构，映脉公司由此取得独家经营中超联赛图片资源的权利，而体娱公司在未中标的情况下，擅自派人进入赛事现场拍摄照片并传播销售，对此，中国足协亦出面发表声明制止体娱公司的前述行为。2020年6月，体娱公司起诉中超公司、映脉公司滥用市场支配地位，认为其行为垄断了中超联赛图片的销售权，限定交易相对人只能和映脉公司交易，排除了中超联赛图片市场的竞争，损害了体娱公司和其他交易相对人的合法利益。

经过上海知识产权法院和最高人民法院两审终审，最高人民法院认为，具有市场支配地位并不必然意味着垄断的存在，其认可体育领域将赛事经营权以独家形式授权的普遍做法，独家授权便于统一协调、分清权责、形成品牌效应，更加便于合法权利人对赛事的经营管理。最高人民法院进一步从中超公司招标过程中体现出的公平竞争，以及中标后的实际履行过程中的合同解除自由两个方面，确认了案涉图片独家经营权授予本身属于公平竞争，换言之，这非但不是垄断行为，反而是公平竞争的应然结果。

3. 2015年粤超案

2009年，广东省足协通过与珠超公司签署协议，批准其举办广东省室内五人制足球联赛并享有赛事相关知识产权和一切商业经营开发权利。粤超公司在未经广东省足协批准授权的情况下,自行举办了广东省室内五人制足球联赛,并起诉指控珠超公司和广东省足协签署的相关协议排除、限制竞争,构成垄断,请求法院判令前述协议无效。粤超公司从广东省足协的三重身份入手,同时使用了行政垄断、滥用市场支配地位、达成垄断协议三个层面的理由。

首先,关于行政垄断的认定,最高人民法院认为广东省足协满足行政垄断行为的身份条件,认定其依据相关章程确实具备足球运动、足球竞赛等有关特定事项的公共事务管理职能,但不认为其构成行政垄断,理由是当时广东省政府已经取消省内所有足球赛事的行政审批,广东省足协签署协议的行为本质上并非在行使公共事务管理职能。

其次,关于滥用市场支配地位的认定,法院在主体身份要件上认可广东省足协从事足球赛事经营性活动,符合经营者的身份条件,亦认可广东省足协对球员的影响力、吸引力,以及对裁判员的考核职能,故综合认定其在相关市场具备支配地位。但法院认为,案涉独家授权协议的签署有助于市场的培育和形成,也未拒绝其他经营者的合作,协议本身也没有限制球队或媒体、赞助单位的自由选择,故不构成滥用市场支配地位。

最后,关于达成垄断协议的认定,法院先否认了广东省足协和珠超公司之间的竞争关系,而后指出案涉协议不具有排除、限制竞争的效果,其认为案涉协议不仅没有限制参赛球队数量,反而设定了最低参赛球队数量,故不成立垄断协议。

三、体育产业中反垄断的焦点问题

国内相关的司法实践对体育产业中的反垄断问题鲜有涉及。学界对体育领域反垄断问题的关注,集中在赛事转播权出售中的反垄断适用和体育行业协会参与垄断行为的法律规制两方面。

(一)体育赛事转播权出售中的反垄断适用

体育产业领域中,赛事转播权的含义与著作权法层面的解读不同,一般来说,对体育赛事节目本身及赛事新闻报道、赛事高光集锦等内容的实时直播以及后续的重播、点播等都包含在此列。

赛事转播权是体育赛事商业化运营的核心与关键,更是体育产业营收的重要组成部分。2015 年,中超联赛 5 年的赛事转播权曾以 80 亿元的高价被卖出。但目前国内的体育赛事转播权的商业运营价值与国外赛事仍有很大差距,根据清华大学体育产业发展研究中心发布的《2023 年中国体育服务贸易发展报告》,2023 年,我国体育赛事版权交易类服务贸易进口总额为 38.86 亿元,而出口仅 0.23 亿元,二者差距超 168 倍。

1. 相关市场的界定

相关市场由产品市场和地域市场两个部分组成,并以前者为核心。相关产品市场的界定通常遵循可替代性原则,具体到体育赛事产业领域,即如果某一体育赛事产品可被另一种体育赛事产品所替代,则二者就属于同一相关产品市场。相关产品市场的界定直接影响经营者市场垄断力的规模认定,而体育赛事产品的可替代性往往和赛事的规模、普及度、赛事水准和商业价值等因素挂钩。

美国等发达国家在认定体育赛事相关产品市场时,倾向于将各类体育项目都认定为归属于一个单独的市场,例如在 USFL v. NFL 案和 Chicago Professional Sports Ltd. Partnership v. NBA 案中,美国法院将相关产品市场分别限定在了美国橄榄球和篮球单一体育比赛项目市场中,理由是消费者连续多年愿意高价购买赛事门票去现场观看赛事,相关赞助商亦愿意在该类赛事转播节目中投放广告。而在中国,目前赛事商业运营还未进入完全成熟状态,受众注意力、兴趣度和关注度很有可能在不同的赛事之间发生转移,赛事可替代性较强,因此对相关产品市场的认定更适宜采取较为宽泛的态度标准。对此,甚至有学者提出转播的体育赛事和其他娱乐节目本质上都属于文化娱乐产业消费品,都是为了实现休闲放松目的,因此应当认定为其构成相关产品市场。

相较于相关产品市场,赛事转播中相关地域市场的判断则较为清晰,一般来说都被限定在国家内部,其中的主要原因是各国文化差异等因素会导致受众偏好和观赛习性不同。虽然目前我国并无与出售赛事转播权相关的垄断纠纷案例,但从前述粤超案、中超图片案中法院对相关市场界定的标准亦可看出目前我国司法环境下对相关市场界定标准的态度。在粤超案中,法院认为涉案五人制足球联赛和最为接近的七人制足球联赛相比,在参赛球队、裁判员、观众、赞助方、媒体方等要素上不存在"此消彼长"的排他性关系,无论是从赛事的参与方、赞助方,还是媒体方角度来看,二者均不是择一为之的替代性关系;地域方面则考虑到涉诉行为发生的地点和被诉的广东省足协的地域范围,因此最终将相关市场限定在广东省内的五人制足球联赛的组织市场。在中超图片案中,最高人民法院在界定产品市场时还纳入了时间因素,认为在中超联赛期间,有图片需求的新浪体育、搜狐体育等媒体客户不可能用其他赛事的图片去报道中超赛事,此时中超赛事的图片是不可替代的,且考虑到中超联赛本身是中国大陆地区的顶级足球职业联赛,因此将相关市场最终界定为中国大陆地区的中超联赛期间的中超赛事图片商品市场。以下是粤超案和中超图片案中法院对相关市场的界定及分析方法或理由(表2)。

表2 粤超案和中超图片案中法院对相关市场的界定及分析方法或理由

案件名称	法院对相关产品市场的界定及分析方法或理由	法院对相关地域市场的界定及分析方法或理由
粤超案 (2015)民申字第2313号	结论: 五人制足球联赛的组织市场 分析方法或理由: 先确定最为接近的产品市场,然后从赛事的参与方、赞助方、媒体方,以及组织方等多角度分析是否存在替代性关系	结论: 广东省内 分析方法或理由: 同时考虑被诉行为的发生地和被诉主体职能的地域范围
中超图片案 (2021)最高法知民终1790号	结论: 中超联赛期间的中超赛事图片商品市场 分析方法或理由: 界定相关市场应当结合时间因素分析	结论: 中国大陆地区 分析方法或理由: 赛事是中国大陆地区的比赛,且图片销售主要通过互联网

2. 集中出售赛事转播权的垄断审查

对于大型职业体育联赛而言,集中销售赛事转播权减少了转播商的谈判成本,平衡了不同参赛俱乐部赛事水平和商业价值的参差,总体而言对市场经济的良性促进作用可能远远大于消极影响。例如欧盟委员会就认为,考虑到集中出售能够提高转播权的分销质量和播出质量,且没有消除整个足球比赛市场中的转播权产品竞争,因此在没有过度限制竞争的情况下,其具备一定程度的合理性。

在我国,大型体育赛事的知识产权一般都通过相关章程等规定或约定归属于赛事主办方,再由主办方授权给联盟或管理机构统一出售,例如《中国篮球协会章程》第 71 条明文规定:"本会主办的各项赛事及活动所产生的所有权利,包括但不限于各种赛事权利、知识产权、市场开发和商务推广权利等,属本会资产。"而后又再行授权给中篮联(北京)体育有限公司独家开发、推广和经营。《中国足球协会章程》也明确规定,中国足协乃其管辖的各项赛事所产生的所有独家权利的最初所有者。中超公司依照中国足协的授权,独家拥有中超联赛相关的各种权利和利益,并有权进行后续市场开发和推广。2023 年,中超公司集中出售 2023 年中超联赛的赛事转播权,合法的持权转播商包括但不限于中央广播电视总台、腾讯、五星体育等多家机构。可见,国内赛事转播权出售的通行做法是将赛事转播权统一集中售卖,且截至目前,国内并无与集中出售赛事转播权的行为有关的垄断纠纷案例。

(二)体育行业协会参与垄断行为的法律规制

1. 体育行业协会的主体身份定位

体育产业的特殊性决定了体育行业协会从事垄断行为时可能拥有不同的身份职能,而不同的身份职能可能导致其涉嫌构成不同的垄断行为。

体育行业协会的行业管理者身份较为常见,体育产业本身的特殊性决定了其常常承担管理某项体育赛事或某一体育行业的职能。2022 年《体育法》修订时,将全国性单项体育协会的职能从原来的"管理该项运动的普及与提高工作"这一单一性职能,进一步丰富和细化为"负责相应项目的普及与提高,制定相应项目技术规范、竞赛规则、团体标准,规范体育赛事活动"。2023 年的北京市围棋协会案中,北京市市场监督管理局同样也是根据修改前的《反垄断法》第 16 条"行业协会不得组织本行业的经营者从事本章禁止的垄断行为"的规定对相关单位予以处罚。

体育行业协会公共事务管理者的身份,主要体现在因被法律法规授权而获得某公共事务管理职能时。例如,在粤超案中,最高人民法院就结合《全国体育竞赛管理办法(试行)》及广东省足协的相关章程等规定,认定广东省足协具有与足球运动、足球竞赛有关的特定范围和事项的公共事务管理职能,但是,这种公共事务管理职能必须依据法律法规或章程规范的明文规定来获得,而不能依照人员组成等其他因素随意作出推导。

2. 对体育行业协会实施垄断行为的治理

截至目前,对体育行业协会实施的垄断行为进行法律规制,还是需援引《反垄断法》的规定,在北京市围棋协会案中,北京市市场监督管理局依据修改前的《反垄断法》的规定,最终决定北京市围棋协会的8家会员单位均承担2021年度全部销售额之2%的罚款,罚款金额最低为3702.61元,最高为39790.94元,而北京市围棋协会被处以罚金50000元。

然而,《反垄断法》规定的经营者实施垄断行为的行政责任并未区分具备经营者角色的行业协会和纯粹的经营者之间的差异,未考虑到体育行业协会的规模和影响力并不与上一年度销售额必然挂钩,而直接依据销售额比例确定罚金数额,可能导致罚金数额过低,无法起到遏制作用。同时,现行《反垄断法》第56条规定的经营者达成并实施垄断协议所应承担的500万元的罚金上限给行政机关留下过大的自由裁量空间。2024年印发的国务院反垄断反不正当竞争委员会《关于行业协会的反垄断指南》亦是立法导向,揭示了目前立法者及相关机关对规制行业协会垄断行为的关注度逐渐提高,未来可能会进一步细化相关的法律法规,完善对体育行业协会实施垄断行为的深度治理。

我国体育知识产权保护发展报告(2023)[*]

亚运会、大运会等大型综合性体育赛事的举办对于全国(省、市)的竞技体育实力及综合性发展都具有显著的带动作用。通过无形资产开发来充分发挥其经济效益,实现赛事的可持续发展已经成为这类赛事的共同课题。作为大型综合性体育赛事,相较于部分商业体育赛事,其投入成本更高,筹备与申办时的经济影响更大,且具备稳定的周期性特征。国际体育赛事的举办为国内赛事的知识产权保护提供了宝贵经验,尤其是针对赛事特殊标志的保护问题,我国已经形成了一套立法、司法、执法有机结合的工作体系,值得进一步研究与推广。我国举办的大型体育赛事,按照惯例或默认的行业准则,均会设立赛事管理机构——组织委员会。国内赛事或国际单项赛事,例如全运会、城运会、单项体育竞赛及地方综合性运动会等,往往由主办单位、承办单位、赛事推广者等共同组成赛事组委会,其大多为不具有独立法人地位的临时性组织机构,不具备法律上的独立人格,承担法律风险的能力有限。2023年,我国举办了杭州第19届亚洲运动会(以下简称"杭州亚运会")、成都第31届世界大学生夏季运动会(以下简称"成都大运会"),分别设立了独立法人机构,便于对内实行高效的管理,对外独立承担法律责任。

一、我国体育知识产权保护现状

体育知识产权主要包括体育著作权、体育标识性权益、体育专利权、体育商业秘密、数据等其他无形资产权益。近年来,体育知识产权保护的相关规定不断完善,新《体育法》将"体育赛事活动现场图片、音视频等信息"纳入其

---

[*] 宋雅馨:华南师范大学。

中,明确了赛事信息数据等权益的归属,也完善了对应的罚则条款。但体育知识产权相关的专项规定存在适用性不强、过于抽象等问题。根据聚法案例数据库的搜索结果,2023年我国法院共公开了3122件案由为体育知识产权与竞争纠纷的案件,较2022年,体育知识产权纠纷案件增加了204件。自新《体育法》实施以来,尚未有案件以该法第52条作为裁判依据进行裁决。

近年来,体育知识产权纠纷呈现多元化趋势,除传统体育著作权纠纷外,还涌现出赛事数据侵权纠纷、因恶意提起知识产权诉讼损害责任纠纷、侵害实用新型专利权纠纷等多种类型的纠纷,立法者在恪守产业发展和利益平衡准则的同时,也通过诉前禁令等形式为体育知识产权提供周全的保护方案。此外,针对体育数据权益的性质认定等体育知识产权保护中的争议、难点问题,立法和司法实践也在不断转变和更新观念,促进体育知识产权保护升级。

(一)体育知识产权类型化概述

体育知识产权是指体育赛事组织者、赞助商和合作伙伴、运动员、体育用品制造商,以及数据服务商依法享有创造性智力劳动成果和工商业标记的权利。

1. 体育著作权

体育著作权的客体是体育领域中与文学、科学、艺术相关的具有独创性的作品,常见的如体育赛事节目、体育赛事摄影作品、体育赛事及活动美术吉祥物、体育场馆造型、体育品牌广告、海报、文案、体育服务设计等。

侵害作品信息网络传播权纠纷乃目前体育产业著作权纠纷中最主要的类型,聚法案例数据库显示,2023年受理的体育著作权权属、侵权纠纷案件有744件,占知识产权与竞争纠纷案件的23.83%。最为典型的案例是冬奥会期间,某数码公司发现某科技公司通过"电视X"App提供冬奥会赛事直播、回看、点播服务及节目集锦短视频等,还设专题宣传吸引用户下载该App,某数码公司主张某科技公司构成不正当竞争,并申请诉前行为保全。法院经审理判决某科技公司停止相关侵权行为,否则将通知网络服务提供者停止为其提供网络服务。后某数码公司提起民事诉讼,最终以调解方式解决纠纷。

2. 体育标识性权益

体育标识性权益,即"体育标志性权益",是体育产业无形资产的关键部分。因标识具有区分来源的特性,故而成为体育产业释放商业价值的核心部分。通常来说,体育标识性权益的客体包括体育赛事名称、运动名称、赛事简称、口号、主题标识、旗帜、吉祥物、赛事组织者名称、标志、会徽、体育俱乐部名称、体育协会名称、体育用品品牌等。体育标识的商业价值不容忽视,赛事标识更是体育产业提高价值的重要依托。如2023年的中超联赛,中国平安的单赛季赞助金额为1亿元;2023年女足世界杯赞助收入达3.08亿美元,国际足联为该赛事找到30个合作伙伴。体育标识蕴含巨大的商业价值,相应的侵权纠纷也随之而来,聚法案例数据库显示,2023年涉体育标识性权益的案件有2093件,占总案例的67.04%。除申请注册为商标从而得到保护外,有的标识还可以作为美术作品进行版权登记。

3. 体育专利权

体育专利作为体育产业创新的核心标识,反映了体育科技的前沿水平。2023年体育专利权呈现出活跃的发展态势,其客体广泛分布于多个关键领域。例如,新型体育场馆的智能温控与照明系统、高性能的运动传感器等体育设备创新成果显著;体育服装领域出现了具备自适应调节功能的运动服,以及采用新型环保材料的运动鞋;体育项目领域越来越广泛地使用相关的辅助训练方法及系统等。从专利类型看,不仅有聚焦于提升运动体验的实用新型专利,例如新型划船健身机、新型拳击训练靶等,还有在运动康复器材设计理念等方面进行创新的发明专利,例如神经康复训练器、外骨骼康复训练设备等。

4. 体育商业秘密、数据等其他无形资产权益

(1)体育商业秘密

除了传统的体育商业秘密内容,随着科技在体育领域应用的不断深入,一些新兴的商业秘密形式陆续出现。例如,人工智能辅助的训练算法、虚拟现实技术在体育训练和赛事转播中的应用方案等,这些与新技术相关的信息可能成为体育商业秘密的新焦点。同时,随着体育产业与其他产业的融合不断加深,跨领域的商业秘密,如体育与科技、娱乐、健康等领域结合所产生的商业秘密,也可能变得更加重要。

尽管尚未有专门性的法律来对体育商业秘密进行全方位、系统性的规范与约束,但是体育产业运营者可借助《反不正当竞争法》《劳动法》《刑法》《民法典》为其商业秘密构筑堡垒。2023年,聚法案例数据库中有61起与体育商业秘密有关的案件,以广州市某某体育用品有限公司、广州某某文体用品有

限公司等侵害商业秘密纠纷[（2024）粤 73 民终 892 号]为例,一审法院经审理认为,原告主张被告离职后所使用的产品的款式、尺码表等经营信息及客户信息具备秘密性、价值性、保密性,应当认定为商业秘密,最终以被告违反《反不正当竞争法》为由判决其赔偿原告损失。

(2) 体育数据权益

随着数字技术的发展,数据权益这一话题热度不断上升,欧美国家的体育数据开放、共享与流通机制相对成熟,但我国对体育数据的开发及保护尚处于发展阶段。我国对体育数据的保护主要依据《个人信息保护法》《数据安全法》等法律法规,严厉打击非法获取、滥用体育数据的行为,确保数据主体的合法权益不受侵害。除此之外,2023 年 1 月 1 日起实施的《体育法》《体育赛事活动管理办法》明确规定,未经体育赛事活动组织者等相关权利人许可,不得以营利为目的采集或者传播体育赛事活动现场图片、音视频等信息,其中的"等信息"为体育赛事数据保护留下了解释的空间,隐含了赛事数据应当归属于赛事组织者这一层含义。

体育数据来源于运动员参赛登记、场地设备采集、实时数据跟踪、媒体采访收集等。围绕体育数据进行商业开发已经成为体育产业无形资产的新型利用方式,但数据收集方在开发过程中,应注重数据使用的合法性与合规性,严格遵守相关法律法规的要求,确保数据采集和使用均获得明确授权,并采取安全可靠的数据存储和传输措施,防止数据泄露。此外,鉴于体育赛事的全球化趋势,在涉及赛事数据出境时,数据处理者应严格按照《数据出境安全评估办法》等规定,对出境数据进行全面、细致的安全性评估,保障数据主体的权益以及国家的数据安全,防止因数据出境而引发的各类风险。

(二) 我国体育知识产权保护的法律框架

目前我国体育知识产权的法律保护除了适用《民法典》《商标法》《著作权法》《反不正当竞争法》等相关法律法规,还可以适用体育法律法规中有关知识产权保护的条款和体育知识产权专项规定,这些规范共同为体育知识产权的保护提供了明确的法律框架和具体的保护措施。

1. 体育知识产权保护的体育法律法规

体育知识产权保护的体育法律法规以《体育法》为核心,结合《体育赛事活动管理办法》《国家体育总局合同管理办法》等具体实施细则,共同组成了我国体育知识产权保护的重要法律基础。新《体育法》在明确对赛事名称、徽记、吉祥物等标志性元素以及体育技术创新成果予以保护的基础上,首次规定了对体育赛事活动现场图片、音视频等信息予以保护,并设置了违反上述规定对应的罚则。在此基础上,2023年施行的《体育赛事活动管理办法》进一步细化了法律保护措施,明确规定赛事主办方和承办方享有赛事标志权、赛事举办权、赛事转播权以及其他无形资产权利。《国家体育总局合同管理办法》在合同实施方面要求承办部门在合同中明确约定合同相对方对所提供的产品和服务未侵犯第三方知识产权进行证明,并对知识产权归属作出明确约定。特别是对于约定本单位拥有知识产权所有权的情形,承办部门应及时办理权属登记。

2. 体育知识产权保护的专项规定

体育知识产权相关的专项规定主要包括《特殊标志管理条例》《奥林匹克标志保护条例》以及一系列针对赛事的专项法规和行动方案,为体育知识产权提供更加精细化的法律保障。《特殊标志管理条例》明确规定赛事的名称、会徽、吉祥物等标志未经授权不得使用,尤其禁止未经许可的商业化活动和恶意仿制行为。《奥林匹克标志保护条例》是我国在体育赛事知识产权保护方面的重要专项法规之一,专门针对奥林匹克标志及相关符号的保护作出规定,明确禁止未经授权使用奥林匹克标志、徽记及相关标志等。此外,针对大型体育赛事也出台了知识产权保护专项规定。例如,针对杭州亚运会、亚残运会,相关部门印发了《关于开展杭州亚运会和亚残运会知识产权保护专项行动的通知》《浙江省第19届亚运会知识产权保护规定》《第19届亚运会和第4届亚残运会知识产权保护工作方案》等文件。还有举办地以外的专项规定,如福建省知识产权局《关于开展杭州亚运会和亚残运会知识产权保护专项行动的通知》、南阳市市场监督管理局(知识产权局)《关于印发〈杭州亚运会和亚残运会知识产权保护专项行动方案〉的通知》等。

二、杭州亚运会知识产权保护

亚运会由亚洲奥林匹克理事会的成员国轮流主办,亚运会知识产权与其他大型综合性体育赛事一样,是汇集了多种类型法律权利的权利束,涉及著作权、商标权、专利权、商业秘密、域名等,在部分国家还涉及特殊标志受保护的权利等。亚运会的市场开发方式包括:供应商收入、赞助收入、电视转播权销售、特许经营、捐赠、门票收入等。在这些获得资金的途径中,赞助收入、电视转播权销售、特许经营等都涉及知识产权。亚运会知识产权保护相关法律工作的有序开展是亚运会的主办方与企业实现共赢的保障。

亚运会的无形资产开发由亚奥理事会、亚奥理事会代理开发商、东道主亚组委共同负责。亚奥理事会是负责亚运无形资产开发的最高管理机构,拥有与亚运会相关的所有权利。亚奥理事会授权专业的代理开发商负责亚运会市场开发,代理开发商从中获取一定的佣金。东道主亚组委是一个临时组织机构,与亚运会举办城市一起组织、举办亚运会,并一起承担举办亚运会的费用,在获得亚奥理事会让渡的市场开发权之后,与亚运会代理商联合开发赛事无形资产。亚奥理事会、东道主亚组委在亚运会市场开发中具有明确的责、权、利。比如亚奥理事会新版章程规定,亚奥理事会应指定市场开发代理以协助市场开发活动;亚奥理事会主席有权在亚奥理事会行政部门内成立一个市场开发部或此等机构以推销亚奥理事会相关权利。

杭州亚运会是中国第三次举办亚洲最高规格的国际综合性体育赛事。根据《中国体育报》的报道,截至2023年8月底,杭州亚(残)运会市场开发协议总收入累计达46.44亿元。国家知识产权局发布公告,对杭州亚运会组委会提交的"2022年第19届亚运会""杭州亚运会"等12件特殊标志的登记申请予以核准。杭州亚运会无形资产的开发势头同样迅猛,主要表现在电视转播权、特许商品、商标、冠名权、赞助计划等多个方面。在电视转播权方面,杭州亚运会主要由主转播商和持权转播商组成。中央广播电视总台与浙江省人民政府签署了《杭州亚运会广播电视宣传战略合作协议》,正式成为杭州亚运会主播机构,即主转播商,获得了中国大陆地区的杭州亚运会独家全媒体转播权及分授权权利;2022年10月,香港有线电视正式成为杭州亚运会持权转播商,获得杭州亚运会在我国香港特别行政区的独家全媒体转播权;2023年6月至7月,抖音集团与快手相继成为杭州亚运会的持权转播商,此外快手还与亚组委签约,成为杭州亚运会官方指定短视频分享平台;日本读卖新闻、日本TBS电视台、韩国SBS株式会社、泰国PlanB传媒公司、新加坡新传媒有限公司、菲律宾Cignal卫星电视台等30家中外媒体都成为杭州亚运会的持权转播商。在赛事特许商品开发方面,杭州亚运会特许经营情况历史最佳,其上线了17个品类、1100余款特许商品,拓宽了国内体育赛事商业化边界。

(一)杭州亚运会知识产权保护的相关规定

1.《关于开展杭州亚运会和亚残运会知识产权保护专项行动的通知》

加强亚运会知识产权保护是贯彻落实党中央、国务院关于强化知识产权保护的决策部署的重要举措,是履行我国对国际社会庄严承诺的重要方面,是护航国际大型赛事的重要内容,是办好杭州亚运会和亚残运会的有力保障。为深入学习贯彻习近平总书记关于办好杭州亚运会的重要指示精神,贯彻落实党中央、国务院关于强化知识产权保护的决策部署,切实加强亚运会知识产权保护工作,国家知识产权局、中央网信办、公安部、海关总署、市场监管总局于2023年印发《关于开展杭州亚运会和亚残运会知识产权保护专项行动的通知》(以下简称《专项行动通知》),针对知识产权行政执法作出了要求,并于2023年8月至10月联合开展杭州亚运会和亚残运会知识产权保护专项行动。《专项行动通知》重点内容明确,从立体保护、组织协同、强化意识等多个维度编织了亚运会知识产权保护的大网。一是加强快速立体保护,国家知识产权局在浙江省设立亚运特殊标志许可合同备案窗口,实现被许可人的"快保护"。二是多部门各司其职,严打侵权违法行为,在2023年8月至10月,组织开展集中行动。各级市场监管部门和知识产权管理部门,加大对重点场所、重点领域和重点商品的检查力度;各级海关部门依法严厉查处进出口环节涉亚运知识产权侵权违法行为;各级网信部门对知识产权管理部门研判定性后转送的网上侵权违法信息、账号,依法依规予以处置;公安机关依法加强对侵犯亚运知识产权涉嫌犯罪案件的立案侦查,严厉打击侵犯知识产权的刑事犯罪。三是加强协同,健全保护工作体系,强化网络监测、市场巡查和执法协作,建立工作台账,畅通社会投诉举报渠道,建立案件信息移交快速反应机制,及时处置案件线索,涉及执法办案、侵权判定的疑难复杂问题依法依规层报上级相关部门出具指导意见并快速处置。现阶段,我国体育赛事知识产权的开发成效在很大程度上受制于所涉主体的法律风险意识,《专项行动通知》强调,还要以广泛宣传的方式来提升全社会的保护意识,积极开展面向社会公众的亚运知识产权保护宣传活动,加大对杭州亚运会和亚残运会赞助企业、特许企业的宣传和引导,加大对基层一线执法人员的培训力度,引导媒体宣传报道杭州亚运会和亚残运会知识产权保护活动,及时发布典型案例,采用群众喜闻乐见的方式,广泛宣传亚运会知识产权保护。

2.《浙江省第 19 届亚运会知识产权保护规定》

为了完善保护工作体系,杭州亚运会与其他大型综合性体育赛事一样,重视知识产权保护工作,要求各级执法部门建立社会投诉举报渠道,对侵权行为进行迅速干预。在浙江省层面,2020 年 10 月 27 日,浙江省人民政府公布了《浙江省第 19 届亚运会知识产权保护规定》(2021 年 1 月 1 日正式实施),进一步明确了市场监督管理部门等行政监管部门的知识产权保护责任,并规定对涉及杭州亚运会的商标、专利、作品、商业秘密等的知识产权权利客体予以保护,这对加强亚运会知识产权保护,维护亚运会知识产权权利人的合法权益,保障和促进亚洲奥林匹克运动的持续、健康发展具有重要意义。此外,浙江省体育局印发了《浙江省体育赛事改革发展"十四五"规划》,明确将体育场馆冠名权、赛事赞助权、独占权等核心无形资产作为杭州亚运会无形资产开发的主要途径。

3.《杭州亚运会标志保护指南》

2022 年 4 月 26 日杭州亚组委公布了《杭州亚运会标志保护指南》,针对杭州亚运会相关标志使用的特性,从多个视角出发,通过对特定案例进行抽象概括、分类展示,生动还原现实生活中已出现或可能出现的杭州亚运会相关标志应用场景。同时,对正确使用杭州亚运会标志的行为予以指导,对错误使用的情形予以阐释,并对合理使用、隐性营销、禁止性使用等行为予以详细论述,从而全面介绍杭州亚运会相关标志的保护与使用。

(二)杭州亚运会知识产权保护的司法实践

1. 未经许可商业性使用亚运会标志的行为

杭州亚运会筹备期间出现多起知识产权纠纷,其中某置业公司、某科技公司侵害赛事组委会特殊标志专有权及不正当竞争纠纷一案引起重点关注。"杭州亚运会"已经被杭州亚组委提交国家知识产权局核准登记,并据此取得特殊标志专有权,杭州亚组委发现某置业公司未经许可,擅自在其发布的互联网广告中将"杭州亚运会"设置为搜索关键词,杭州亚组委遂将杭州某置业公司、某科技公司诉至法院,主张它们的行为侵犯了其特殊标志专有权。这是国内首例涉杭州亚运会知识产权诉讼案,审理法院认为,某置业公司未经权利人合法授权,商业性地使用标志的行为,已构成对杭州亚组委特殊标志专有权的侵害。将搜索"杭州亚运会"关键词的公众引流至其房产广告链接,该行为客观上使得相关公众误认为该置业公司所开发房产与"杭州亚运会"存在关联,这一行为构成不正当竞争。某科技公司作为专业广告公司,未尽到合理审查义务,致使某置业公司发布的广告侵害杭州亚组委的民事权利,依法应承担相应责任。该案在侵权人存在明显过错的基础上,全额支持权利人赛事组委会的赔偿主张,体现了法院加强赛事知识产权保护的司法导向。该案也被列入 2023 年最高人民法院发布的 8 个"涉体育纠纷民事典型案例"之中。

2. 非商业性活动不当使用亚运会标志的行为

某书画院未经许可,擅自举办了"亚运杯"书画摄影大赛,并在比赛宣传及证书封面中使用了杭州亚运会会徽。该大赛虽然没有收取参赛费用,但奖品为某品牌酒类商品,获奖证书还可作为代金券或折扣券用以购买该品牌酒类商品及另一品牌茶叶。该行为未经杭州亚组委许可,侵害了杭州亚组委的特殊标志专有权。根据相关规定,经授权可使用亚运会标志的非商业性活动,不得以活动奖品或活动用品等名义发放、展示非亚运会赞助企业的商品、服务。该赛事表面上是非商业性活动,但实质上是借非商业性活动推销特定品牌的酒类商品、茶叶,该书画院的行为构成了隐性营销。杭州市上城区市场监督管理局对该行为依法进行了查处,责令责任人改正,并处罚款。

3. 不当"合理使用"亚运会标志的行为

2023 年最高人民法院发布了 8 个"涉体育纠纷民事典型案例",其中 2 个都涉及体育赛事无形资产的开发与保护。例如,"侵害赛事组委会特殊标志专有权应承担赔偿责任——亚运会组委会与某置业公司、某科技公司侵害特殊标志专有权及不正当竞争纠纷案"。某房地产公司在其微信公众号上发布文章,开头以 G20 峰会、杭州亚运会为例,展示杭州近年来的高速发展,并使用了杭州亚运会会徽作为插图。该文章实际上是以杭州发展为引语,介绍相关房产项目区位优势、地段、户型等的商业广告,其使用杭州亚运会会徽的行为并未得到杭州亚组委的许可,也不属于相关法律法规规定的合理使用。该文章在商业广告中使用杭州亚运会会徽的行为违反了《特殊标志管理条例》,构成了擅自使用亚运特殊标志的违法行为。杭州市富阳区市场监督管理局作出行政处罚决定,责令当事人立即停止侵害,对该房地产企业和公众号代运营公司分别进行罚款,并没收违法所得。

以上典型案例说明,虽然《特殊标志管理条例》公布时间较早,但目前仍然能为国务院批准举办的全国性和国际性的体育赛事标志提供保护,其保护范围涉及由文字、图形组成的名称及缩写、会徽、吉祥物等标志。除该条例之外,大型综合性体育赛事的标志也可依据《体育法》第 52 条第 1 款的规定受到保护。上述案件中,某置业公司擅自将特殊标志设置为互联网广告的搜索关键词的行为构成侵权,这一认定体现了人民法院加强知识产权保护、加大损害赔偿力度的司法导向,侵权人应当承担相应责任。在侵权人存在明显过错的基础上,法院全额支持权利人赛事组委会的赔偿主张,这有利于营造公平竞争的市场环境,形成竞争有序的市场体系。

虽然这种典型案例理论上对于法官裁判没有任何强制约束力,但实际上仍对其产生了深刻的影响,值得作为促进业界达成共识的工具。由此可见,我国法院及相关部门应该加强联合协作,发布具有代表性的案例,减少司法实践中对体育赛事无形资产,尤其是体育赛事数据等新兴无形资产的裁判标准差异,为体育赛事无形资产的保护提供更加明确的依据。

三、成都大运会知识产权保护

(一)成都大运会知识产权保护的相关规定

1.《成都第 31 届世界大学生夏季运动会特殊标志知识产权保护专项行动方案》

成都大运会是后疫情时代,继北京冬奥会、冬残奥会后我国举办的参加国家和入境人数最多的大型涉外活动之一。成都大运会也是我国西部地区首次举办的综合性国际体育赛事。切实做好成都大运会特殊标志知识产权保护工作,保障特殊标志权利人和使用人的合法权益,是市场监管部门的重要职责之一。四川省市场监督管理局在借鉴《北京 2022 年冬奥会和冬残奥会奥林匹克标志知识产权保护专项行动方案》及开展专项行动的实践基础上,制定了《成都第 31 届世界大学生夏季运动会特殊标志知识产权保护专项行动方案》(以下简称《专项行动方案》)。《专项行动方案》旨在全面、充分、有效地保护成都大运会特殊标志知识产权,大力宣传和普及成都大运会特殊标志的保护知识,提升全社会知识产权保护意识,将日常监管与专项治理相结合,快速反应、及时处置,严厉打击有关成都大运会特殊标志知识产权的侵权、假冒、违法行为,营造尊重和保护成都大运会特殊标志知识产权的良好氛围,为成都大运会顺利举办创造良好环境。

《专项行动方案》的制定具有重要意义。一是加强成都大运会特殊标志知识产权保护,是贯彻落实党中央、国务院全面加强知识产权保护工作部署的具体举措。二是加强成都大运会特殊标志知识产权保护,是尊重知识、崇尚法治的重要体现。成都大运会特殊标志是成都大运会最重要、最核心的知识产权。在成都大运会举办的全周期,运用必要的法律手段保护与成都大运会相关的知识产权,有利于切实提升全社会知识产权保护意识。三是加强成都大运会特殊标志知识产权保护,是办好成都大运会的有力保障。切实做好成都大运会特殊标志知识产权保护工作,增强保护特殊标志知识产权的责任感、使命感和紧迫感,充分有效地保护成都大运会特殊标志知识产权,严格重点领域监管、加强重点地区检查、强化重要意义宣传,为成都大运会顺利举办提供有力保障。

2.《成都第31届世界大学生夏季运动会知识产权保护规定》

知识产权保护是成都大运会筹备工作的一项重要内容,对成都大运会赛事的成功举办起着至关重要的作用。成都市市场监督管理局联合成都市版权局、成都市文化广电旅游局、成都市公安局共同印发了《成都第31届世界大学生夏季运动会知识产权保护规定》(以下简称《保护规定》),该规定自2020年12月1日起施行。《保护规定》的制定不仅是成都大运会对国际大学生体育联合会(以下简称"国际大体联")的承诺,也是大型体育赛事知识产权保护立法的必要路径,将进一步加强成都大运会知识产权保护工作,对切实维护包括国际大体联及其合作伙伴、成都大运会组委会、赞助商在内的成都大运会参与各方的合法权益,保障和促进大学生体育运动的持续、健康发展具有重要意义。《保护规定》明确了成都大运会知识产权的管理、保护和使用范围,成都大运会知识产权权利及权利人定义,成都大运会知识产权保护工作相关内容,成都大运会知识产权的保障措施,商业目的使用行为及使用权限,以及成都大运会知识产权的侵犯行为及执法查处机制等内容。其中,《保护规定》对成都大运会知识产权的使用作出明确的规定,成都大运会知识产权通过商标注册、特殊标志登记、专利申请、作品著作权登记、对商业秘密采取保密措施、知识产权海关备案、域名注册等方式依法获得保护。为商业目的(含潜在商业目的)使用成都大运会知识产权应当取得成都大运会知识产权权利人及相关权利人的许可。《保护规定》对侵犯成都大运会知识产权的法律责任作出明确规定,侵权行为人应当依照法律法规的规定承担停止侵害、赔偿损失、消除影响等民事责任;构成犯罪的,依法追究刑事责任。

3.《第 31 届世界大学生夏季运动会特殊标志管理办法》

为进一步加强成都大运会知识产权的保护工作,按照赛事惯例,需对成都大运会相关名称、简称、会徽、吉祥物、口号等申请特殊标志登记。申请特殊标志登记的必要前置条件是主办城市发布成都大运会的特殊标志管理办法。为促进成都大运会执委会尽快申请成都大运会特殊标志登记,成都大运会执委会第七次专题会议审议了《第 31 届世界大学生夏季运动会特殊标志管理办法》,并以成都市市场监督管理局的名义印发施行。该办法主要包括特殊标志定义、特殊标志权利主体、商业性使用行为界定、申请和保护主体、商业性使用行为申请和备案、侵权赔偿计算方式、行政调查措施及处罚内容、行政执法保障等规定。

(二)成都大运会知识产权保护的司法实践

1. 未经许可商业性使用成都大运会标志的典型案例

"成都大运会"标志已经被成都大运会组委会提交国家知识产权局核准登记,并据此取得特殊标志专有权。成都大运会筹备期间出现多起侵权纠纷,如四川某建筑劳务公司在未取得许可的情况下发布含有成都大运会会徽、成都大运会吉祥物、"在成都 成就每一个梦想"等内容的广告。成都大运会执委会是成都大运会名称、会徽、吉祥物等特殊标志的所有人和管理者,依法对前述特殊标志享有专有权,该公司在未获得所有人许可的情况下,擅自使用前述特殊标志发布广告,造成侵权。对此,成都市锦江区市场监督管理局依据《特殊标志管理条例》第 16 条第 1 项对该公司作出行政处罚。再如,浆洗街街道某川菜馆在成都大运会即将召开之际想通过蹭热点的方式进行促销,故将其店命名为"大运某菜",并于 2021 年 3 月 25 日在其外卖平台的经营网页中设置"爱成都,迎大运"字样海报来招揽顾客,武侯区市场监督管理局依据《特殊标志管理条例》第 16 条第 1 项,责令当事人立即停止侵权行为,并处 5000 元罚款;成都爱尔眼科医院有限公司在未取得成都大运会执委会授权许可的情况下,在其微信公众号推文中使用了与成都大运会会徽相同的文字、图形,其行为违反了《特殊标志管理条例》第 16 条第 1 项的规定,青羊区市场监督管理局依法对其作出行政处罚;某公司售卖的香烟未经许可,擅自将成都大运会特殊标志印在香烟产品上,严重损害了成都大运会的形象,被没收违法所得 2500 元,并被处违法所得 3.5 倍罚款 8750 元。还有某火锅店擅用成都大运会特殊标志进行宣传、某环保科技公司在网店宣传销售带有成都大运会标志的集装箱产品、某环保科技公司擅自在阿里巴巴网络平台的店铺中宣传和销售带有成都大运会标志的卫生间产品、某不锈钢公司在线上平台宣传销售"蓉宝"不锈钢雕塑、某家具公司宣传销售带有成都大运会标志的花箱、某矿泉水公司宣传销售带有成都大运会标志的矿泉水、某庆典用品公司宣传销售带有成都大运会标志的火炬等侵权案件。

2. 成都大运会知识产权行政处罚典型案例

成都大运会筹备期间出现多起知识产权纠纷,其中刘某龙、刘某飞、许某某复制发行"蓉宝"侵犯著作权案引起重点关注。成都大运会吉祥物("蓉宝")为美术作品,其著作权人系成都大运会执委会。刘某龙、刘某飞、许某某以营利为目的,在未获得著作权人许可的情况下,于2023年5月底至6月底,对从官方授权店铺购买的"蓉宝"立款和坐款毛绒玩具进行拆解、打版,复制生产并对外销售。三人分工合作,分别在河北省、河南省复制生产"蓉宝"玩偶784个,通过网络平台销售了520个,已生产未销售264个,共收取货款12818元。四川天府新区人民法院经审理认为,刘某龙、刘某飞、许某某以营利为目的,未经著作权人许可,复制发行其美术作品,情节严重,三人的行为已构成侵犯著作权罪,判处被告人刘某龙有期徒刑8个月,缓刑1年,并处罚金人民币6000元;判处被告人刘某飞有期徒刑6个月,缓刑1年,并处罚金人民币5000元;对被告人许某某单处罚金人民币5000元。这是全国首例侵犯成都大运会吉祥物形象著作权的刑事案件。公检法机关协调联动,坚持快侦、快诉、快判;法院依法提前介入研判案情,仅用时5天即审结案件,依法从严、从快打击了侵犯成都大运会知识产权的犯罪,彰显了护航"法治大运"的司法力度。判决坚持宽严相济,综合考虑各被告人的犯罪性质、情节和对社会的危害程度,对两名被告人判处有期徒刑并适用缓刑,对一名被告人单处罚金,被告人均当庭表示认罪认罚,主动退赔违法所得并积极缴纳罚金,实现法律效果、社会效果的有机统一。

四、完善我国体育知识产权法治体系的展望

(一)完善体育知识产权专门立法

我国既有法律规定对体育知识产权的保护涵盖多个方面,从法律制度的制定到具体的保护措施和维权方式都有明确的规定。这些规定为体育知识产权的保护提供了有力的法律保障,促进了体育产业的健康发展。尽管著作

权法在保护体育知识产权方面取得了一定的成效，但其在实际操作中仍存在一定的局限性。整体而言，体育知识产权相较于其他领域的知识产权最具特殊性之处便是体育赛事，目前著作权法并未对体育赛事相关的知识产权作出针对性的保护。相较于其他知识产权类型，如文学作品、音乐作品等，著作权法对体育赛事的保护力度明显不足。新《体育法》第52条以及现行《体育赛事活动管理办法》第25条都对赛事知识产权作出了规定，目前公布的司法判决中尚无对这些规定的适用。针对这些问题，为完善体育知识产权专门立法的可适用性，下一步应深入调研体育赛事的独特性，包括其规则、组织形式、商业运作等，精准定位需要保护的关键要素与环节，使立法内容紧密贴合体育产业实际。在法律条款设计上，明确体育赛事转播权、体育标识权等核心权利的界定、归属与限制，避免存在模糊地带。

此外，我国《特殊标志管理条例》颁布于1996年，相对于当下的体育赛事标志侵权与保护实践而言，已显陈旧过时，暴露出诸多不足之处。可以说，现有的这种特殊标志登记程序对于体育赛事标志的保护和价值实现并未真正起到实证性的"过滤"作用，缓解权利冲突的效果并不明显，对打"擦边球"的隐性营销行为也未涉及，难以应对复杂的侵权形式。由此可见，该条例对体育赛事标志保护的规定还不够全面，因此需要结合现阶段我国赛事无形资产开发的现状与需求进行修订。

针对我国既有法律法规体系在保护体育赛事标志方面存在的问题，笔者有以下建议：一是拓宽体育赛事标志保护的对象范围与形式，不再局限于赛事级别的要求，去掉"国务院批准"等门槛，同时可将保护对象扩大为名称、符号、术语、缩写、标志、印章、徽章、吉祥物、奖章等，更好地满足实践需要。二是扩大禁止性行为的范围，我国修订了《奥林匹克标志保护条例》，规定"利用与奥林匹克运动有关的元素开展活动，足以引人误认为与奥林匹克标志权利人之间有赞助或者其他支持关系，构成不正当竞争行为的，依照《中华人民共和国反不正当竞争法》处理"。这一规定对关于奥林匹克标志的伏击营销行为进行了打击，但这仅仅适用于奥林匹克标志，并不能延及其他的体育赛事活动标志。2019年实施的《国家体育总局合同管理办法》第38条也规定，"不得以有可能引起社会公众认知混淆的方式使用无形资产，不得使用与所授权的无形资产相同或近似的产品，不得损害总局、合同授权方和其它第三方合法权益"，但是这个文件也仅约束"总局、直属单位、协会订立和履行除劳动人事关系之外合同的行为",总而言之,这些规定都表明了对于赛事无形资产隐性营销行为的关注,但既有规范不足以保护体育赛事的标志,故《特殊标志管理条例》也应作出相应的修改,把制造混淆的行为也列入禁止的范围。三是完善标志登记的实质与形式审查,设置异议程序,为未能符合《商标法》要求注册为商标的体育赛事标志提供一般性的兜底保障。

（二）充分发挥多部门联动优势

我国长期以来实行知识产权行政与司法保护手段的"双轨制",这种双重保护手段具有明显的优势,但是这种优势在非大型综合性体育赛事相关知识产权的保护过程中并没有被充分发挥出来。诚然,群众体育赛事的影响力与大型综合性赛事不可相提并论,小规模的赛事标志、转播权等因为背后隐藏的商业利益有限,对侵权者的吸引力也有限,所以相对而言侵权行为较少,但即便如此,仍然需要关注对非大型赛事组织者知识产权利益的保护,维护体育赛事无形资产开发的法治环境。经过分析不难发现,我国关于体育赛事知识产权行政保护的工作仍然存在执法资源不足的问题,比如体育赛事知识产权行政执法涉及多个部门和机构的协作,一些地区或部门存在协调机制不健全的情况,导致侵权行为难以得到有效遏制。

体育赛事知识产权保护需要进一步发挥双轨制的优势,强化多部门、机构的联合协作,不仅针对大型综合性体育赛事,也包括非大型赛事,公安、海关、法院、市场监督管理等部门联动,一体推进专项行动。此外,加强与宣传机构的配合,将电视台、电台、官媒、大型网络平台等纳入维权队伍,提高维权的效率和效果,更好地营造良好的知识产权保护环境和氛围。除多部门合作联动之外,2023年8月,国家知识产权局、中央网信办、公安部、海关总署、市场监管总局联合开展杭州亚运会和亚残运会知识产权保护专项行动的同时,福建省、江苏省、上海市等多地的知识产权局与市场监督管理局积极响应,纷纷部署本地相关工作,这种官方发文多地响应的局面逐步向着"全国统一大市场"的目标迈进。一方面,体现出政府愈发重视体育赛事知识产权保护,深知其对体育产业、文化传承及城市形象的重要意义。而多地响应配合,折射出社会各界保护意识的普遍增强,赛事组织者、赞助商、媒体和普通公众等都逐渐意识到保护知识产权对维护自身权益、推动体育事业健康发展的重要性,进而营造出全社会共同保护知识产权的良好氛围。另一方面,这表明体育赛事知识产权保护的协同合作需求正不断攀升。体育赛事的影响力往往不限于举办地,其相关的知识产权侵权行为可能在多个地区出现,需要各地之间加强协同合作,形成统一的保护网络,打破地域限制,共同打击侵权行为。

　　杭州亚运会和亚残运会知识产权保护专项行动虽聚焦大型体育赛事,但所展现出的多领域、多部门协同配合模式,以及所构建的高效保护机制,绝不仅仅局限于大型赛事,对中小型赛事同样具有适用性与借鉴价值。中小型赛事同样拥有自身独特的知识产权元素,如赛事标志、特色竞赛环节设计等,其在举办过程中同样面临被侵权的风险,同样需要法治的有力保障与社会各界的协同维护。大型赛事所积累的丰富经验,无论是在知识产权侵权行为的精准识别与判定方面,还是在跨部门联合执法的顺畅协作流程方面,抑或是在社会公众的教育引导与意识提升等方面,都能为中小型赛事知识产权保护提供清晰的指引路径与具有可操作性的范例模板。

我国群众体育赛事法治发展报告(2023)[*]

随着人民群众休闲放松、健身康养需求的日益增长，2023年，我国体育赛事逐渐走到群众身边，成为群众参与体育活动、共享运动快乐的路径。贵州、四川、天津等地因地制宜打造群众体育品牌赛事，不仅让更多群众参与到体育运动中来，也不断激发了体育经济的消费潜力。

一、群众体育赛事举办于法有据

（一）新《体育法》推进群众体育治理体系和治理能力现代化

1. 以法治方式推动全民健身战略落地实施

新《体育法》的颁布实施，标志着我国全民健身战略的实施进入了一个新的阶段，即以法治方式推动全民健身的普及与发展。2022年10月，党的二十大报告提出了有关"广泛开展全民健身活动，加强青少年体育工作，促进群众体育和竞技体育全面发展，加快建设体育强国"的战略要求。这要求政府不仅要在政策制定、资源配置、服务提供等方面进一步发挥主导作用，还要通过法律手段激发社会活力，鼓励和引导公民积极参与体育健身活动。2023年，群众体育赛事法治化，使得全民健身战略的实施更加具有可持续性，从而在全社会范围内为促进公民健康、提高生活质量提供了强大动力，也在推进群众体育治理体系和治理能力现代化方面起到了重要的作用。

2. 以规范建设赋能体育赛事活动健康发展

体育赛事活动的健康发展对于推动全民健身具有重要意义。为了持续深入推进体育赛事活动"放管服"改革、防范消除体育赛事活动安全风险隐

---

[*] 徐翔、冯梓桐：西北政法大学。

患、完善体育赛事活动监管机制、加快推进体育强国建设,2023年施行的《体育赛事活动管理办法》对体育赛事活动申办和审批、高危险性体育赛事活动许可、体育赛事活动组织、体育赛事活动服务、体育赛事活动监管、法律责任等方面作出了具体规定。规范建设为体育赛事活动提供了明确的行为准则和发展方向,从而使其更好地发挥作用。特别是,"体育赛事活动组织"一章明确了要做好体育赛事活动志愿者的招募、培训、保障和激励等工作;完善体育赛事活动保险制度;未经体育赛事活动组织者等相关权利人许可,不得以营利为目的采集或者传播体育赛事活动现场图片、音视频等信息;建立体育赛事活动"熔断"机制,明确体育赛事活动组织者启动"熔断"机制的情形;进一步规范体育赛事活动相关人员的办赛、参赛、观赛义务;明确体育赛事活动广告和宣传内容应当确保合法、真实、健康、向上等。这些规定有利于完善体育赛事活动组织的登记管理制度,强化内部治理,提高透明度和公信力,能够促进体育赛事活动组织提升自身的专业能力和服务水平,也为它们在吸引社会资源、扩大社会影响、提高公众参与度等方面创造了有利条件。通过规范建设,体育赛事活动得以在法治轨道上健康发展,为群众体育赛事的繁荣贡献力量。

3. 以积极履职助力体育仲裁机制发挥效能

体育仲裁机制是保障群众体育赛事公平、公正的关键环节。新《体育法》增设体育仲裁专章,为我国建立体育仲裁制度奠定了法律基础,通过明确体育仲裁委员会和体育行政部门在体育仲裁中的职责,要求其积极履职,助力体育仲裁机制发挥效能。中国体育仲裁委员会于2023年2月成立。成立以来,通过体育仲裁委员会的积极履职,体育仲裁机制能够更加高效、专业地解决群众体育赛事中的争议,维护群众体育赛事参与者的合法权益,为群众体育赛事的顺利进行提供坚实的法治保障。

(二)政府与体育社会组织的合作规范化

1. 体育社会组织的法律地位与责任进一步明晰

新《体育法》共有六处提及"体育社会组织",随着新《体育法》的实施,体育社会组织的法律地位逐渐明晰,其权利义务得到了进一步的明确,依法登记后作为独立法人主体的权利与责任被清晰界定。这一变革对于体育社会组织而言,意味着其在开展活动、管理内部事务、承担法律责任等方面有了更加明确的法律依据。法律地位的明晰,不仅增强了体育社会组织的社会公信力和行动效率,也为其在群众体育赛事的举办和推广方面提供了更为坚实的法治基础。同时,责任的明确也使得体育社会组织在享受权利的同时,必须与运动员管理单位、体育赛事活动组织者一样,承担起相应的法律责任,这对于促进体育社会组织的自律和规范运作具有重要的现实意义。

2. 政府对体育社会组织的管理与服务走向规范化

政府在群众体育赛事中不可或缺,其对体育社会组织的管理与服务是否规范,直接影响赛事能否顺利进行。因此,政府应当更加重视社会力量,做好管理与服务,从社会层面发挥体育社会组织的积极作用,提高治理效率。新《体育法》的出台,为政府对体育社会组织的管理与服务提供了方向性指引。体育总局制定的群众体育工作要点等文件中明确提到,要发展和壮大基层体育社会组织,努力打通公共体育服务"最后一公里"。政府推动各地方广泛成立各级体育总会、老年人体育协会和社会体育指导员协会,利用其组织健全、覆盖面广、专业优势突出的特点,更好地履行服务广大健身爱好者的职责。支持引导各级单项体育社会组织下沉基层发展会员,推广运动水平等级,开展达标晋级赛事活动,扩大项目人口和群众参与度。各级地方政府也在体育社会组织的规范化管理与服务方面进行了积极探索。如山东省德州市通过召开体育社会组织工作会议,以市委、市政府特色体育名城建设重大部署为引领,以加快构建更高水平的全民健身公共服务体系为目标,不断推进体育总会和体育社会组织工作高质量发展,以实际行动助力特色体育名城建设再上新台阶。宁夏回族自治区体育局印发了《自治区级体育社会组织监督管理办法(试行)》,有利于加强对自治区级体育社会组织的日常监督管理和服务,促进自治区级体育社会组织健康发展,发挥体育社会组织在宁夏体育事业中的积极作用。2023年,各级各地政府的探索涵盖政府应当如何监督体育社会组织、如何提供政策支持和服务指导,以及如何处理与体育社会组织之间的关系等方面。规范化管理与服务不仅提高了政府工作的透明度和效率,也为体育社会组织提供了一个公平、稳定的发展环境。这种规范化趋势,有助于实现政府与体育社会组织之间的良性互动,共同推动群众体育赛事的健康发展。

3. 政府逐步建立对体育社会组织的监管与评估机制

为了确保体育社会组织在群众体育赛事中的积极作用得到充分发挥,政府逐步建立了一套完善的监管与评估机制。这套机制包括对体育社会组织的日常监管、年度评估、赛事活动审核等多个方面。如2023年4月,福建省体育局印发了《福建省省级体育社会组织管理办法(试行)》,2023年11月,北京市体育局面向社会发布《北京市市级体育社会组织监管办法(试行)》(征求意见稿)。政府通过建立健全常态化的监管与评估机制,能够及时高效地掌握体育社会组织的发展状况,发现和纠正存在的问题,从而保障赛事的安全、公平和有序进行。此外,监管与评估机制的建立,也促进了体育社会组织之间的良性竞争,激励它们不断提升自身的能力和水平。这种动态的监管与评估机制,对于提高群众体育赛事的整体质量,推动体育社会组织的长远发展具有重要意义。

(三)群众体育赛事管理法治化

1. 群众体育赛事申办、审批与举办程序有章可循

群众体育赛事的申办、审批与举办程序是赛事管理的关键环节,其法治化是确保赛事有序进行的基石。在新《体育法》和《体育赛事活动管理办法》的指导下,我国群众体育赛事的申办、审批与举办程序已经初步形成规范体系,做到了有章可循。

2023年11月1日起,体育总局发布的《群众体育赛事活动运营服务规范》《群众体育赛事活动办赛指南 编制内容与评估指引》和《群众体育赛事活动参赛指引 编制内容与评估指引》正式实施。《群众体育赛事活动运营服务规范》对赛前活动策划、信息发布及宣传、市场开发、场地设施设备、报名服务、颁奖仪式、安全保障、医疗保障等方面都提出了明确要求,有助于促进赛事活动规范化开展,提高赛事活动运营服务整体水平,保障赛事活动服务质量。《群众体育赛事活动办赛指南 编制内容与评估指引》和《群众体育赛事活动参赛指引 编制内容与评估指引》确立了群众体育赛事活动办赛指南、参赛指引的编制总则,适用于指导各级各类群众体育赛事活动办赛指南、参赛指引的编制与评估,为各运动项目管理中心、全国性单项体育协会提供了自我评价的对照标准,有助于提升群众体育赛事管理的水平和质量,推动体育标准规范制度体系建设。标准化、法治化的程序设置,有效避免了人为因素的干扰,保障了赛事的公平性和透明度,同时也提高了赛事的组织效率和公信力,为群众体育赛事的健康发展创造了良好的法治环境。

2. 群众体育赛事争议解决与违规行为处罚等有法可依

群众体育赛事的争议解决和违规行为处罚是赛事管理的难点和重点。

在赛事中发生的任何争议,如参赛资格、比赛结果、运动员行为等方面的争议,都可以通过法律规定的途径,如体育仲裁、诉讼等方式得到妥善解决。对于赛事中的违规行为,如使用禁药、操纵比赛、实施暴力等行为的调查程序和处罚措施也在不断修订完善,包括警告、罚款、禁赛,甚至追究刑事责任。这种有法可依的局面,不仅增强了赛事的法治性和权威性,也有效震慑了潜在的违规行为,维护了群众体育赛事的公平公正。

3. 群众体育赛事的安全与风险管理工作有规可守

随着群众体育赛事的普及和多样化,赛事的安全与风险管理成为不可忽视的重要问题。法治化在此领域的体现是,政府有关部门已经制定了一系列关于赛事安全与风险管理的规章制度,确保有规可守。《体育赛事活动管理办法》《群众体育赛事活动安全评估技术导则》和部分地方性法规对群众体育赛事的安全评估、应急预案、医疗保障、保险购置、设施安全等多个方面作出了规定,要求赛事组织者必须严格遵守,确保参赛者和观众的人身安全,并规定了处以罚款、禁止组织体育赛事活动、责令改正、给予处分、实施信用约束、联合惩戒等法律责任。《群众体育赛事活动安全评估技术导则》还对群众体育赛事活动安全风险评估内容及常见安全风险点进行了详细的列举和说明,规范了群众体育赛事活动安全评估的流程、策划、实施和总结,适用于各级各类群众体育赛事活动的安全评估,提高了群众体育赛事活动安全评估工作的规范性,有助于各级体育行政部门发现和识别潜在的安全风险,提升赛事活动事前安全风险防控和安全监管工作水平。通过以上法治手段,政府能够对赛事的安全与风险管理进行有效监管,对违反规定的行为进行查处,从而最大限度地降低赛事风险,保障人民群众的生命财产安全。这种法治化的安全管理,为群众体育赛事的顺利进行提供了坚实的安全保障。

二、群众体育赛事类型日新月异

(一)"草根"体育赛事的崛起与发展

1. "村超""村BA""村排""村乒":基层群众体育赛事崭露头角

近年来,贵州的"村超"和"村BA"成为基层群众体育赛事的典范,它们在乡村崛起,以其独特的魅力和深远的影响崭露头角。2023年,中央广播电视总台发布2023年度乡村振兴十大新闻,"村味"体育活动榜上有名。这些赛事充分展现了"草根"体育的力量和潜力,它们不仅是村民之间进行体育竞技的平台,更是促进乡村文化传播和社会发展的重要载体。赛事的组织往往依托村民的自主性和积极性,通过体育活动使村民之间更加团结,提升社区的凝聚力。同时,"村超""村BA""村排""村乒"等"村味"体育活动的大放异彩,能够带动农文旅大融合,为乡村振兴注入强大文化动能,也能够为乡村儿童和青少年提供展示自我、追逐梦想的舞台,对于培养体育人才、推广体育文化具有重要意义。这些赛事的成功,不仅体现了基层群众对健康生活的追求,也展示了群众体育赛事在基层社会治理中的积极作用。

2. 天津群众跳水运动:个人运动与全民健身的有机统一

2023年8月,天津大爷大妈们在海河跳水的视频广为流传,迅速蹿红网络,一时间使得天津海河上的狮子林桥、北安桥等地成为网红打卡景点,"天津跳水大爷"火爆全网。天津群众跳水运动是一项民间自发形成的体育运动,充分体现了广大人民群众对参与体育运动的蓬勃热情,对其进行合理引导,开展适当的群众体育赛事,有利于实现个人运动与全民健身的有机统一。天津群众跳水运动作为一项个人运动,其在群众体育中的普及和发展,体现了个人运动与全民健身理念的有机统一,提供了一个全民参与的平台,让不同年龄、不同背景的人们都能享受到运动的乐趣。通过举办各类比赛和活动,激发了市民参与体育运动的热情,促进了市民体质的增强。同时,它也作为一种健康、积极的生活方式,被越来越多的人接受和喜爱。这种个人运动与全民健身的结合,不仅丰富了群众体育的内涵,也为推动体育事业全面发展提供了新的思路。

3. 民族特色群众体育赛事:数量种类增加,参与门槛降低

随着国家对民族文化越来越重视,民族特色群众体育赛事在全国范围内得到了迅速发展。这些赛事以其独特的民族文化和地域特色,吸引了大量群众参与。2024年11月22日,我国第十二届全国少数民族传统体育运动会在三亚市开幕。木球、花炮、押加、高脚竞速、板鞋竞速等多个民族特色群众体育赛事火热开赛。近年来,民族特色群众体育赛事的数量和种类不断增加,不仅丰富了群众的文化生活,也为传承和发展民族文化提供了新的途径。更重要的是,这些赛事往往注重参与性和互动性,降低了参与门槛,让更多普通民众参与体育活动。此外,无论是壮族的"三月三"运动会,还是彝族的摔跤比赛,这些民族特色群众体育赛事都成为展示民族风情、促进民族团结的重要平台,在推动全民健身的同时,也增强了文化自信和凝聚力。

(二)新兴电子竞技与虚拟体育赛事的兴起

1. 电子竞技赛事:从泛娱乐化活动到专业性竞技的转变

电子竞技赛事近年来经历了从泛娱乐化活动到专业性竞技的深刻转变。随着电子竞技产业的快速发展,以及其在全球范围内的广泛普及,电子竞技逐渐被认可为一项专业的体育竞技项目。2023年,中国电竞队在各大主流项目中斩获多项佳绩。这些成绩的取得得益于我国电子竞技赛事的专业化组织、规范化管理,以及运动员的职业化培养。电子竞技赛事不仅吸引了大量专业的电竞团队和赞助商参与,更在国际体育舞台上占有一席之地。这种从娱乐到竞技的转变,不仅提升了电子竞技的社会地位,也为电子竞技产业的可持续发展奠定了坚实的基础。同时,电子竞技赛事从泛娱乐化活动到专业性竞技的快速转变,也需要法制、政策予以保障,这为电子竞技赛事的法治化运行带来了挑战。

2. 虚拟现实和增强现实赋能:虚拟现实和增强现实技术在体育赛事中的应用

虚拟现实(VR)和增强现实(AR)技术的快速发展,为体育赛事带来了全新的观赛体验和参与方式。通过VR和AR技术,观众可以沉浸式地体验赛事,仿佛身临其境,这种全新的体验方式极大地提升了观众的参与感和满意度。同时,这些技术在训练运动员、模拟比赛场景等方面也发挥着重要作用。在杭州亚运会上,主办方就广泛使用了VR、AR技术,在AR技术方面,我国推出了全球首个支持超大空间超高并发的"亚运AR服务平台"来提升观众的观赛体验。VR技术可以帮助运动员在虚拟环境中进行反复训练,提高技能水平。在VR技术方面,杭州亚运会则利用VR技术创造了一个个全沉浸式场景,给观众带来精彩的互动体验,让全民亚运、人人亚运成为现实。AR技术则可以在实际比赛中提供实时数据和分析,辅助运动员更快、更准确地作出决策。VR和AR技术的赋能,不仅创新了体育赛事的呈现形式,也为体育训练和比赛提供了强大的技术支持,这种虚拟现实和增强现实技术在体育赛事中的应用亟需配套的法律规制。

3. 元宇宙技术:传统体育赛事的时间与空间界限被打破

元宇宙概念的兴起,为传统体育赛事带来了前所未有的变革。在元宇宙中,体育赛事不再受限于物理空间和时间,观众可以在虚拟世界中观看比赛,甚至与运动员互动。这种新型的赛事体验,打破了传统体育赛事的时空界限，使得全球的体育爱好者能够更加便捷地参与赛事。2023年8月，杭州亚组委联合中国移动正式推出"亚运元宇宙"平台。通过融合人工智能、数字孪生、VR等技术，打造亚运场馆、城市文旅、亚运个人藏馆三大创意空间，推出亚运知识科普与问答、虚拟竞技、元宇宙观赛、智能互动、人工智能生成内容个人藏品等创新体验，实现了用户以数字人方式游城、观赛、竞技等，还在数字人自适应调节、数字人与空间场景自适应渲染等方面积极创新，实现了多个数字人畅游同个元宇宙。通过元宇宙技术，能够创建个性化的虚拟体育场景和赛事，为用户提供定制化的体育娱乐体验。此外，元宇宙中的体育赛事也为品牌营销和商业赞助提供了新的平台和机遇。随着技术的不断进步，元宇宙有望成为体育产业的新领域，为传统体育赛事的创新发展开辟新的道路。

（三）群众体育赛事的跨界融合与创新模式不断涌现

1. 群众体育赛事与新兴科技的跨界融合

随着科技的飞速发展，群众体育赛事与新兴科技之间的跨界融合日益成为推动体育产业创新发展的重要动力，这种融合在赛事的组织、传播和体验方式上有所体现。2023年7月，第31届世界大学生夏季运动会在四川省成都市举办，体现了满满的"科技感"。该届"大运会"利用环保物理仿生技术防治病媒生物、智能设备助力美食制作和垃圾处理、无人驾驶技术为赛时交通贡献力量，在赛事保障、生活服务、安全消防等方面提供贴心服务。不仅如此，新兴科技也在运动员训练、比赛数据分析等环节得到深度应用。例如，利用大数据分析运动员的表现、通过人工智能技术提供个性化的训练建议，或者通过区块链技术确保赛事结果的公正透明。此外，虚拟现实、增强现实等技术在赛事直播中的应用，为观众带来了更加沉浸式的观赛体验。这种跨界融合不仅提升了赛事的吸引力和影响力，也为体育产业的转型升级提供了新的增长点。科技与体育的结合，正在改写群众体育赛事的传统模式，为体育爱好者带来更加丰富多元的体验。

2. 群众体育赛事与可持续发展理念相融合

在当今社会，可持续发展理念已经深入人心，群众体育赛事也在积极探索与这一理念相融合的路径。这种融合体现在对赛事活动环境影响的控制、资源的节约使用，以及推动社区经济发展等方面。2023年以来，以马拉松为代表的我国路跑赛事快速回暖，各级别赛事不断涌现。为了打出品牌，各赛事组委会拼服务、拼赛道、拼保障、拼周边。与此同时,越来越多的主办城市关注到生态和谐问题,将可持续发展理念融入办赛过程当中,即注重路跑赛事在与自然生态有机融合、遵循环保理念、促进绿色发展等方面的情况。例如,赛事组织者开始注重使用环保材料,减少废弃物的产生,甚至通过赛事宣传环保意识。在赛事规划中,充分考虑对自然环境的保护,避免对生态系统的破坏。同时,群众体育赛事还致力于推动社区经济的可持续发展,通过赛事活动吸引投资,促进当地旅游业、服务业等相关产业的发展。这种与可持续发展理念相融合的群众体育赛事,不仅为参与者提供了健康、积极的体育活动,也为社区和环境的长远发展贡献了力量。

3. 群众体育赛事与乡村文化旅游业的融合

群众体育赛事与乡村文化旅游业的融合,是一种创新的发展模式,它将体育与文化、旅游相结合,为乡村振兴注入了新的活力。体育总局公布的统计数据显示,2023年6月,在贵州省榕江县,青海省果洛藏族自治州的阿尼玛卿足球联队和榕江代表队进行的友谊赛吸引了上万民众前来观赛。赛事带火了当地的旅游业,有报道称,榕江县累计接待游客42万余人次,旅游综合收入超1.3亿元。在此模式下,赛事不再仅仅是一个体育竞技的平台,更成为一个传播文化、宣传旅游的窗口。通过举办民俗体育节、乡村马拉松等具有地方特色的体育赛事,吸引游客前来体验,有利于推动各地特色文化和自然风光的传播。例如,浙江省宁波市宁海县长期举办的"千里走宁海"徒步穿越活动,已成为宁海的一张运动名片、旅游名片。据统计,宁海国家登山健身步道每年接待游客300万人次,该道沿线农家乐每年接待游客近200万人次,直接创收2亿多元。这样的整合,既增加了赛事的娱乐性和观赏性,又使当地居民的生活水平得到提高,同时也带动了农村经济的发展。群众体育赛事与乡村文化旅游相结合,既为城市居民提供了一个休闲度假、体验乡村生活的新选择,也为乡村地区展现自身魅力、实现自我发展提供了契机。

三、群众体育赛事法治保障存在的问题

(一)法律法规体系不够健全

1. 赛事举办程序与管理机制有待进一步明晰

当前,赛事举办程序与管理缺乏行之有效的机制,缺少标准化的办赛指

南、参赛指引、安全评估、运营服务规范。虽然由体育总局发布的《群众体育赛事活动办赛指南 编制内容与评估指引》等体育行业标准已于2023年11月1日起实施，但是群众体育赛事申办、审批、举办、监管的程序规定仍处在较宏观的层面。相关质量评估机制也尚未全面建立和发挥作用，效率较低，存在一定风险。

2. 赛事安全与公平的法律保障不足

2023年11月1日起实施的《群众体育赛事活动安全评估技术导则》为赛事的安全与公平开展提供了一定的规范支撑，但具体项目的评估标准和群众体育赛事活动安全评估各个环节的主管部门尚未完全明晰，而且该规定的法律位阶也比较低。赛事安全与公平是群众体育赛事的核心价值，也是法治保障的重点。如2023年5月，我国某地举办的"运河半程马拉松"就存在赛事组织不严谨、服务保障不到位、比赛路线有重大安全隐患等问题，且举办前未向当地体育局进行赛事报备，未经属地同意，未获得赛事起终点及沿途交通、赛道设施的赛时使用权，严重违反了《中国田径协会路跑赛事办赛指南》《中国田径协会路跑赛事管理办法》《中国田径协会路跑赛事组织标准》等相关政策，造成了不良社会影响，最终以向报名者全额退费告终。这类事件警示我们，群众体育赛事中存在赛事安全与公平的法律保障不足的问题。

3. 竞赛风纪有待加强

竞赛风纪是体育赛事的灵魂，良好的竞赛风纪能够体现体育精神，传递社会正能量。加强竞赛风纪建设，不仅是提升赛事品质的重要举措，也是法治保障的重要内容。2023年10月，第33届大连马拉松赛中，一辆赛事工作车驶离赛道时，阻挡了运动员跑进路线，干扰了比赛正常进行，造成了"皮卡车挡道"事件，引发舆论强烈反响。至赛后次月，中国田径协会对赛事组委会进行了通报批评，内部约谈相关裁判员和执行公司，并要求赛事组委会和赛事执行公司及时提交整改报告。

(二)赛事管理中存在的法律问题

1. 知识产权保护力度小，法律依据较少

近年来，一些规模较大、社会关注度较高的群众体育赛事已经展现出较大的商业价值。然而，对于群众体育赛事知识产权方面的保护还不尽如人意，没有得到有关部门应有的重视。许多体育赛事品牌价值和商业利益存在被侵害的情况，如赛事品牌被盗用、商业秘密被窃取、泄露，赛事名称、标志、口号被擅自使用等。此外,在群众体育赛事知识产权保护领域,缺乏专业的法律咨询和维权服务。

2. 合同管理相对混乱

在群众体育赛事中,合同管理存在短板。群众体育赛事可能涉及体育赛事承办合同、体育赛事用品(产品)购买或定作合同、体育赛事合作合同、体育赛事服务合同等,也可能涉及《民法典》规定的买卖合同、租赁合同、承揽合同、技术合同、委托合同、行纪合同、中介合同等多种合同类型。这些合同约定着群众体育赛事相关主体之间的权利义务,而其订立和使用缺乏规范性,缺少示范合同和参考文本,有时由服务方出具格式合同,平等、自愿、公平和诚实信用原则难以落实。此外,也没有形成设置配套的合同审查监督机制的惯例。

3. 信息安全和隐私保护面临困境

随着互联网和数字技术的发展,出现了大量涉及网络数据和用户隐私的新兴大众体育赛事,如电子竞技和虚拟体育等。所以,在赛事管理中,加强网络安全和数据隐私保护就成为法律不得不面对的挑战。部分群众体育赛事在信息安全和隐私保护方面存在漏洞,有资料遭到外泄、滥用或出现未经授权的访问行为的风险,个人信息易遭泄露。一些比赛在对报名信息等内容进行数据采集、处理、存储、传输、销毁时,由于缺乏对隐私的保护,容易造成信息泄露,导致公众个人隐私受到侵犯,从而使公众对群众体育赛事的信任度下降。

四、群众体育赛事法治保障的完善举措

(一)继续健全与完善法律法规体系

1. 加紧健全赛事举办程序与管理的长效机制

群众体育赛事的健康发展,离不开完善的法律法规体系作为支撑。加紧健全赛事举办程序与管理的长效机制,是确保赛事有序、高效进行的基础。《群众体育赛事活动办赛指南 编制内容与评估指引》《群众体育赛事活动参赛指引 编制内容与评估指引》《群众体育赛事活动运营服务规范》等行业标准的公布和实施,为健全赛事举办程序与管理的长效机制奠定了良好的基础。在未来,各运动项目管理中心和全国性单项体育协会还应当针对赛事的申办、审批、举办、监管等各个环节,制定与体育总局制定的标准指引相对应的更加详细、更具可操作性的具体标准，为赛事的组织者、参与者和管理者提供明确的行为准则。同时，还需建立起一套长效的管理机制，包括赛事的应急预案、安全监管、质量评估等，确保赛事顺利进行，切实做到以更严格的要求维护赛事环境，以问题为导向提升群众获得感，以常态化监督管理为赛事安全护航。这种长效机制的建立不仅能够提高赛事的组织效率，还能有效预防赛事中可能出现的各种风险，从而为群众体育赛事的可持续发展提供坚实的法治保障。

2. 进一步完善有关赛事安全与公平的法律保障

当前，《群众体育赛事活动安全评估技术导则》在宏观层面规定了适用于各级各类群众体育赛事活动的安全评估的策划、实施和总结程序。未来，要进一步完善赛事安全与公平的法律保障，根据具体群众体育赛事，结合具体单项，配合各个环节的主管部门，制定安全评估标准，并从法律实施层面加强对赛事安全性的要求和监管，确保参赛者和观众的人身安全。这包括对赛事场地、设施、器材的安全标准作出明确规定，对赛事组织者的安全责任进行明确界定，以及对违规行为的处罚措施进行细化。

3. 加强竞赛风纪建设，落实赛事责任追究

以竞赛风纪问题引发的社会热点问题为镜鉴，应从法律层面，对运动员、教练员、裁判员等赛事参与者的行为规范进行明确，对违反竞赛规则和体育道德的行为进行严厉打击。同时，落实赛事责任追究，确保每一位赛事参与者和组织者都能承担起相应的法律责任。这不仅是对违规行为的惩罚，更是对公平竞赛环境的维护。通过加强竞赛风纪建设和落实赛事责任追究，可以树立起正确的体育价值观，为群众体育赛事的健康发展营造一个良好的法治环境。

(二) 注重群众体育赛事的公众参与和权利保障

1. 树立全面的公众参与意识，建立健全公众参与机制

树立全面的公众参与意识，建立健全公众参与机制，是保持群众体育赛事活力并促进体育事业社会化的必然要求。新《体育法》突出保障人民群众参与体育活动的权利，提高公众对赛事的关注度，激发其参与体育活动的热情，是实现这一目标的关键所在。

在《2023 年群众体育工作要点》《全民健身场地设施提升行动工作方案（2023—2025 年）》的指导下，政府有关部门大力开展"全民健身场地设施提

升行动",着力破解"健身去哪儿"的难题;通过建立健全公众参与机制,为公众提供参与赛事组织、策划、执行等各个环节的机会,使他们能够实质性地参与赛事。此外,还以举办全民健身大会、社区运动会和主题示范活动为引领,深入推动全民健身活动广泛开展,这既能加深公众对体育事业的认识,又能提高公众的参与热情。如通过公开征集赛事策划方案、招募志愿者,以及开展赛事周边活动等方式,使公众在参与中体会体育的魅力,进而提高公众的体育素养,一举多得。

2. 拓宽维权路径,高效解决争议

参赛人员是群众体育活动的主体。加强对参赛人员权利的保护,首先,要对参赛人员的公平参赛权、知情权、申诉权等基本权利从法律层面予以明确;其次,要建立一套确保参赛人员遇到问题后能及时得到有效帮助的高效、公正的争议处理机制。建立申诉处理流程的快速反应机制,以及提供群众体育赛事方面的公益法律顾问专业服务,在进行各级社会体育指导员培训时,加强群众体育赛事争议解决方面的专业知识培训,使他们成为体育法律"明白人"。通过这些措施,吸引更多公众参与体育赛事,既能保护参赛选手的合法权益,又能增强赛事的公信力和权威性。

3. 确保群众体育赛事健康发展,推进赛后监督评估工作常态化

监督评估工作是保障群众体育活动健康开展的一项重要内容。推进赛后监督评估工作常态化,就是要形成一种长效机制,把监督评估工作纳入赛事常规管理之中。这就需要建立包括赛事组织效率、安全性能、群众满意度等各个方面在内的科学评价体系。同时,加大对活动主办方的监督力度,对存在的问题,做到有法可依、有章可循,及时整改。通过常态化的监督评估工作,为公众提供更加优质的体育文化产品,促进群众体育赛事的可持续发展,不断提升赛事组织水平,优化人民群众的赛事体验。

(三)着力解决赛事管理中存在的法律问题

1. 加大知识产权保护力度,切实做到有法可依、有法必依

知识产权保护是群众体育赛事中日益突出的问题。体育赛事品牌价值和商业利益随着赛事商业化程度的不断提高而与日俱增。作为一种综合性的无形资产,体育赛事品牌是体育赛事自身文化、精神内涵与品牌符号或其他标识的结合。因此,进一步做好体育赛事品牌,并加强对其他体育知识产权的保护就变得格外重要。这就要求法律部门对盗用赛事品牌、侵犯商业秘

密等任何形式的侵权行为进行规制,并对赛事名称、标志、口号等元素提供明确的法律保障。同时,为确保赛事主办方在面临侵权时能够及时、有效地维护自身权益,也需要为赛事主办方提供专业的法律咨询和维权服务。提升知识产权保护,既能保护赛事品牌和商业利益,又能为吸引更多的商业投资和社会关注,建立良好的赛事形象作出贡献。

2. 提倡契约精神,加强合同管理

群众体育赛事组织工作中,合同管理是关键一环,关系到赛事的顺利进行,也关系到各方面的利益保障。要完善合同管理,首先需要提供一套在赛事中明确各方权利义务的范式合同,这些范式合同应该涵盖多个方面,为各方提供明确的法律指引,包括赛事的组织、赞助、参与、收益分配、违约责任等。此外,为确保合同的签署和执行符合法律法规,防止因合同纠纷而影响赛事正常进行,还需要建立合同审查监督机制。完善合同管理有利于在促进赛事规范运行的同时,督促群众体育赛事主办方依约履行合同义务,降低赛事的法律风险。

3. 应对新兴的法律挑战,加强信息安全和隐私保护

互联网时代,信息安全和隐私保护提出的新挑战要求活动主办方必须遵守有关网络安全的法律法规,为防止资料遭到外泄、滥用或出现未经授权的访问行为,应采取切实有效的措施保护参赛者和观众的个人信息等资料的安全。同时,还需建立完善的数据管理体系,对数据采集、处理、存储、传输、销毁等各个环节的操作规范进行明确规定,确保赛事网络安全和数据隐私保护在符合法律规定的前提下进行,提高公众对赛事的信任度,促进新兴的群众体育赛事的健康发展。

体育纠纷解决篇

我国体育仲裁发展报告(2023)[*]

2023年是全面贯彻落实党的二十大精神的开局之年,也是中国体育仲裁制度落地实施的第一年。建立体育仲裁制度,是全面推进依法治体的题中应有之义,也是更好解决体育纠纷、化解矛盾,为加快推进体育强国建设提供有力保障的深远制度设计和战略安排。体育仲裁制度已经成为我国法定仲裁制度,发挥了弥补我国现有纠纷解决机制的漏洞和不足、与国际体育纠纷解决机制接轨的重要作用。

2023年,体育仲裁事业以党的二十大和二十届二中全会精神为指引,全面贯彻落实习近平法治思想,紧密围绕体育事业发展大局,扎实推进,取得了实质性成果,为后续的长足发展起好了步、开好了局。我国体育仲裁事业从无到有,从法律制度到法律实践,取得了中国体育法治发展的历史性突破,中国体育仲裁委员会的成立、仲裁员名册的公布、中国体育仲裁案件的受理和裁决,体现了体育仲裁事业的实质性发展。体育仲裁事业是新兴事业,发展基础相对薄弱,也面临诸多挑战。因此,有必要不断提升体育行业和全社会对体育仲裁制度功能和价值的认识、持续推动体育仲裁制度建设、推动体育仲裁专业化队伍建设和积极开展国内外交流等。

一、我国体育仲裁组织制度建设

(一)中国体育仲裁委员会成立

2023年2月11日,中国体育仲裁委员会(以下简称"体育仲裁委员

---

* 袁钢:中国政法大学;章沈平:北京体育大学。

会")成立会议在北京召开。体育仲裁委员会是由体育总局依法设立的,全国唯一一家专门处理体育领域纠纷的仲裁机构。第一届体育仲裁委员会由15位成员组成,具有较为广泛的代表性和专业性。体育仲裁委员会委员有长期从事体育法律研究的权威专家和运动员、教练员、裁判员等体育工作者代表。体育仲裁委员会的成立,让新《体育法》设计的体育仲裁制度成为现实,弥补了我国体育界长期没有专业化的纠纷解决机制的缺憾,为妥善解决竞技体育领域纠纷、有力化解矛盾提供了组织保障。

依据新《体育法》第93条第1款的规定:"国务院体育行政部门依照本法组织设立体育仲裁委员会,制定体育仲裁规则。"体育总局2022年制定的部门规章《中国体育仲裁委员会组织规则》(以下简称《组织规则》)和《体育仲裁规则》于2023年1月1日起正式施行,《体育法》《组织规则》《体育仲裁规则》共同为体育仲裁委员会的建立和体育仲裁事业的发展奠定了坚实的制度基础。体育仲裁委员会依法履行的职责包括:制定、修改章程;聘任、解聘仲裁员;根据《体育仲裁规则》仲裁体育纠纷等。

(二)完善体育仲裁配套制度

体育仲裁委员会成立后,依据《组织规则》和《体育仲裁规则》不断完善委员会内部治理的相关配套制度。按照决策权、执行权、监督权相互分离、有效制衡、权责对等原则,制定《中国体育仲裁委员会章程》,对委员会全体会议、秘书处、监事会、专门委员会等组织机构的产生办法、职责职能、运行机制作出明确规定。在充分学习借鉴商事仲裁机构先进成熟管理经验的基础上,结合体育仲裁制度特点和实践需求,制定实施了《中国体育仲裁委员会仲裁员聘任和管理办法》等一系列制度规范,初步形成了较为完善的内部管理体系,为保障体育仲裁业务规范有序开展、确保仲裁机构稳定高效运行奠定了制度基础。

(三)健全体育仲裁委员会组织架构

依据《组织规则》和《中国体育仲裁委员会章程》,体育仲裁委员会的组织机构包括全体会议、秘书处、监事会和专门委员会。2023年2月11日,第一届委员会第一次全体会议审议通过了秘书处内部机构主要职责的建议方案等,决定在秘书处设立行政事务部、业务管理部、仲裁员管理部,以及设立专家咨询委员会、仲裁员聘任委员会、发展战略规划委员会三个专门委员会。

此后,根据体育仲裁事业发展和工作实际需要,体育仲裁委员会增设了财务与薪酬委员会、新闻委员会两个专门委员会。秘书处的职能相应拓展为行政事务、案件受理、案件审理、仲裁员管理、事业发展与协助执行、制度研究、新闻宣传、党务工作八个部分。同时,体育仲裁委员会积极推动监事会设立相关工作,按照章程健全委员会内部监督组织体系。

(四)开展仲裁员队伍建设工作

为提高仲裁员业务素质,提升办案水平,打造一支政治和专业素质过硬的体育仲裁员队伍,推动体育仲裁实践有序发展,体育仲裁委员会在选聘标准、培训机制和见学活动等方面开展仲裁员队伍建设工作。

一是选聘第一批仲裁员。体育仲裁委员会根据相关选聘标准和聘任规定等,严格筛选第一批仲裁员。2023年4月,第一届委员会第三次全体会议审议通过《第一届委员会仲裁员名册》,9月,第六次全体会议对仲裁员进行增补。仲裁员构成充分考虑了体育仲裁的特点和需求,既有来自国内知名院校的法学专家,也有具有丰富实践经验的律师等法律从业者,还有体育行业经验丰富的相关管理者,最大程度地保证了案件审理中仲裁庭组成人员的代表性。

二是建立常态化培训机制。培训机制包括组织和举办集中授课、学术沙龙等培训活动,切实提升仲裁员的政治素养、业务水平和办案能力。自2023年3月对第一期仲裁员候选人进行聘前培训后,又分别于6月、8月、11月举办了三期仲裁员履职培训班;7月至12月举办了六次学术沙龙;12月对第二期仲裁员候选人进行了聘前培训。培训邀请国内仲裁界知名专家学者、国际体育仲裁院中国籍仲裁员、体育行政部门和体育组织相关负责人等实务工作者,围绕体育仲裁重点理论问题、仲裁程序中的重点难点问题、裁决书写作等开展深入教学。

三是组织赛事见学活动。该活动有助于加强仲裁员对体育赛事规则的理解,更加准确地把握体育纠纷不同于其他商事纠纷的特殊性,从而在审理体育仲裁案件时更加准确地适用相关规则。2023年,体育仲裁委员会组织仲裁员观摩成都第31届世界大学生夏季运动会、第14届全国冬季运动会、杭州第19届亚洲运动会等相关体育赛事活动,起到了应有效果。

二、我国体育仲裁实践开展情况

(一)持续推进体育仲裁制度衔接

体育仲裁委员会的管辖依据有合同性的仲裁协议和制度性的仲裁条款两大类型。其中,体育组织章程与体育赛事规则均属于制度性的仲裁条款,尤其是全国性单项体育协会章程,是确立体育仲裁委员会管辖权的重要依据。体育仲裁委员会、体育总局体育仲裁机构筹备组积极推动体育仲裁制度衔接工作。

一是推动体育总局各运动项目管理中心、全国性单项体育协会完善内部纠纷解决机制,并通过修改章程和竞赛规程实现与体育仲裁制度的衔接,保证受案依据充分且符合体育仲裁申请要求。2023年4月,体育总局体育仲裁机构筹备组通过在线授课方式,给体育总局各运动项目管理中心、全国性单项体育协会负责人进行专题培训。

二是指导省区市体育行政部门做好体育仲裁与运动员注册交流管理、体育赛事技术仲裁的衔接。2023年5月和8月,体育总局体育仲裁机构筹备组对全国各省、自治区、直辖市、计划单列市、新疆生产建设兵团体育行政部门进行专题培训。

三是提出衔接建议。2023年6月,体育仲裁委员会印发《关于完善体育仲裁制度衔接的建议函》,提出有关仲裁条款表述的建议,并通过座谈会、案件审理等契机,向全国性单项体育协会提出完善运动员注册交流制度、将仲裁条款纳入合同示范文本等建议,为构建多元化体育纠纷解决机制拓宽工作思路。

2023年8月,中国足球协会修改了《中国足球协会仲裁委员会工作规则》,将原第4条中的"仲裁委员会处理纠纷案件实行一裁终局制度"改为"中国足球协会管辖范围内发生的相关纠纷,可以依法向中国体育仲裁委员会申请仲裁",完成了与体育仲裁制度的衔接,使得涉足球的纠纷能够有效纳入体育仲裁委员会的管辖范围。加之此前中国篮球协会已经在章程中增加了与体育仲裁制度衔接的相应条款,足球、篮球这两个中国职业化程度最高的项目,均已完成了与体育仲裁制度的衔接。但由于全国性单项体育协会章程的修订需依法进行,通过民政部审核后还需召开会员代表大会,程序较为复杂、周期较长,截至2023年年底,仍有相当数量的全国性单项体育协会的仲裁制度衔接工作未完成。

(二)专业高效处理体育仲裁案件

2023年,体育仲裁委员会受理首批案件。第一批体育仲裁案件涉及参赛资格纠纷、解除足球青训协议纠纷和比赛技术纠纷。其中,参赛资格纠纷涉及需要即时处理的"十四冬"冰球项目,依据《体育仲裁规则》,该案适用体育仲裁特别程序。第一批体育仲裁案件的审理标志着我国体育仲裁制度真正从法律规定走向鲜活的仲裁实践。

"十四冬"是体育总局主办的全国综合性运动会。根据《全国运动员注册与交流管理办法(试行)》第5条的规定:"运动员参加国家体育总局主办的全国综合性运动会和全国单项比赛,应代表具有注册资格的单位(以下简称为'单位')进行注册。"第36条规定:"在代表资格协议期或注册优先权期限内的运动员,经省、自治区、直辖市、新疆生产建设兵团和行业体协同意并签署交流协议,可变更注册单位。""十四冬"冰球项目中的参赛资格纠纷,对应的是新《体育法》第92条第1款第2项规定的"因运动员注册、交流发生的纠纷"。我们认为,体育仲裁管辖范围内的"注册"和"交流"不能只作限制性解释,不能只将"注册"和"交流"局限于《全国运动员注册与交流管理办法(试行)》的规定。参赛资格纠纷产生的根本原因仍然是运动员代表哪一支运动队、哪一个地方单项体育协会或者地方体育行政部门,因此,此类纠纷的当事人一般为单项体育协会或运动项目管理中心,也包括地方体育行政部门。

足球青训协议是培训方(如俱乐部、足球学校等)与球员(及其监护人)之间就培训事宜签订的基本合同。这类协议的内容涉及足球培训的多个方面,其中,培训内容是培训合同的核心条款之一,包括培训的数量、期限、时长以及培训资源和条件。解除足球青训协议纠纷的当事人一般为球员和培训方,属于平等主体之间的合同纠纷。解除足球青训协议纠纷往往是因为运动员的注册、交流而产生,例如青少年运动员希望与A俱乐部解除青训关系,而与B俱乐部建立青训关系,即希望从A俱乐部流动到B俱乐部,根据中国足球协会相关规定,需要两个俱乐部配合在中国足球协会管理平台办理注册变更登记。如前文所述,注册、交流除了根据《全国运动员注册与交流管理办法(试行)》的规定,应该包括在市场化的体育培训和职业化的体育竞赛中的运动员注册和交流,还应该包括跨国运动员的注册和交流,因此,解除足球青训协议纠纷也属于新《体育法》第92条第1款第2项规定的"因运动员注册、交流发生的纠纷"。

比赛技术纠纷是指在体育赛事中由于技术问题导致的争议。这些问题可能包括设备故障、裁判判决、比赛规则的解释等。以运动员对裁判判决不服为例，体育赛事活动组织者一般会在赛事规程或赛事规则中规定赛事的申诉机制，运动员对裁判判决不服可在规定时间内向赛事组委会提起申诉，组委会也需要按规定作出回应。必须说明，体育仲裁委员会不是对裁判员作出的技术判定进行合法性和合规性的判断。正如《体育法（修订草案）》第一次征求意见稿的第76条曾规定："体育赛事活动过程中，因竞赛规则发生的技术性纠纷不属于体育仲裁范围。"若比赛技术纠纷是运动员对组委会作出的申诉决定不服而提起的，应当属于新《体育法》第92条第1款第1项规定的"对体育社会组织、运动员管理单位、体育赛事活动组织者按照兴奋剂管理或者其他管理规定作出的取消参赛资格、取消比赛成绩、禁赛等处理决定不服发生的纠纷"。

（三）调研探索体育仲裁发展路径

体育仲裁工作涉及机构运行、制度衔接、规则适用、裁决执行等多方面内容，为学习先进经验、了解政策导向、掌握纠纷特点、推动内部纠纷解决机制建设以及确保仲裁裁决的合法性和公正性等，体育仲裁委员会开展了调研工作。

一是走访商事仲裁机构。商事仲裁制度源远流长，发展至今已具有较为成熟的运作机制，与体育仲裁在机构运行、案件管理、仲裁员聘任和考核、仲裁秘书管理等方面具有相近之处，可以为体育仲裁发展提供有益借鉴。体育仲裁委员会先后前往北京仲裁委员会、上海仲裁委员会、深圳国际仲裁院、西安仲裁委员会、哈尔滨仲裁委员会、海南国际仲裁院、杭州仲裁委员会等，就仲裁体制机制的建设情况和问题，结合体育仲裁和商事仲裁的特点进行交流。

二是走访体育总局运动项目管理中心和全国性单项体育协会。体育总局运动项目管理中心具有对所属运动项目进行全面管理的职能，部分中心还是相关全国性单项体育协会的常设办事机构。根据《全国运动员注册与交流管理办法（试行）》第4条的规定，全国性单项体育协会或体育总局运动项目管理中心对本项目运动员实行注册与交流的管理，以及新《体育法》第95条"鼓励体育组织建立内部纠纷解决机制，公平、公正、高效地解决纠纷"的规定,体育总局运动项目管理中心和全国性单项体育协会是推进体育仲裁工作的重要抓手。体育仲裁委员会赴体育总局冬季运动管理中心,就冰雪项目运动员注册交流的有关规定和执行情况进行交流座谈,梳理冰雪项目运动员注册交流的争议焦点及产生根源;与中国滑冰协会、中国花样滑冰协会、中国冰球协会及退役运动员代表分别就本项目的注册交流管理工作、存在的突出矛盾,以及如何通过体育仲裁制度有效维护运动员的权益提出了建议;多次与中国足球协会进行座谈,就体育仲裁制度衔接、足球领域薪酬纠纷、球员工作合同引发的注册交流等问题进行了交流。

三是走访地方体育行政部门。体育行政部门作为管辖范围内的体育行业主管单位,承担着对辖区内体育社会组织的业务指导工作。为宣传仲裁制度,以及了解体育仲裁制度衔接情况,体育仲裁委员会先后与广西壮族自治区体育局、陕西省体育局、哈尔滨市体育局、黑龙江省体育局、海南省旅游和文化广电体育厅相关负责人员进行座谈。

四是与有关司法机关、行政部门积极沟通。根据新《体育法》第98条和第99条的规定,体育仲裁委员会所在地的中级人民法院对裁决结果具有审查权,同时,对于体育仲裁的裁决结果,当事人可以依照《民事诉讼法》的有关规定向人民法院申请执行。司法审查对于保障我国体育仲裁事业高水平发展具有重要作用。根据新《体育法》第92条第2款规定的"《中华人民共和国仲裁法》规定的可仲裁纠纷和《中华人民共和国劳动争议调解仲裁法》规定的劳动争议,不属于体育仲裁范围",有必要厘清体育仲裁与劳动仲裁、商事仲裁的边界。体育仲裁委员会先后赴北京市东城区司法局、人力资源和社会保障部、北京市第四中级人民法院和最高人民法院进行调研座谈,厘清管辖权边界,避免司法审查事由重叠及撤裁风险,避免案件管辖权出现积极冲突或消极冲突等。

(四)提升体育仲裁理论研究质量

加强体育仲裁理论研究,对推动体育仲裁高质量发展具有重要的现实意义,统筹基础研究和应用研究,以正确的理论指导推动实践创新,是完善和发展体育仲裁理论体系、提高体育仲裁服务水平、适应体育仲裁工作全面拓展的客观需要。以体育仲裁的法律属性问题为例,私法和公法是法律体系的基本分类。私法主要调整个人之间的法律关系,规范和保护个人和私人团体的权益。私法的特点是,主体之间的关系相对平等,法律适用上多采取自愿原则,即"法无禁止即可为"。公法关注的是公共利益,以及国家如何通过法律手段来维护这种利益。公法的特点在于,法律关系中至少有一方是国家或者代表国家行使权力的机构,法律适用上更多地体现国家的意志和强制力。体育仲裁兼具私法和公法双重属性。运动员与俱乐部之间注册、交流发生的纠纷,本质上属平等主体之间的合同纠纷,具有私法属性。因全国性单项体育协会或体育总局运动项目管理中心对本项目运动员实行注册与交流的管理而产生的纠纷,对体育社会组织、运动员管理单位或体育赛事活动组织者作出的处理决定不服而产生的纠纷,均表现为体育组织与运动员之间的非平等主体关系,具有公法属性。体育仲裁还注重对公共利益的考量。例如反兴奋剂仲裁员名册设立,体现了体育仲裁维护体育竞赛公平性和纯洁性的公共利益,这种对公共利益的保障也体现了体育仲裁的公法属性。

为了通过理论研究更好地指导体育仲裁实践,体育仲裁委员会开展了以下研究活动。一是组织召开专题会议。借助专家学者等重要智力资源,通过组织专家学者研讨体育纠纷类型、受案依据标准、受案范围边界等仲裁实践中的若干核心问题,弥合理论界和实务界的认知分歧。如召开体育仲裁专题研讨会,集中研讨体育仲裁受案范围和受案依据的问题;召开体育仲裁案例研讨会,研究讨论体育仲裁受案范围的有关问题。二是开展课题研究工作。借助"外脑"形成研究合力,以课题为纽带,筹划启动征询研究咨询项目工作。三是协助做好《体育仲裁规则》释义出版工作。配合体育总局政法司工作,协助修改《体育仲裁规则》释义,参加《体育仲裁规则》适用问题研讨会,确保广大读者准确理解立法原意,推动体育仲裁规则有效实施,使全社会进一步了解、支持体育仲裁工作。

(五)推动体育仲裁信息网络建设

仲裁信息化是指通过信息技术手段,将传统的仲裁程序和管理方式数字化、智能化,实现争议案件仲裁申请、文书送达、仲裁庭审等业务在线办理,以提高仲裁效率、降低成本。我国多个地区和机构已经积极推进仲裁信息化建设。如上海仲裁委员会于2022年3月22日发布《上海仲裁委员会线上仲裁指引(暂行)》,北京市人力资源和社会保障局于2023年11月27日正式启用北京市劳动人事争议调解仲裁网上服务平台。

为方便当事人提交体育仲裁申请,提高仲裁效率,中国体育仲裁委员会当事人网上办案大厅于2023年12月15日正式开通上线,同时发布《中国体育仲裁委员会当事人办案大厅操作手册》为当事人提供操作指引。当事人可以通过大厅在线进行案件申请、证据提交、仲裁员选定、案件进度查询等操作,这将大幅度提升案件处理效率,节省当事人时间。

三、我国体育仲裁当前亟待解决的问题

2023年,体育仲裁工作实现了良好开局,各项工作取得新进展和新成效。在新华社评出的"2023年中国体育十大新闻"中,体育仲裁委员会成立的新闻排在第二位,在社会上产生了广泛的积极影响。同时,体育仲裁制度的发展还存在一些问题和困难。

(一)体育组织内部纠纷解决机制有待完善

新《体育法》鼓励体育组织建立、完善内部纠纷解决机制,但多数单项体育协会章程中并未规定内部纠纷解决机制,或者即便有相关规定,但实践中内部纠纷解决机制并未运作。部分单项体育协会虽然设立了纠纷解决委员会等内部纠纷解决机构,但其运作效率和权威性仍有待提高;个别单项体育协会内部纠纷解决机制运作正常,每年受理并处理一定数量的纠纷,但是处理纠纷的效率不高,对多数处罚较轻的纠纷不予受理。

(二)体育仲裁相关配套制度还需细化

体育仲裁委员会已经制定了一系列制度来保障体育仲裁工作高效、规范开展,但仍存在一些空白和不足之处。如《体育仲裁规则》第74条规定,当事人可以向体育仲裁委员会申请临时措施,但相关规则还未发布。

(三)体育仲裁专业化队伍建设有待加强

根据体育仲裁委员会公布的仲裁员名册,体育仲裁员数量总体较少,有法律专业背景和有仲裁实践经验的仲裁员相对较少,有体育仲裁实践经验的仲裁员更是缺乏,对仲裁员进行系统培训的指南和课程体系有待建立。同时,仲裁员管理体制和运行机制有待完善。

(四)对国际体育纠纷案例的研究不够深入

竞技体育项目的竞赛规则一般适用国际统一标准,为保障裁决结果符合该项目的特殊性,需加深对竞赛规则及程序的理解,离不开对国际体育纠纷案例的研究,包括对国际单项体育联合会案例的研究和国际体育仲裁院案例的研究。目前,相关研究才刚刚起步,在处理类似纠纷时,可能缺乏足够的经

验和参考依据。

四、体育仲裁制度的完善建议

2024年是中华人民共和国成立75周年,是实施"十四五"规划的关键一年,也是加快推进体育强国建设、全力推动体育事业高质量发展的关键之年。为落实好及时有效解决体育领域矛盾纠纷的首要责任,为加快推进体育强国建设、全力推动体育事业高质量发展作出积极贡献,体育仲裁工作可以在以下方面进一步发力。

(一)不断提升体育行业和全社会对体育仲裁制度功能和价值的认识

加大宣传力度、创新宣传形式、丰富宣传内容,针对重点单位和群体,充分利用会议和培训,尤其是针对运动员、教练员、行业组织、体育行政部门等开展宣传培训,加强体育组织内部纠纷解决机制的建设并完善相应行业规则,做好与体育仲裁制度的衔接,使体育仲裁制度解决争议的功能更加深入人心。

(二)继续完善体育仲裁配套制度

在管理体制和运行机制方面,进一步完善秘书处、监事会、专门委员会的协调运行机制和信息公开制度;在案件办理方面,需要尽快完善临时措施、调解规则、援助制度、庭审程序规定等重要制度;在研究方面,对涉及体育仲裁理论的基础性、关键性问题,涉及体育仲裁实践的程序性、实体性问题,涉及司法审查、法律适用等方面的问题,开展《体育仲裁规则》制度规范、体育仲裁管辖范围、纪律处罚纠纷等专题研究,夯实体育仲裁理论基础,并将有益成果通过制定相应制度的形式确定下来,指导体育仲裁业务实践。

(三)提升体育仲裁队伍专业化水平

扩大仲裁员队伍规模,提升仲裁员综合能力水平特别是办案质量,加强仲裁员的选聘、考核和管理工作,进一步提高仲裁员业务素质和办案水平,提高裁决的质量和效率;持续发展壮大仲裁秘书队伍,培养高素质、专业化仲裁秘书队伍,加大系统培训力度,研究针对体育仲裁机构秘书的专门培训大纲和课程,提升办案能力和服务水平。

(四)积极开展与体育仲裁有关的对外交往活动

与国内相关高校开展交流合作,共同培养体育仲裁专业人才,与国内商事仲裁机构开展深入合作,积极探索仲裁员名册共享制度,促进管理人员和仲裁秘书的工作交流等,积极与包括国际体育仲裁院、国际单项体育联合会等在内的国际体育组织开展交流合作。

"行百里者半九十,致胜利者积跬步",体育行业从业者、体育法学研究者等多年关注、研究的体育仲裁制度,终于在 2023 年落地生根,体育仲裁组织建设、规范建设、队伍建设等取得了实质性成果,2023 年首批案件处理代表性地反映了体育仲裁保障体育行业健康发展的独特作用。体育仲裁未来可期。

我国民事体育纠纷解决发展报告(2023)*

 2023年作为新《体育法》正式施行的第一年,对于中国体育法治的整体发展而言,具有不言而喻的特殊历史意义。一方面,新《体育法》所规定的中国体育仲裁制度崭露头角,为涉及体育纠纷的各主体在通过国家审判机关实现其权益的途径之外,提供了另外一种更加社会化和更具对等性的救济方式。由于仲裁人员更具专业性和职业性,以及相应的制度展开与进行更具便捷性和时效性,体育仲裁既可为体育纠纷提供适配性更高的解决方式,还能够为相关体育民事诉讼的裁判提供相当有益的体育法治实践经验的借鉴。另一方面,尽管职业性与专业性较强的法律主体更希望通过体育仲裁解决相应体育纠纷,但是鉴于新《体育法》和《体育仲裁规则》将中国体育仲裁的受案范围限定在以技术性争议为核心的纯粹体育争议范畴内,从而未使得进入民事诉讼领域的体育纠纷数量有明显下降,涉及体育纠纷的相关民事诉讼案件在数量上依然维持着不小的规模。同时,受到体育仲裁不同程度的影响,各地各级法院在涉及体育纠纷的相关民事诉讼案件中,将体育运动及其相关纠纷的独有性与特殊性放在更加重要的思考维度之上,使得相应的裁判也更能体现出"体育诉讼"的外在特征,从而令体育法治实践进一步朝"体育法律规范的适用"方向前进,并逐步脱离"只是在涉及体育因素的案件中适用法律规范"的狭隘的"体育与法"认知。

 根据体育总局公布的《2022年全国体育场地统计调查数据》《2023年全国体育场地统计调查数据》,无论是全国体育场地的总量,还是人均体育场地面积,在疫情影响之下,仍旧保持上涨趋势,其中全国体育场地从2022年的422.68万个,上涨到2023年的459.27万个,总面积相应从2022年的37.02

---

* 张于杰圣:汕头大学。

亿平方米,上涨到 2023 年的 40.71 亿平方米,全国人均体育场地面积也随之从 2022 年的 2.62 平方米涨到 2023 年的 2.89 平方米。同时,田径场地、游泳场地、球类运动场地、冰雪运动场地和体育健身场地的统计数据均呈现上涨状态。而这些数据意味着,我国参与体育运动的法律主体不断增多,相应地,自然会产生数量更多的体育纠纷。因此,也就不难推断出,体育民事诉讼的规模同时将呈现出不断扩大的趋势。

根据"中国裁判文书网"的公开数据,通过在该数据库的"全文检索"与"案件名称"的高级检索项目中,具体以"体育""运动""体育活动""体育比赛"等词语为关键词进行搜索,仅 2023 年牵涉体育或运动的相关一审审结、二审终审,以及经历了审判监督程序的民事诉讼案件就超过了 7 万件。如果进一步将高级检索项目中的条件限制为"民事案由""中级人民法院",以及生效裁判文书的裁判日为"2023 年 1 月 1 日至 2023 年 12 月 31 日",单涉及"体育"的生效民事判决书仍旧超过 3000 份,主要集中于体育伤害、体育消费和体育知识产权等领域,同时也涉及赛事举办、包括运动员在内的各类体育行业从业人员的工作合同等方面的体育纠纷。尽管涉及体育纠纷的民事诉讼案件的大量存在说明我国体育事业发展的善治水平仍需不断提升,不过这也从另一方面映衬出体育法治思维深入人心,公众解决体育争议的最佳途径唯法治实践尔。另外,由于体育知识产权的专业性和作为专门法院的知识产权法院的建立,以及体育知识产权争议不具备足够的体育特殊性,本部分将不涉及体育知识产权类的民事诉讼案件。

一、社会体育伤害纠纷

由于体育运动的参与和展开与人们的身体存在着必然联系,因而在体育民事诉讼案件中最为惯常与普遍的,便是在体育活动中出现的相关体育主体的伤害赔偿纠纷。另外,鉴于专业和职业体育活动的相对封闭性,以及完全覆盖的体育自治令其具备足够的法律例外性,目前体育民事诉讼只涉及社会体育伤害纠纷,而专业或职业体育中的体育伤害争议,未上升到行政违法或者刑事犯罪的程度,将不进入诉讼程序,而是由体育行业内部纠纷解决机构予以解决。

按照大众参与具体体育活动的不同内容进行区分,社会体育伤害纠纷大致可以分为三类:

第一类是公众参与的日常体育锻炼活动中发生的体育伤害纠纷。这类体育活动更多是人们基于锻炼身体的需求,或者单纯娱乐的需要,而自发、随机地进行与展开,并没有能够体现体育特殊性的固定规则,参与其中的主体只需以一般社会行为规范为活动准则,故而这类体育活动产生的纠纷并不会过多涉及体育的特殊性,相应的,在"自甘风险"情形下也不涉及需要单独考量的体育自治之下的体育规则因素。法院在处理这类体育民事诉讼案件时,所进行的关于"自甘风险"与责任分配的自由心证与法律推理,也更多地依靠社会共识与公众常识,而不需要过多地考虑体育的特殊性。

在王某诉某有限公司、姬某和某基金会违反安全保障义务责任纠纷案[(2023)京03民终19524号]中,原告王某所提出的与侵权赔偿相关的诉讼请求,是基于其在瑜伽练习过程中身体受到了伤害。而王某进行的瑜伽活动尽管被法院认定为一项体育运动,本身存在着受伤的风险,但是,王某进行这项体育运动时,仅仅是在开展身体锻炼,且瑜伽项目本身不存在某种固定、独有的体育规则,故而,法院对王某的伤害进行判定时,所仰赖的是社会共识与公众常识,王某参与该项运动时应当对风险明知,并且作为一名完全民事行为能力人,对于其自身的人身安全也应负有合理的注意义务,对自己的身体状态、承受能力等应有充分的认知,对于不适宜自己身体状况的动作应慎重练习,同时在身体不适时应及时主动停止练习,而其受伤时所练习的动作为持续性动作,因其手臂无力支撑摔倒受伤,故王某对相关损害结果的发生具有一定过错,应适当减轻公司的赔偿责任。另外,该案中,法院对公司应当承担主要责任的认定也是基于常识判断,即根据相关证据,认定公司在瑜伽活动中缺乏指导与保护,故其应就此承担相应民事责任。

第二类是公众参与新兴体育运动时所发生的体育伤害纠纷。这类体育运动还可细化为两种:一种是没有权威规则,而仅有类似于"习惯法"的,人们在参与该类体育运动时普遍遵循的"不成文"规则;另一种则是具备成文法性质的体育规则,但由于该项运动兴起不久,其规则不够流行与权威。前者发生相应体育伤害纠纷时,法院不仅需要对相关"不成文"规则进行司法的认可甚至续造,而且还需要对争议所涉活动是否为一项体育运动进行司法认定,以决定是否需要适用尊重体育特殊性的"自甘风险"规则。

由广东省广州市中级人民法院二审终审的方某诉柯某与张某身体权、健康权纠纷案[(2023)粤01民终12226号]便很典型地反映了这一点。该案的纠纷源于原告方某与被告张某所进行的掰手腕活动,在双方角力过程中,方某手受伤,遂产生原告方某有关伤害赔偿的诉讼请求。法院最终认定被告不承担侵权责任。原因在于,法院将该案涉及的掰手腕活动认定为一项符合竞技性体育一般特征的体育竞技活动,适用《民法典》"自甘风险"规则,并且特别强调原告是自愿参加该体育竞技活动的,故对其中存在的风险能够作出理性分析和有效选择,而相关证据未显示被告对原告手伤的发生具有故意或者重大过失,所以不存在承担侵权责任的情形。反之,若是掰手腕活动未被认定为体育竞技活动,被告将有很大可能需要承担侵权责任。

在发生体育伤害纠纷时,尽管涉案的体育运动具备"成文法"性质的体育规则,却由于其新兴且不够流行,法院在进行法律推理时,还需借用类似专家证人的力量,辅助评判原告与被告在"自甘风险"规则下承担怎样的责任以及如何承担。

陆某诉上海某体育有限公司违反安全保障义务责任纠纷案[(2023)沪02民终297号]所涉及的体育运动便是如此。该案中,原告陆某在进行攀岩运动时遭遇了意外伤害,由此向被告要求相应的侵权赔偿。虽然攀岩运动具有类似《攀岩场所服务规范》的成文体育规则,但是其仍旧是一项新兴体育运动,法院对其的专业性认知较为欠缺,因而在认定责任与分配责任时,仍邀请了具有专门知识的人员予以说明。

第三类是公众参与传统且流行于社会中的体育活动时所发生的体育伤害纠纷。这类体育活动具有权威体育规则,并且参与的主体和相关民事诉讼案件众多,因而我国法院对此类纠纷有着完整的处理模式,特别是在《民法典》"自甘风险"规则的适用方面,相关的司法裁判已经十分成熟。

在王某诉徐某和锦州市第三初级中学案[(2023)辽07民终113号]中,法院直接依据其对足球运动及其相关体育规则的理解,认定该案所涉及的体育伤害行为属于应当明知且应当接受的风险范畴,原告的受伤具有突发性和偶然性,是以伤害行为与损害结果之间不具备因果关系,实施加害行为的被告徐某不存在过错,无需承担侵权赔偿责任。

另外,按照体育伤害纠纷的不同争点,其还可以分为两类:一类的争点在于包括赛事主办方在内的各类体育活动组织者或者体育场馆的实际负责者,其对公众在进行体育运动时发生的伤害,是否应当承担责任,以及承担到何种程度;另一类的争点在于同时进行体育运动的主体之间发生身体伤害问题时,加害方是否能够因为体育的特殊性或者"自甘风险"规则而被免责,如果不能免责,加害方应当承担何种程度的民事赔偿责任。

法院在处理第一类纠纷涉及的民事诉讼案件时,主要是核查组织者或者体育场馆的所有人是否尽到了必要的安全保障义务,尤其需要明确是否涉及体育运动过程中的伤害。若法律对组织者或所有人设定了较高的安全保障义务,只要其没有充分证据证明自己尽到了法定安全保障义务,法院往往会裁判其承担不同程度的侵权责任。不过,如果不涉及体育运动,其所应当履行的安全保障义务将会降低很多。否则,在李某、张某诉北京高尔夫球俱乐部案[(2023)京民申2901号]中,法院也不会认为尽管北京高尔夫球俱乐部存在一定过错,但这个过错与原告亲属死亡不存在直接的因果关系,其溺亡系自身放任危险、主动涉险入湖所致,没有涉及任何体育运动,故北京高尔夫球俱乐部不承担侵权责任。反之,在王某诉朱某和广州大学附属中学案[(2023)粤01民终2462号]中,法院已然认定原告王某在羽毛球活动中受的伤完全属于"自甘风险"的范畴,"加害行为"的实施者对此无需承担赔偿责任。而广州大学附属中学虽然尽到了一定程度的安全保障义务,却仍存在一定过失,所以需要承担一部分赔偿责任。

法院在处理第二类纠纷涉及的民事诉讼案件时,判断的核心是案件所涉及的伤害是否与体育运动有关,如果与体育运动有关,那么是否属于能够适用"自甘风险"规则的具有一定风险的运动。若伤害非由体育运动造成,那么便不需要考虑体育风险的特殊性,而只需考虑生活常识,以判断责任承担问题。在葛某诉尹某、陈某和无锡市东北塘实验小学案[(2022)苏02民终7750号]中,法院便基于对导致原告受伤的行为超出了正常体育活动范畴的认定,在进行责任归结时并未适用"自甘风险"规则,而是根据生活常识进行判断。同时,在高某诉汪某和北京某健身服务有限公司案[(2023)京02民终15824号]中,法院认定高某虽在健身过程中受伤,但健身活动却不能被认定为具有一定风险的体育运动,故高某不存在"自甘风险"的行为,因为"自甘风险"规则仅适用于"参加具有一定风险的体育运动"。

二、体育消费合同纠纷

自进入近现代法治社会以来,参与体育运动始终被视为一项基本人权。其最开始源自现代公民社会对专制王权的反抗,毕竟中世纪的封建王权可以通过国王的命令禁止一项流行的普通体育运动,例如足球运动就被不止一任的英王禁止或限制过。时至今日,这项基本人权激发出了现代庞大的体育消费市场,更是令在体育消费过程中产生的纠纷日益成为民事诉讼需要解决的又一类规模庞大的体育案件。同时,由于健康权和参与体育运动的权利与自由存在极为紧密的联系,再加上现代法治权利观念的深入人心,进一步增强了公众在体育运动上消费的意愿,并更加重视自身权益的维护,因而与体育消费相关的纠纷不断增多。

从最终的裁判结果观察,进入民事诉讼司法程序的体育消费纠纷基本都是体育消费合同纠纷,当事人的具体诉讼请求在于消费费用的退还,相关的核心纠纷多在于合同的解除或者履行。从合同的履行内容看,体育消费合同纠纷可以被区分为成人市场化体育运动培训服务合同纠纷和未成年人课外体育训练培训服务合同纠纷。尽管两者均为典型的体育消费合同,其内容都涵盖社会化付费体育运动的训练与培训,但是,在具体的合同履行上,两者存在较大的不同,从而导致其在具体的纠纷上会表现出明显的区别。

前者因为相关法律主体均为成年人,所以合同中可能包括更加自由、市场化的约定,法院在处理相关体育民事诉讼案件时,会在普通争议与涉及体育特殊性争议的中间地带徘徊,杨某诉北京某体育科技有限公司案[(2023)京02民终10722号]便是其中的典型。该案中,原告杨某认为被告北京某体育科技有限公司没有履行双方签订的健身教练培训服务合同,其特殊之处在于核心争点并非培训本身,而是被告在合同中承诺,不仅将提供良好的健身教练培训,同时可令原告取得健身教练专业能力证书,并负责解决原告的就业问题。但是,原告在接受被告的培训后,并未取得中国健美协会认可的证书,也未获得工作机会。法院认为,原告没有取得证书和获得工作机会的本质,是被告未能在合理的时间内完全履行合同义务,被告需要就此承担相应的法律责任。这种提供体育培训与工作机会的复合体育消费合同,若是只关注纯粹的体育消费,其实很难断定被告违约,故其实际是游走在体育消费合同和普通消费合同之间的纠纷,需要格外关注。

后者由于主要的合同内容所针对的对象为未成年人,因而合同的内容会更加偏向与未成年人的特殊性约定,法院在裁判相关体育民事诉讼案件时,需要对这些特殊之处予以额外的考量,赵某诉临沂兰某健身服务有限公司案[(2023)鲁13民终7940号]便形象地体现了这一点。该案中,赵某的父亲为赵某能够顺利通过中考体育考试,在被告临沂兰某健身服务有限公司处付费购买了体能课程服务,后原告要求解除合同并退还相关费用。该案的特殊之处在于,原告要求解除合同的理由是本应参加的中考体育考试取消,造成合同目的无法达成。但是,法院并未支持原告的主张,而是认为双方之间的教育服务合同成立并生效,同时证据显示,原告已经享受了被告提供的体育培训服务,故驳回原告的全部诉讼请求。尽管该案并未体现涉及体育特殊性的纠纷,却是普通社会市场化体育消费合同与未成年人的课外体育教育培训的复合纠纷,对于合同目的的考察,需要进一步衡量单纯体育消费外的因素,从而确定真正的合同目的。

另外,从核心争点来看,体育消费合同所涉及的纠纷,一方面是普遍的寻常合同解除的纠纷,具体体现为因疫情而造成的合同履行的问题,或者因消费者个人原因导致的合同未能实际履行的问题,抑或相关费用退还金额计算的问题;另一方面则是涉及体育运动特殊性的体育消费合同解除的纠纷。法院在处理前者涉及的体育民事诉讼案件时,与处理其他普通消费合同纠纷的模式并无二致,不会超出基本的社会常识与共识。但是,法院在裁判后者涉及的体育民事诉讼案件时,需要特别考量体育运动的特殊性与相关体育消费合同的履行和解除是否存在以及存在何种程度的紧密联系,从而决定合同的履行与解除能否适用基于体育运动特殊性的法律规定。在杨某诉内蒙古某体育文化发展有限公司案[(2023)内02民终2407号]中,原告杨某要求与被告内蒙古某体育文化发展有限公司万合店解除双方签订的健身服务合同,理由是其信任的教练离职,并不接受被告为其更换教练,且明确要求解除双方之间的合同。按照一般法理与社会常识,只要被告能够继续提供健身服务,合同依然能够实现,原告并无法定解除权。但是,内蒙古自治区包头市中级人民法院认为,体育消费训练合同具有较强的人身专属性,较为注重消费者个人的体验,强调双方的信任基础,故不应强制履行。因此,法院判决该案的健身服务合同的目的已经不能实现,不宜继续履行,应予以解除。无独有偶,在王某诉某体育发展(北京)有限公司案[(2023)京02民终2353号]和于某诉某体育有限公司案[(2023)京02民终15294号]中,作为终审法院的北京市第二中级人民法院也持同样的法律意见,并作出了类似的裁判。在吴某诉程某案[(2023)京01民终5397号]中,北京市第一中级人民法院的法律推理与司法裁判亦是如此。

不过,需要注意的是,法院额外考量的影响合同履行与解除的特殊因素,并非都为体育特殊性所导致,是以,对于体育消费合同纠纷的特殊争点解决,仍旧需要对个案的具体分析。在朱某诉北京某体育文化发展有限公司、北京某体育发展有限公司案[(2023)京01民终5425号]中,原告朱某的父亲为其与被告两家公司签订了篮球培训合同,但是被告未经原告同意擅自更换场地,导致原告要求解除合同并退还费用。该案的特殊性在于,按照一般法理与社会常识,更换场地并不意味着合同无法履行,原告不应据此获得合同解除权。但是,法院认可了原训练场地无法继续提供是该案所涉合同无法继续履行的主要原因,故判决原告可以获取一定金额的退费。但是,更换场地这一因素并非由体育运动特殊性所引发,而是基于消费者对体育培训服务提供者的选择需求,即合同明确约定只能在某一体育场所提供体育培训服务,否则消费者是不会选择与此体育培训服务提供者签订合同的。具体到该案,法院对此解释为,训练地点关系到培训服务、环境安全、交通便利及各项配套设施,故训练地点是家长选择培训机构的主要和重要因素,训练地点作为合同履行地已经构成了实现合同目的的条款,更换场地随之发生的培训服务、环境、交通等变化可能会给原告及接送原告的家长带来较大不便,故原场地停止提供服务对合同目的的实现构成了实质影响。是以,培训场地的更换虽是法院在裁判相关体育消费合同民事诉讼案件时,需要额外考虑的特殊性因素,但是其本身同体育运动的特殊性没有联系,在此意义上,需要格外注意。同理,在鲁某诉天津市某体育健身服务中心案[(2023)津02民终862号]中,作为终审法院的天津市第二中级人民法院也有着相类似的法律推理与司法裁判。

三、体育(赛事)活动组织纠纷

2023年以来,各种各样的群众体育活动以及不同规模的群众体育赛事如雨后春笋般快速地被组织起来。随之而来的除了公众参与线下群众体育活动的兴奋,更多的还是在组织与举办这些不同规模的体育活动时所产生的相关体育纠纷。而能够进入审判机关视野的纠纷,则集中表现为组织活动时发生的纠纷、活动进行过程中引发的纠纷,以及对组织者如何界定的纠纷等。

第一类体育纠纷主要表现为组织相关群众体育活动的费用支付问题。虽然群众体育活动在新时期被不断地组织与举办,却尚未在国内形成较为成熟与系统化的模式。换言之，这些体育活动的组织不够规范化、系统化和专业化。故而，关于赛事活动举办费用的争议也就成为相关体育民事纠纷的主要争点之一。武汉灵越体育文化发展有限公司诉辛元集团（云南）有限公司案[（2023）云01民终6100号]中的核心争点便是如此。该案所涉争议是典型的商业体育赛事活动的组织纠纷。原告武汉灵越体育文化发展有限公司与被告辛元集团（云南）有限公司签订了"云南白药爱跑538"赛事架合作协议，协议暂定站点为石家庄、上海、南京、襄阳、广州五个城市，约定原告具体负责赛事场地甄选、比赛线路及主会场布局规划、项目政府报批、跑者招募、人员组织、物资和现场人员协调等工作，之后，根据双方约定的支付方式，由被告向原告付清协议约定费用，但是，被告在原告履行完协议约定的义务后，未结清费用，由此引发相应纠纷。云南省昆明市中级人民法院对该案作出终审判决，认定原告在签订协议后已依约履行了赛事执行义务，被告应当依约履行付款义务，判决被告应当结清剩余款项。不过，法院在处理这类体育民事诉讼案件时，尽管不用过多考虑体育运动的特殊性，只需基于相关民商事法律规范和相应合法有效的协议内容进行裁判，但是这类体育纠纷对于体育产业法治化的意义不言而喻，所以仍旧需要从体育法治的角度予以格外的关注。具体而言，可以考虑由国家体育行政部门以部门规范性文件的方式，颁布具有规范意义的、有关组织群众商业体育赛事活动的指导意见，以便在不限制与增设相关组织者权利与义务的前提下，规范化和系统化这类赛事活动的组织行为，减少不必要的纠纷，保障主体权利行使的有效性。

第二类体育纠纷主要体现在组织者的类别区分上，即其究竟承担何种级别的安全保障义务——根据其所组织的赛事活动规模的不同，法律为其设定了不同等级或程度的安全保障义务。在邱某等人诉东营经济技术开发区足球协会（以下简称"开发区足球协会"）案[（2023）鲁05民终421号]中，所涉及体育纠纷的核心争点之一便在于此，即作为被告的开发区足球协会究竟应承担法律规定的哪一类安全保障义务。该案是因原告的直系亲属在被告组织的足球比赛进行中，突发疾病而亡引发的赔偿纠纷。核心争点之一是作为组织者的开发区足球协会究竟是以《大型群众性活动安全管理条例》的标准承担法定义务，还是以《民法典》的"自甘风险"规则来确定其法律责任。根据相关法律规定，由于"自甘风险"的存在，后者涉及的安全保障义务等级明显低于前者。而根据赛事活动的规模，法院认定被告组织的比赛不应适用

《大型群众性活动安全管理条例》的标准,而应适用《民法典》的规则。同时,法院还认定在被告组织的比赛中,邱某的直系亲属以足球俱乐部主教练的身份参加,并非以个人身份直接参加比赛,故被告作为非营利性社会团体法人,其所担负的安全保障义务应该在合理限度内,但是被告未提交证据证明其尽到了安全保障义务,应承担相应侵权责任。不过,由于该情形符合"自甘风险"中自负责任的条件,被告实际被法院判决只需承担百分之五的责任。反过来说,若是被告被法院认定应当按照《大型群众性活动安全管理条例》的标准来履行安全保障义务,那么其有很大的可能性被判决承担主要的法律责任。因此,同样是群众体育活动的组织者,在不同级别与规模的活动下,其将履行的法定安全保障义务和相应可能承担的法律责任会出现较大的区别,故而需要格外关注。

第三类体育纠纷主要体现在组织者的性质认定上,即涉及相关体育纠纷的法律主体能否被认定为体育活动的组织者,将决定其是否需要担负更多的法定安全保障义务。这在很多体育民事诉讼案件中是法律主体是否需要实际承担侵权责任的决定性因素,因为根据《民法典》第1198条的规定,群众性活动的组织者,未尽到安全保障义务,造成他人损害的,应当承担侵权责任。但是,现行法律未对"组织者"的认定标准进行明确规定,除被法律赋予"法人""单位""团体"或"机关"等地位的法律主体,可以直接解释为当然具备"组织者"地位,其他诸如单纯的合伙、微信群主、活动举办的倡议者等,则必须由主审法官根据具体案情,自由裁量认定其是否具备承担侵权责任的"组织者"的法律地位。在陈某二人诉谢某案[(2023)粤15民终745号]中,其中一个核心争点便在于被告谢某是否应当以"篮球训练的组织者"的身份履行相应安全保障义务。该案中,被告谢某在其创建的、作为群主的微信群中组织了一场篮球赛,比赛中有未成年人突发意外而亡故,受害人遂要求被告对此负责。法院最终认定了被告"组织者"的地位,并判决其应当承担部分责任,法律推理的根据并非所谓"微信群主"或者活动举办"倡议者"的身份,而是因为从微信群的聊天记录来看,可以证实被告的教练身份,其在日常交流训练中也一直被成员们称呼为"教练"。那么,被告作为一名完全民事行为能力人,对于其他未成年成员而言,无论是在年龄上还是身份上,均具有一定的管理和领导能力,对其他未成年成员负有一定的安全保障义务,在安全保障方面确有不足之处,应承担相应的赔偿责任。同理,在郭某与索某等诉迈格公司案[(2023)甘09民终793号]中,法院也认定作为微信群主的被告迈格公司具备"组织者"法律地位,需要承担法定的安全保障义务,尽管发生体育意外伤害的足球比赛是被告在其公司内部的微信群中组织的。原因在于,根据相关的比赛公告,尽管是在微信群中通知的,但公告明确显示球赛的组织者就是被告,且比赛的场地便是由被告作为经营者的球场。因此,法院判决被告迈格公司作为活动组织者及球赛场地经营者,未完全尽到审慎的安全保障义务,应当承担部分赔偿责任。

四、体育从业人员工作合同纠纷

依照现行《体育法》的规定,我国体育仲裁制度倾向于不受理体育从业人员的工作合同所涉及的纠纷,因为根据《体育法》第92条和《体育仲裁规则》第3条的规定,《劳动争议调解仲裁法》规定的劳动争议,不属于体育仲裁范围,即只要体育从业人员的工作合同属于劳动合同,相关纠纷属于劳动纠纷,那么便不属于体育仲裁的范畴。不过,新《体育法》的相关规定,并未使体育从业人员工作合同的纠纷大量进入审判机关。一方面,这是因为我国劳动争议解决制度的设计——仲裁前置,使得一些争议被劳动仲裁完全消化,当事人不会再去法院起诉;另一方面,则是因为体育组织内部争议解决机构的设立,诸如中国足球协会内部设立的仲裁委员会,实际分流和解决了不少体育从业人员工作合同方面的争议。

但是,以上两方面并非体育从业人员工作合同纠纷较少地转化为体育民事案件的本质解释,究其根本原因,在于目前体育仲裁制度与劳动仲裁制度中间存在真空地带。从体育从业人员维护自身劳动权益角度出发,其选择劳动仲裁是现行法的当然规定,然而其对于劳动仲裁是否能够较为专业地解决涉及其工作合同职业性或专业性的纠纷持怀疑态度。与此同时,体育组织内部设立的争议解决机构,能够满足解决体育从业人员工作合同职业性和专业性纠纷的需求,却无法令相关体育主体信赖其具备足够的中立性,毕竟,其设立在组织内部,属于同体问责,先天缺乏"仲裁者的绝对中立"。另外,从体育法律规范的字面解释出发,目前被排除出体育仲裁管辖范围的仅是适用劳动仲裁制度的劳动争议,"雇佣合同"的相关争议能否适用体育仲裁制度,事实上处于悬而未决的状态。而目前存在不少可以被归为雇佣合同的体育从业人员工作合同。在石某诉某体育公司案[(2023)京民申6991号]中,法院认定石某与某体育公司存在事实上的劳务关系,即雇佣劳动的事实,是以,其作为体育从业人员的工作合同即为雇佣合同,故而该案判决适用的是合同法。由此,在具体的体育法治实践中,分属雇佣性质的体育从业人员工作合同的相关纠纷,存在同时被劳动仲裁和体育仲裁排除在外的法律风险,需要尽快出台相应的立法解释或者司法解释,确定这类雇佣性质的体育从业人员工作合同纠纷应当寻求怎样的司法救济。其中,由体育总局针对其颁布的《体育仲裁规则》作出相应的解释,是目前最为便利与快捷的途径,可以予以优先考虑。

体育法学研究篇

我国体育法学研究发展报告(2023)[*]

2023年是新时代体育法治发展中重要的一年。1月1日,全面深入总结我国体育事业发展系列改革经验成果的新《体育法》正式实施,为新时代体育事业高质量发展提供了有力法治保障;2月11日,中国体育仲裁委员会在北京成立,使得体育仲裁制度终成现实,为及时、公正地解决体育纠纷,有效化解矛盾提供了有力支撑;7月28日在成都开幕的第31届世界大学生夏季运动会及9月23日在杭州举行的第19届亚洲运动会为体育法,特别是体育赛事相关法律的实施提供了议题,为体育法治理论与实践的完善提供了良好的机会。围绕上述热点事件,以服务体育强国建设、促进体育法治完善为目标,体育法学学者展开了多视角、高质量的学术研究并输出了一批兼具实践与理论意义的成果,结合具体研究内容来看,2023年度体育法学学术研究呈现以下特点:

其一,关注实践,服务现实。新《体育法》从酝酿培育到落地实施都牵动着学界的视线,学术研究呈现出明显的变化,具体体现为:新《体育法》颁布以前,体育法学研究有大量笔墨落在"《体育法》的问题与修改路径"这一话题上,新《体育法》颁布后,体育法学研究将着力点转向了"新《体育法》的解读与适用"。2023年,大量的体育法学研究则将目光投向了新《体育法》的解释、司法适用和配套制度建设等现实问题,例如,体育仲裁制度建立后,体育仲裁机构的设立与运行机制、推动全民健身的配套法律制度等。法律是实践性学科,必须立足于现实、服务现实,并对未来制度发展进行适时干预。正是

---

[*] 田川颐:北京体育大学。

由于这一共识，体育法学学者们积极参与到2023年的体育事业建设中，促成了一批优秀成果的产生，促进了中国体育法学的发展。

其二，探赜学科根源，夯实理论基础。体育法学理论研究是体育法学学术研究、教育教学与实践应用的基础，是体育法学学科的起点，是学界持续关注的领域。2023年，体育法学研究依然关注体育法学基本理论的夯实与完善，成果深入且丰富，例如，对体育法如何贯彻与落实党的二十大精神进行研究的成果；对体育法的时代性、人民性与进步性进行阐释的成果；对体育法的研究方法进行总结与反思的成果等。对根本理论问题的深入研究，为体育法学大厦的建设奠定了坚实基础，为全面依法治体提供了依靠。

其三，坚持立足本土，开拓国际视野。体育的中立性与非政治性使得体育的国际性、自治性尤为突出。以国际体育组织自治规则、世界反兴奋剂机构和国际体育仲裁院的裁判规则等为主要内容的"国际体育法"（Lex Sportiva）早已形成，加之体育发达国家的体育法学理论与实践不断累积，为我国体育法学研究提供了丰富的资料，扩宽了学术视野。在此基础上，2023年，我国学者深入研究了国际体育的发展状况与体育法治经验，又回归于本土问题，产出了许多优秀的成果，既有域外法对照，又有本国法研究；既有经验借鉴，又有移植完善；既有规则本体研究，又有问题应对研究。这些研究为提升我国体育法学研究水平、增强我国体育法在国际上的话语权奠定了坚实基础。

一、体育法学著作

2023年，在体育法学著作中，教材与工具书占据了较大的比例，研究类著作占比较小。从数量上看，2023年度的体育法学著作数量比往年有所回落，但在聚焦具体问题的程度上仍然保持了专业的水平。总体来看，2023年度体育法学著作呈现出研究性、应用性与教学性并驾齐驱的特征。

（一）理论研究著述

由张志伟著，法律出版社出版的《公民体育权利的证成与实现研究》分为四章，运用文献研究法和调查法等研究方法，结合政治学原理，通过对宪法规范的系统分析，在法理上证成体育权利是我国宪法上的一项基本权利；对体育权利在宪法权利谱系中的独立性进行论证；根据体育权的客观法效力，说明国家要对公民体育权利的实现给予充分制度保障的原因；从宏观和微观两个层面提出公民体育权利实现制度保障不足的治理对策。

由黄晖著，厦门大学出版社出版的《冬奥赛事争议仲裁研究》通过历史回归分析法，在对所收集的案件进行类型分析的基础上，全面梳理和分析国际体育仲裁院迄今作出的有关奥运会，特别是冬奥会赛事纠纷的仲裁裁决，提炼其裁判要旨和立场，定位所涉问题，阐述其历史流变和当前准则，较为完整地呈现该领域已经明确和正在涌现的关键争点，以及国际体育仲裁院据以裁判的仲裁准则。

（二）工具书

由国家体育总局政策法规司编，人民体育出版社出版的《〈中华人民共和国体育法〉学习辅导读本》是做好新《体育法》的学习宣传和贯彻实施工作的体现。该书通过领导讲话、重要文件、权威解读、专家解读四个部分，全方位、多角度地介绍、解读了新《体育法》，为全面学习新《体育法》提供了重要参考。

由法规应用研究中心编，中国法制出版社出版的《体育法一本通》（第九版）于2023年1月面世，与新《体育法》的正式实施时间一致，便于体育法学学者、教师、律师、学生等人群更好地理解和适用新《体育法》。《体育法一本通》（第九版）以新《体育法》的主体条文为序，逐条穿插关联的现行有效的法律、行政法规、部门规章等，并附以相关案例。"法律一本通"系列一直是中国影响力较大的法律类出版社之一的中国法制出版社的热销产品，民法、刑法、诉讼法等传统法学类别早已纳入该系列出版，此次对新《体育法》及其相关行政法规、部门规章的编撰，体现出体育法在实践应用中的重要性以及体育法学学科的影响力。

（三）法学教材

由马宏俊主编，高等教育出版社出版的《新编体育法学》以新《体育法》为基础，以体育在与其他社会现象交叉过程中产生的法律关系为分类标准，将全书分为"体育与社会""体育与治理""体育与经济""体育与安全"四编，对体育与历史发展、体育与政策演进、体育与法律规制、体育与权利（力）、体育与纠纷解决、体育与反兴奋剂、体育与竞争秩序、体育与产权保障、体育与市场运行、体育与劳动就业、体育与暴力行为、体育与民事侵权、体育与安全保障等内容进行了详细介绍。该教材根据法学、体育学专业本科生、硕士研究生学习需求，突出对基本概念、基本理论和基本制度的阐释，采纳学界通说,语言通俗简洁,设置"理论探讨""经典案例"等不同栏目,帮助读者深入了解相关理论观点。

由董小龙、郭春玲主编,法律出版社出版的《体育法学》自2006年第一版发行到2023年经历了多次修订,足见我国体育法治之兴盛。《体育法学》(第四版)将体育法学基本理论和体育行业中的类型化法律问题合二为一,全书分为十八章,从新时代中国特色社会主义法治建设和体育强国建设的发展出发,根据新《体育法》规定,结合教学与研究的实际需要,细致地阐述体育法学的基本理论与制度,探索体育法治建设中的实际问题,并以体育领域典型案例辅助论述,使该教材内容更加丰富、体系更加完善,同时也在整体上丰富了我国体育法学教材的体例与种类,为体育法学研究和人才培养作出了贡献。

二、体育法学期刊论文

从中国国家图书馆、中国知网、北大法宝等数据库的搜索结果来看,2023年公开发表的体育法学类高水平论文不足百篇,在数量上同比有所下降,这与2023年度大量学者把大量精力投入体育法制建设与体育法治实践中有关。从内容上看,论文成果主要围绕体育法学传统议题,同时也有有关新《体育法》的实施、新业态和新权利的法律规制的成果产生,在保持原有研究议题的基础上,根据社会发展提出了新的议题,体现了体育法学研究的持续性与突破性。

(一)体育法学基本问题研究

1. 体育法治建设方向问题

党的二十大胜利召开,对未来做好体育法治工作具有重大指导意义。因此,必须深刻领会、全面贯彻落实党的二十大精神,并以此为指导,确保体育法治能为体育强国建设保驾护航。张剑以《贯彻落实党的二十大精神 推进体育法治建设——2023年中国体育法学研究会年会主旨报告》(《北京体育大学学报》2023年第5期)为题,系统阐释了加强体育法治建设的重要意义,提出以党的二十大精神为统领,通过提高政治站位、强化体育法治观念、坚持问题导向、推进体育法治实践等路径,增强体育法治工作的现实性。

2. 体育法学研究进路问题

体育法学研究的方法与路径历来是学界的关注点,在此问题上许多学者都发表过不同的观点。2023年,韩勇在《体育特殊性、问题导向与中国实践:

体育法学的研究进路》(《上海体育学院学报》2023年第1期)中认为,中国体育法学在近40年的发展中,研究力量逐步增强,学术共同体逐渐形成,研究范畴逐步确定,研究成果不断丰富,其经验在于研究内容的应世性、研究队伍的统合性和学术组织的引领性。中国体育法学研究道路是一条从简单套用、搬用移植、立法至上到特色发掘的道路,体育法学目前仍然处于学科培育期。体育法学研究下一步应关注体育特殊性,从体育规则入手,以问题为导向,以中国体育实践为出发点,关注研究队伍和方法的复合性,实现体育法学的新发展。这是作者在新《体育法》背景下对体育法学研究方法的新思考,体现了该学者对体育法学研究方法的持续关注。

(二)新《体育法》相关问题研究

1. 新《体育法》性质问题

新《体育法》的性质,是体育法学学术研究、司法适用的基础,是进行体育法治建设的前提。田思源、宋雅馨在《新〈体育法〉的时代性、人民性与进步性》(《北京体育大学学报》2023年第5期)中明确提出,新《体育法》是时代性、人民性和进步性的高度统一和集中体现,该法的全面修订具有深刻的历史背景和时代内涵,体现了以人民为中心的立法价值取向,强调了人民的体育主体性地位,扩大了公民体育权利范围并细化保障措施。此外,重视体育精神、体育文化等国家体育软实力的提升,建立体育工作协调机制和体育执法机制,以保障新《体育法》有效实施,填补青少年体育、体育产业、体育仲裁等制度空白,强化对兴奋剂、体育腐败的治理,体现了新《体育法》的制度创新和立法进步。

2. 新《体育法》条款研究

有学者通过对新《体育法》条款的仔细观察,认为存在太多的鼓励性条款,姜世波、王睿康在《我国体育法规中鼓励性条款实施的审视与完善》(《北京体育大学学报》2023年第5期)中认为,鼓励性条款或更能增强新《体育法》的实施效果,但我国体育法规具有鲜明的以鼓励倡导为主、强制为辅的社会法属性,体育法规中存在过多的鼓励性条款便是重要例证。其研究分析了现有鼓励性条款实施中存在的问题,包括鼓励性条款的实施体系不够完善、条款的内容不够完整、可操作性不足、缺乏相应的实施监督机制和事后救济渠道。研究提出,应明确鼓励性条款的实施主体与其职责,明晰鼓励性条款的内容和评价标准,建立严格的奖励审批制度、完善的事后救济制度等。也有学者对新《体育法》中的公民权利条款进行梳理和归纳,兰薇在《新〈体育法〉公民体育权利的立法价值、表达逻辑与实现路径》(《北京体育大学学报》2023年第5期)中分析了公民体育权利在新《体育法》中的建构性和体系性意义,认为新《体育法》公民体育权利的立法价值在于体现了"以人民为中心"的价值理性、体育权利的价值重心、体育法治的价值目标。公民体育权利的表达逻辑体现为采取"提取公因式"的立法技术,在总则部分对公民的普遍体育权利和特定体育权利进行原则性的法律确认,在其后各章节则具体规定不同类型的体育权利及其主要内容,使公民体育权利表现为各个重要体育领域不同主体所享有的不同表现形式和不同性质的权利,形成公民体育权利的类型化谱系。关于公民体育权利实现路径的立法建构,则是基于公民体育权利在体育法中的不同功能层次及其权利条款内容,全面设置了国家(尤其是国家行政机关)、社会(包括社会组织和个人)作为责任主体所负有的消极的不侵犯义务和积极的给付义务和保护义务。

3. 新《体育法》实施问题

法律解释是法律适用的关键环节,为此有学者从不同角度对新《体育法》进行解读,并提出了一些解释方法。周爱光在《法解释学视角下新修订〈中华人民共和国体育法〉总则解读》(《上海体育学院学报》2023年第5期)一文中指出法律解释的重要性,认为新《体育法》总则是归纳抽象出来的一般性法律规范,对新法其他章节具有统辖效力,准确解读其核心要义对于贯彻落实新法十分重要。该研究从体育立法目的与工作方针、公民的体育权利、公民体育权利的保障、体育活动的基本原则和对外体育交往五个方面对新法总则的15个条款进行整体性、综合性解读,并从法律规范体系、执政党规范体系、国家政策规范体系和社会规范体系等角度探究了新法总则的法理依据。章诚豪在《〈体育法〉评注的编纂刍议与范式设想》(《上海体育学院学报》2023年第8期)中认为随着体育改革的深化,新《体育法》的诸多规范概念、技术用语亟待解释,但短时间内再次修法并不可行。作为法教义学的集大成者,法律评注以现行法解释为中心,关注实定法的实践功效。在新《体育法》实施背景下,配套评注不应缺位。研究认为《体育法》评注对新《体育法》重要内容的整理、提炼能为理论界与实务界搭建沟通桥梁,并且可以发挥信息指引、规范释义、批判检验等功能,进而消解体育法规范的适用困局,以便更精准地理解、把握修法思路与价值取向。

建立配套立法是新《体育法》得以实施的有效路径，陈华荣从全民健身的角度对新《体育法》的配套规则提出看法，在《全民健身公共服务：制度和实践》(《北京体育大学学报》2023年第5期)中认为，新《体育法》颁布实施以来，全民健身公益性、基础性国家供给扩大，全民健身公共服务体系向更高水平迈进。《全民健身条例(修订草案)》拟增设"全民健身公共服务"一章，专章规定相关制度和运行机制。研究提出，要推动全民健身公共服务各要素全方位发展，完善和提升更高水平的全民健身公共服务体系，积极回应人民群众的新要求、新期待；加强新《体育法》配套立法，加快体系和制度建设，推动全周期、全过程监管，助力实现全民健身高质量发展；全面评估风险和影响因素，保障全民健身公共服务体系优质、均衡、充分发展等。

(三)体育仲裁研究

1. 我国体育仲裁制度完善研究

体育仲裁制度的建立与发展是动态的过程。2023年度有学者及时地回顾了我国体育仲裁制度的发展历程，总结了特点，提出了展望，为未来的体育仲裁制度研究提供了良好的文献基础。汤卫东通过《中国体育仲裁制度建设研究：历史回顾、特色亮点、运行展望》(《北京体育大学学报》2023年第5期)一文指出，借《体育法》修改之际增设体育仲裁专章，是中国体育仲裁立法的最佳路径。中国体育仲裁制度既有中国特色，又与国际接轨。中国体育仲裁制度在正式运行后，可能会在独立性、受案范围和司法监督等方面出现一些不同观点和疑难问题，而如何解决仍需深入研究，甚至需要出台司法解释。随着我国体育仲裁制度的建立，体育仲裁委员会正式运营，一批仲裁案件涌入。基于实际问题，许多学者就体育仲裁制度的完善提出了自己的观点。李智、王俊晖在《我国体育仲裁机构的设立与运行机制》(《北京体育大学学报》2023年第5期)一文中指出，我国体育仲裁机构充分体现了体育仲裁的独立性、专业性特点，形成了"规则+章程+工作办法"的规则体系，但面临仲裁范围厘定、与其他体育纠纷解决机制的衔接，以及体育仲裁特别程序运行等问题。为此，需秉持"能动解纷"的思路，坚持体育仲裁的独立性，并重视纠纷解决中的相互协同；立足中国体育法治实践需求，理性看待国际经验，根据自身条件与需求进行制度安排。徐伟康在《论中国体育仲裁制度的内容特色与实施展望》(《体育学刊》2023年第6期)一文中提出，我国体育仲裁制度存在仲裁独立性有待进一步完善、仲裁范围有待进一步澄清、与其他纠纷解决方式的衔接有待进一步加强、与国际体育仲裁的协调需要进一步明确等问题。为推动我国体育仲裁制度更好落地实施,需要进一步确保体育仲裁的独立性、明确复合型体育纠纷的管辖适用、厘清"在竞技体育活动中发生的其他纠纷"条款的含义、完善体育仲裁与体育组织内部纠纷解决机制以及国内法院救济机制的衔接、明确与国际体育仲裁的管辖划分以及特定纠纷能否上诉至国际体育仲裁院等。

除从整体层面对体育仲裁制度进行研究外,也有学者针对体育仲裁的特殊问题进行思考。一是关于体育仲裁的管辖问题,张笑世、赵心畅在《体育仲裁范围排除劳动争议的正当性分析及展望》(《北京体育大学学报》2023年第9期)中提出,运动员工作合同属于劳动合同,应当由劳动仲裁裁决;劳动仲裁具有保障运动员权益、解决体育劳动争议的优势;通过体育仲裁解决体育劳动争议可能会产生的不利后果,以此论证体育仲裁范围排除劳动争议的正当性。研究表明,体育仲裁范围排除劳动争议是符合我国当下实际的,但结合体育仲裁制度的理论逻辑和域外实践,可以得知这种排除是一种立法妥协。基于此,对体育仲裁范围吸收劳动争议进行展望,提出在目的底线、内部发展及外部协商的基础之上分"三步走"的路径,将体育劳动争议纳入体育仲裁范围,最终实现我国体育仲裁制度的进一步发展。二是关于体育仲裁的公正性问题,宫晓燕以《我国体育仲裁公正性保障机制的完善》(《北京体育大学学报》2023年第5期)一文作出回应。她认为,案件能否受理取决于体育仲裁的受案范围是否明确,这是体育仲裁公正性的起点;因体育仲裁审理的固有特征,在制定体育规则时,除需考虑其合法性、合规性外,还需考虑其科学性,并借鉴国际规则,审理实践也对仲裁员的素质提出了较高的要求;体育仲裁程序的公正性是体育仲裁制度的核心价值,为了在体育仲裁实务中体现程序正义,首先应保证仲裁机构的独立性和公正性,仲裁庭在案件审理时需要合理控制审限,建立仲裁法律援助机制,这也有利于更有效地实现当事人个人的诉权;为实现体育仲裁实体的公正性,应适度控制仲裁员的自由裁量权,确定体育仲裁中的证据及其证明力的标准,并进一步研究仲裁救济途径。

2. 国际体育仲裁研究

国际体育仲裁制度一直是体育法学的研究热点之一,也是我国体育仲裁制度的渊源之一,因此每年都有相关的学术成果输出。郭树理、梁晓莹对国际体育仲裁院（CAS）的临时仲裁措施进行了批判与反思，在《CAS 奥运会特别仲裁临时措施实践缺陷之批判》（《上海体育学院学报》2023 年第 5 期）中指出，CAS 仲裁庭通常拒绝授予临时措施，这种保守实践虽基本上是规则正常适用的结果，但"司法"实践的可解释性并不能消解"立法"实践的不合理性；临时措施规则的严格性导致裁决结果引发争议，反映出关于临时措施的规则本身也具有保守性。同时，CAS 部分仲裁庭超越临时措施的适用范围，在审理兴奋剂违规临时停赛案件时误用了临时措施，对体育规则进行了改写。保守实践与误用实践均有损 CAS 的权威，不利于实现临时措施制度倾斜保护申请人的目的，还会异化 CAS 临时措施制度的程序性质。此外，还有学者对 2022 年北京冬奥会仲裁案件的争议问题进行了梳理与讨论，辛芳在《北京冬奥会仲裁案件的争议问题》（《沈阳体育学院学报》2023 年第 5 期）中梳理了北京冬奥会特别仲裁庭的 11 起案件，提炼出一些实践趋势：仲裁庭为了维护裁判的统一性，参照遵循先前判例，但也存在背离先前判例的情形，推进判例法稳定灵活发展；仲裁庭不是政策的制定者，是以裁判者的身份适用规则、解释规则，无权直接决定参赛名额的分配或再分配；仲裁庭对于体育规则的漏洞，以司法能动主义作为仲裁政策的补充；仲裁庭贯彻公正、效率、人权的理念，保障运动员的实体性和程序性权益；仲裁庭打击违反反兴奋剂规则的行为，调和兴奋剂处罚和运动员权益保障间的冲突，推动国际反兴奋剂规则发展。基于 CAS 在体育纠纷解决中的权威性和不可取代性，翟一飞等在《强制性体育仲裁协议的正当性争议及中国因应》（《北京体育大学学报》2023 年第 12 期）中讨论了强制性体育仲裁协议的正当性，认为仲裁协议的正当性不在于摒弃强制性，而是如何优化强制性以保障运动员的合法权利。人权保障是体育纠纷解决机制设计的内在逻辑，也是仲裁协议正当性存在的首要之善。以此为鉴，我国体育仲裁制度应提高仲裁的透明度、开放仲裁员名册、完善仲裁员回避制度，进一步推动运动员权利保障和体育法治化的发展。梁婧、周青山在《国际转会纠纷中职业足球工作合同认定研究》（《北京体育大学学报》2023 年第 12 期）中对国际足联争议解决委员会和国际体育仲裁院建立的球员工作合同认定标准等问题进了研究，认为判断球员与俱乐部所签署合同之性质，是体育纠纷解决机构审理职业足球国际转会纠纷案件时的首要任务。争议合同被认定为预约合同而非职业足球工作合同的，违约不构成无正当理由解除合同。因认定预约合同存在障碍，国际足联争议解决委员会和国际体育仲裁院建立了由当事人姓名、双方角色、劳动期限、球员薪酬和当事人签字五项基本要件组成的职业足球工作合同认定标准,具备所有要件的合同即为职业足球工作合同。根据对已有案例的分析,国际体育仲裁院职业足球工作合同的认定标准更注重对当事人真实意思的考察,在承认预约合同、减轻违约责任方面具有重要意义。为了更好地参与国际转会活动,中国职业足球俱乐部应加强对职业足球工作合同认定标准内容与适用的学习,以制定不同的辩护策略,注重预约合同条款的表述,并积极参与仲裁听证以维护自身合法权益。

(四)反兴奋剂法治问题研究

秉持对兴奋剂"零容忍"的态度,体育法以制定预防制度与惩治制度为目标。2023年反兴奋剂法治问题研究持续向纵深推进,研究成果兼具本土关怀与国际视野。

1. 中国反兴奋剂法治问题研究

马宏俊、郭锐在《我国反兴奋剂法治实施体系研究》(《北京体育大学学报》2023年第5期)一文中,通过对我国反兴奋剂法治的行政实施、行业实施、司法实施、反兴奋剂行业纠纷解决、守法等方面的研究,总结了我国反兴奋剂法治实施体系的形成历程与实施效果。研究认为,在我国反兴奋剂法律法规体系逐步健全的背景下,我国反兴奋剂法治实施体系已经初步形成,并在我国反兴奋剂实践中发挥了较好的作用,未来应当继续重视反兴奋剂的法治实施,通过组织建设、人才队伍建设、形成综合治理机制、推进体育仲裁工作、加强宣传等推进反兴奋剂法治实施体系的完善。韩勇在《中国反兴奋剂模式探索:在控制模式与正当程序模式间平衡》(《北京体育大学学报》2023年第5期)一文中运用帕克的刑事诉讼程序模式,发现当下反兴奋剂模式是一种控制模式,但倾向于朝正当程序模式迈进。早期中国反兴奋剂模式是典型的控制模式,随着中国反兴奋剂治理取得成效,加之全球反兴奋剂模式对运动员权利保护的关注,对运动员权利的保护逐步加强。但中国反兴奋剂模式目前仍然偏重控制,对辅助人员的处罚、部分运动员违规时的团体处罚、运动员禁赛期满复出的规定均比国际反兴奋剂规则要求更严格,听证中对运动员注意义务的要求更高。中国反兴奋剂模式应进一步注重正当程序,采取对"零出现"目标准确定位、加强运动员权利保护立法、部分运动员违规时团体处罚适用过错责任原则、取消反兴奋剂规则中任何形式的"大阪规则"、对于误服误用适当调整注意义务尺度、严格依法依规处罚、加强反兴奋剂教育与营造良好社会环境等措施,实现控制模式与正当程序模式的平衡。

自兴奋剂入刑以来,关于兴奋剂犯罪构成要件、司法适用以及犯罪治理等问题的讨论层出不穷,李永升、袁汉兴在《兴奋剂犯罪刑法治理体系的改进与完善》(《成都体育学院学报》2023年第4期)一文中对当前我国兴奋剂犯罪刑法治理体系进行了全面概括,认为存在走私兴奋剂、非法经营兴奋剂、组织非法使用兴奋剂以及生产、销售含有兴奋剂的食品四个方面的刑法规制路径。但是兴奋剂犯罪刑法治理体系依然存在迫切需要改进的问题,如罪名定性判断模糊不清、犯罪构成要件内涵不明和行刑法律规范衔接不畅等。研究提出,兴奋剂犯罪刑法治理体系应当从三个方面进行自我改革与完善,即完善兴奋剂犯罪的罪名体系、明确兴奋剂犯罪构成要件的内涵、构建兴奋剂"执法—司法"合作型工作机制。

2. 国际反兴奋剂法治问题研究

国际反兴奋剂法治理论前沿与实践状况,关乎我国的反兴奋剂法治建设与运动员权利保障,是体育法学研究不可缺少的领域。2023年度,有部分学者关注了《世界反兴奋剂条例》中的证据规则及证明责任问题。有学者对兴奋剂违规处罚中运动员的主观状态及其证明方法进行了研究,如李智、魏沁宁在《论兴奋剂违规处罚中的非故意证明》(《上海体育学院学报》2023年第5期)中对运动员主观非故意的证明展开了详细深入的论述。该文认为,《世界反兴奋剂条例》采用故意推定的方法认定非特定物质兴奋剂违规,运动员只有证明自己非故意,才能减轻乃至免除处罚。由于证明条件较为模糊,运动员举证责任较大,非故意证明几乎成为"不可能完成的任务"。2021年版《世界反兴奋剂条例》对于在实践中采取降低禁用物质来源的证明要求、拓展运动员举证路径等方法对非故意证明规则进行调适给予了回应,但在具体证据要求的确定性等方面仍有待完善。对此,研究建议通过扩充非故意违规处罚规则、强化证明方法自由原则、将成本效益分析引入优势证据证明标准等方式,适当考量主观因素,疏解这一规则困境。这将有助于提升兴奋剂违规处理的合理性,推动形成更加公平公正的反兴奋剂规则体系。徐路梅在《〈世界反兴奋剂条例〉中推定规则的适用问题研究》(《成都体育学院学报》2023年第5期)中提出,《世界反兴奋剂条例》的推定规则偏向为反兴奋剂组织提供更多的证明便捷,未能充分保障运动员权益,导致两者之间利益过度失衡。

通过对规则文本和具体案例进行研究,发现推定规则在设立条件、产生效果、适用范围、适用主体、反驳条件等方面存在问题,这些问题为推定规则的完善奠定了基础。作者以此为契机针对上述问题提出具体的完善建议:细化推定规则的设立条件、明确推定规则的适用范围、平等推定规则的适用主体、降低反驳推定规则的障碍、加强对实验室操作失当行为的监督和规制等。

此外,郭树理、章语馨在《〈世界反兴奋剂条例〉"禁止合作"机制之再完善》(《武汉体育学院学报》2023年第6期)一文中,对基于2015年实施版《世界反兴奋剂条例》产生的"禁止合作"机制,即禁止运动员或其他当事人与某些兴奋剂违规的辅助人员合作这一机制进行了研究,发现在实践中该机制的适用率极低,而且即使经过2021年实施版《世界反兴奋剂条例》的修改,该机制仍然存在诸多不足。研究认为,必须通过规定"合作"的一般定义、恢复反兴奋剂组织对运动员的告知义务、采取更加公平的方式确定辅助人员被取消资格的期限等手段进行修改和完善。

(五)体育赛事相关法律问题研究

1. 体育赛事法制完善研究

在全面依法治国的背景下,体育赛事的现代化治理离不开法律,因此张恩利等发表了《新修订〈体育法〉背景下我国体育赛事活动法律制度环境的现实审视与优化路径》(《西安体育学院学报》2023年第1期),该文从体育赛事活动的立法、执法和纠纷解决三个角度对我国现行的体育赛事活动法律制度环境进行梳理,认为当前体育赛事活动的法律制度环境存在体育立法建设供需不匹配、体育行政执法效能有限、体育纠纷解决机制不完善等问题,并据此提出完善体育赛事活动政策法规体系、加强体育赛事活动行政执法工作、健全体育赛事活动纠纷解决机制等建议。

随着电子竞技赛事的繁荣,在法律多元主义视角下,越来越多的法律规则应当被完善和构建,有学者就关注到电子竞技的执裁问题,刘福元在《电子竞技执裁公正的法理界说与制度建构》(《上海体育学院学报》2023年第5期)一文中认为,电子竞技执裁公正的校正机制应从赛事规则、裁判员制度和申诉制度入手,覆盖事前、事中和事后三个时间节点,依托"规则—主体—程序"三重法理支撑,形成严整且立体的三维制度体系。研究认为,赛事规则的周延化通过细化执裁依据应对比赛中出现的特殊情形,而遵从先例、裁量基准能够缩减执裁的任意性;裁判员制度的类型化通过选拔、培训、考察、回避、惩戒等规则应对执裁能力和道德素养问题；申诉制度的实效化则是在裁判员或主办方主动回应争议的基础上，为遭受不公正对待的参赛方提供救济途径。

2. 体育赛事相关权利的归属与保护研究

体育竞赛表演业作为衡量体育产业发展的重要指标之一，对推动体育普及、丰富群众生活、增强人民体质、促进体育强国建设有不可忽视的积极作用。明确的产权制度是发展体育竞赛表演业的基础性保障。2023年度有许多学者将研究聚焦于对体育赛事与体育赛事组织者的相关权利的讨论，提出了宝贵的建议。针对体育赛事知识产权问题，有学者提出了从整体上构建体育赛事知识产权制度，以保护基于体育赛事而产生的相关无形财产的权利，如龚韬等在《从分散化转向集中化：我国体育赛事知识产权立法模式考量》（《武汉体育学院学报》2023年第12期）中指出，我国目前的体育赛事知识产权保护适用的法律较为分散，具体表现在法律渊源层次的分散和保护对象的分散上。这一模式不仅存在大量的立法漏洞和冲突，而且由于法律法规的局限性和时效性，还会产生高昂的成本，究其原因是分散化的保护模式与体育赛事知识产权的内在特点相违背。研究提出，我国需逐步构建一个与体育赛事知识产权本身特点相契合的集中化立法体系。基于对立法成本、立法适用等现实因素的考量，我国应首先确立相对集中的体育赛事知识产权立法思路，进而逐步构建集中化立法模式。

针对体育赛事活动产生的数据权利，宋亨国、唐煜昕在《体育赛事活动数据权利及其确权的法理学分析》（《体育科学》2023年第11期）一文中提出，体育赛事活动数据资源具有特殊性，体育赛事活动数据权利属于民事权益范畴，具有私权利和公权利双重属性。基于独特的体育赛事活动数据资源，能够形成不同的产品，并衍生出多样的权利形态。体育赛事活动数据权利呈现出"权利束"样态，涉及多种利益诉求，需要从权利归属、边界、内容和运行维度进行确权，这也是规范体育赛事活动数据市场，保障各类主体权益的基础。当前，针对体育赛事活动数据的增多，急需在充分解读国家有关法律法规的基础上，完善相关权利保护制度，明确数据权属关系，保障多方主体权益。

针对体育赛事视听信息保护问题，张新锋在《我国体育赛事视听信息的知识产权保护模式》（《法商研究》2023年第2期）一文中概括了各国关于体育赛事视听信息的两种保护模式：体育赛事视听信息著作权保护模式，即将体育赛事摄制成果作为视听作品保护的模式；体育赛事视听信息权保护模式，即对体育赛事活动组织者采集体育赛事视听信息并向公众传播和进行商业利用的权利进行保护的模式。研究从规范科学性、权利正当性、经济合理性和体系自洽性等维度进行考察，提倡在我国运用体育赛事视听信息权保护模式。此模式不仅能够维持体育赛事视听信息传播关系中的利益均衡、稳固《著作权法》概念体系的柱石，而且在司法实践中更有利于妥当解决因采集、传播体育赛事视听信息行为引发的纠纷，也更符合法律方法论的要求。我国体育赛事视听信息权的构建需要从权利限制、禁令救济、请求权竞合等方面加以完善。当然，也有学者从新《体育法》的规范出发，提出了体育赛事视听信息权的保护路径与完善方案，如赵毅、储贝贝在《作为新兴权利的体育赛事组织者转播权：入法及解释》（《北京体育大学学报》2023 年第 5 期）中提出，我国《民法典》编纂和《著作权法》修改时均未考虑对体育赛事组织者相关权利的法律保护，而新《体育法》的修订最终实现了体育赛事组织者转播权的法定化。体育赛事组织者转播权是数据财产权利，权利客体是数据信息，在法律适用上宜采"体育法+民法典"的适用路径。而《著作权法》仅适用于赛事节目盗播类案件，《反垄断法》则用于要求权利人提供限定次数的免费播放渠道。体育赛事组织者转播权的入法及解释，提供了法律回应新兴权利诉求的实证范式。张惠彬、肖启贤在《新〈体育法〉下体育赛事视听信息权的规范构造与完善路径》（《上海体育学院学报》2023 年第 10 期）中认为，新《体育法》第 52 条第 2 款为体育赛事组织者等创设了体育赛事视听信息权。在内部法律构造上，体育赛事视听信息权的客体是体育赛事视听信息，主体是体育赛事组织者和俱乐部等信息提供者，内容包括固定权、复制权、发行权、广播权和信息网络传播权五项子权利。"营利目的"属于权利的限制性要素。在外部法律构造上，体育赛事视听信息权属于《民法典》第 126 条规定的"其他民事权利和利益"。目前，新《体育法》第 52 条第 2 款在规范表述上存在较高的原则性和不确定性，为避免其因适用上的分歧而沦为体育产业发展背景下的"应景之作"，该条文须加以完善，包括调整权利的体系归属、正面界定权利内容、细化权利类型、对目的性要素进行改造以及引入权利限制制度。基于体育赛事视听信息权的建立，在侵权纠纷发生时，对应如何对相关权利人进行救济、如何对侵权行为人进行处罚这一问题，赵杰宏在《惩罚性赔偿在体育赛事节目盗播案中的适用：以〈民法典〉和〈著作权法〉修改为中心》(《成都体育学院学报》2023年第6期)中作出了回答,该文认为盗播体育赛事节目的行为应该适用惩罚性赔偿。《民法典》与新《著作权法》规定,侵权人故意侵害他人著作权,情节严重的,要承担惩罚性赔偿。这意味着2021年后的赛事节目盗播案中,被侵权人可要求侵权人支付补偿性与惩罚性赔偿金。赛事节目盗播案适用惩罚性赔偿要符合"侵害知识产权""主观故意""情节严重""被侵权人请求"四个条件。只有将赛事节目认定为著作权法上的作品,才能将盗播行为归属于侵犯著作权的行为。盗播者既违背了对赛事节目授权的注意义务,又在主观上具有故意。在惩罚性赔偿诉讼中,经赛事组织者授权的转播者可作为被侵权人,享有诉讼权。转播者要在诉讼中明确主张著作权被侵犯,才可要求适用惩罚性赔偿,且应将惩罚性赔偿与补偿性赔偿一并主张。法官综合被侵权人损失数额、盗播者获利数额与赛事产业发展等因素在补偿性赔偿额基数上确立惩罚性赔偿额。

3. 体育赛事监管研究

以体育赛事安全为切入点,蒋亚斌等在《新〈体育法〉实施背景下我国体育赛事活动安全监管立法：现状、问题及优化》(《体育学研究》2023年第3期)中对我国体育赛事活动安全监管的立法进行了全面梳理,发现现行立法存在整体立法层级偏低、监管要素呈现不全面、地方立法创制水平较低、立法时效性欠佳和软硬法互补效应不强等问题。为此,研究提出,未来可通过统筹中央和地方立法进程,整体提升体育赛事活动监管立法层次;贯彻落实职权法定,进一步明确体育赛事活动监管细节要素;顺应监管实践需要,适度提升地方立法的创制性;坚持立改废释并举,有效增强立法的时效性;建立健全行业规范体系,逐步优化体育软硬法的衔接和互补等方式,不断优化我国体育赛事活动安全监管的法律规范体系。

4. 操纵比赛行为的法律规制研究

操纵比赛行为由来已久,随着法治观念的普及与体育改革的深入,对操纵比赛行为的规制已必不可少。众多规制手段中,法律规制应当发挥何种作用、如何在国家法律与自治规则之间寻找平衡,成为规制操纵比赛行为的一个难点与热点。为此有学者从具体项目出发,提出了相关解决方案,如周青山、敖忠在《新〈体育法〉视野下操纵足球比赛行为的认定、处罚与救济》(《北京体育大学学报》2023年第5期)中提出,新《体育法》对于操纵体育比赛行为采取"违反体育道德和体育赛事规则,弄虚作假、营私舞弊"的表述,首次就操纵比赛行为的行政处分、政务处分、违纪责任、行政处罚以及民事责任与刑事责任作出了全面性的规定。但作为体育基本法,新《体育法》在规定上不免具有宏观性、总体性与概括性,对于规则适用等具体问题无法提供操作性指引。对此,至少需要厘定操纵比赛行为认定、处罚与救济三个方面的具体适用规则。以足球为例,对于操纵比赛行为的认定,主体包括比赛、赛事、活动参与者及足球行业相关管理者;主观要件以故意为原则,以过失与无过错为例外;客体为改变赛事结果或过程;客观要件则包括作为与不作为。在处罚方面,新《体育法》既充分尊重体育组织的处罚权,又体现了处罚对象的差异化与责任形式的多样化;体育组织所作出的停赛、取消参赛资格的决定具有管理/行政性质,与处罚性决定并存不违反"一事不二罚"原则。在救济方面,可以针对行政处分、政务处分、违纪处罚以及行政处罚采取不同的救济方式与路径。张于杰圣在《控制与平衡:操纵比赛的法律规制新解——从职业足球切入》(《成都体育学院学报》2023 年第 3 期)中认为,传统的"打击与消灭"难以从根本上解决问题,操纵比赛的法律规制应当以"控制与平衡"为核心,即在体育自治与司法介入之动态平衡的框架下,辅以立法、执法、行政等诸多控制和平衡的手段,综合、适度且正当地介入体育腐败的治理,从而达到规制操纵比赛行为,使其无法对体育运动健康可持续发展造成实际威胁的最终目标。

也有学者从合规制度切入,从合规的角度论述操纵体育比赛行为的规制措施,张奥在《合规视野下操纵体育比赛行为的规制路径》(《上海体育学院学报》2023 年第 5 期)中指出,实践中对操纵体育比赛行为的规制主要依靠单一的行政监管或刑事制裁,但这两种路径具有外部性和事后性,规制效果不佳。作为现代社会治理方式,合规内含的合作规制路径对操纵体育比赛行为的规制具有积极意义,且新《体育法》增设了体育组织的守法义务和法律责任,故有必要引入合规制度。合规视野下操纵体育比赛行为的规制路径包括体育组织自我规制和国家外部激励,前者是本质,后者是动力。研究提出,要强化体育组织自我规制,构建事前预防、事中监管和事后应对三位一体的自我规制体系;发挥国家的激励作用,通过行政激励和刑法激励反向推动体育组织自我规制的有效展开;构建"体育组织—国家"二元主体的合作规制路径,为营造公平的赛场秩序提供制度保障。

此外，也有学者从比较法视角下给出了回答，张鹏在《操纵体育赛事之国际规制路径与镜鉴》（《体育与科学》2023年第6期）中认为，《奥林匹克运动预防操纵体育赛事规则》和《欧盟委员会操纵体育赛事公约》明确界定了操纵体育赛事的内涵，并从实施主体、主观目的、行为方式、责任设定等四个维度加以规定。国际体育仲裁实践表明：对于操纵体育赛事行为的处罚无需体育组织规则予以明文规定；体育组织就操纵体育赛事者所设定的禁赛期分属行政管理措施与纪律处罚两种不同情形；利益冲突的主体之间通过直接和间接两种不同方式操纵体育赛事；放心满意标准被确定为国际体育仲裁中操纵体育赛事案件的证明标准；国际体育仲裁中此类案件的证据采信标准有别于国家司法程序中的要求。以此为鉴，我国体育组织应将对操纵体育赛事的规制置于与反兴奋剂同等重要的地位；统一厘清操纵体育赛事概念，保留独立监管权；设定比例原则要求和减轻责任考量情节；推动国际合作和规则完善。陈艳、王雾霞在《操纵体育比赛违规处理的"两段式程序"及其合法性挑战》（《上海体育学院学报》2023年第8期）中研究了以欧足联为首的国际体育组织创设的"两段式程序"以及该程序在国际体育仲裁院先后遭遇的法不溯及既往、一事不再罚原则的挑战，通过"波尔图案""费内巴切案""艾斯基沙希案""老挝丰田案"等案件深度分析"两段式程序"的制度构造及其存在的问题。研究发现，"两段式程序"彰显了体育组织打击操纵体育比赛行为、维护赛事诚信的决心，但也存在制度设计中多处悖反第一阶段措施性质定位、两阶段措施之间连接松散、适用情况单一等问题。为更好地顺应全球体育发展趋势，研究建议，中国足球协会应将"两段式程序"相关内容纳入反操纵体育比赛教育，完善操纵体育比赛相关规则；中国体育仲裁委员会应加强对体育组织规则制度的合法性审查。

（六）体育类司法问题研究

习近平总书记指出："体育既是国家强盛应有之义，也是人民健康幸福生活的重要组成部分。"随着体育在大众生活中地位的上升，因体育而产生的纠纷数量同步提高，对司法规范化水平提出了更高要求。2023年度有许多学术研究遵循法教义学的研究路径，采用案例分析法、比较研究法等方法对体育类司法案例进行了归纳，并产出了一批成果。

1. 自甘风险条款的司法适用研究

体育伤害是常见的体育纠纷形式，自甘风险作为过失侵权的抗辩事由，在司法审判中经常出现，能否正确适用对维护当事人合法权益和司法正义意义重大。为此,雷婉璐在《体育活动自甘风险司法适用的递进模式研究》(《法律适用》2023年第9期)一文中,通过对适用《民法典》自甘风险条款的65份裁判文书的实证分析,发现自甘风险在司法适用中存在传统审判思维的路径依赖、条款内在关系界定不清、构成要件要素判断标准僵化以及扩大适用等困境。对此,需要对其进行从"耦合"到"递进"的整合与改造,依次对致害风险来源、受害人参与意图、行为人主观过错以及活动组织者安全保障义务进行判断,使自甘风险的构成要件成为一个具有内在逻辑的体系,阐明自甘风险的司法适用路径,明确自甘风险与其他归责原则之间的界限。闫建华、袁绍义在《〈民法典〉自甘风险规则适用条件问题研究——兼论体育人身侵害自甘风险的法律适用》(《成都体育学院学报》2023年第4期)中对自甘风险规则在实践中的误用进行了匡正。研究认为,老人穿越篮球场案的判决与媒体对案件适用自甘风险规则的解读,以及白银事件发生后个别有关参赛选手的行为是否适用自甘风险规则的观点,均不符合《民法典》第1176条对自甘风险适用范围的限定,陷入了主体泛化、混淆损害与侵害的认识误区,对人们准确理解《民法典》自甘风险规则的适用产生误导。为使公众树立正确的自甘风险规则法律意识,须通过活动、主体、主观、客观四个方面研判第1176条的适用条件,只有同时具备这四个方面的条件才属于《民法典》自甘风险的适用范围。活动组织者未尽到安全保障义务,则应依据相应条款承担赔偿责任。韦志明、韩金勇通过《〈民法典〉自甘风险规则在体育伤害案件中的认识误区与优化路径——基于66份裁判文书的分析》(《体育与科学》2023年第2期)一文,指出自甘风险规则在司法实践中已获得一体遵行,司法判例对自甘风险规则中的"文体活动"采用"大体育"概念,涵盖了所有体育活动,但自甘风险规则在加害人主观过错、适用范围、组织者责任、减轻事由、公平责任条款适用等方面存在认识性误区。为此,应对自甘风险规则的适用路径进行优化;在适用上应坚持法教义学立场以确保依法裁判的规范效应,通过案例指导体系和类案检索制度来实现自甘风险规则的同案同判;在法律方法上构建适用自甘风险规则的论证模式来进行说理论证。

根据《民法典》第1176条对自甘风险规则的规定,自甘风险规则的例外是行为人对损害的发生具有"故意或者重大过失",但其标准未明。熊瑛子、贺清在《文体活动自甘风险条款中"重大过失"的识别——基于〈民法典〉实施后一年内96份司法裁判文书的实证分析》(《武汉体育学院学报》2023年第1期)一文中认为,司法实践中,对重大过失的判断存在标准模糊、同类犯规未得到同等对待等情况。根据文义解释、目的解释、历史解释等法律解释方法进行剖析,重大过失系过失的一个亚类,与"故意"存在明显区别;重大过失并不等同于"严重犯规"行为;判断重大过失过程中,需要考虑当事人的运动经验和所从事项目的惯例和特点;在未来的司法实践中,厘清注意义务的范围是判断重大过失的前提;判断重大过失时应当具体项目具体对待;比赛规则类型化是判断"重大过失"的依据,违反技术性规则一般不作重大过失处理。

2. 体育纠纷的司法解决

针对职业体育中的纠纷,陈传亮、杜丛新在《劳动法视角下职业体育俱乐部劳动争议处理的现实审思与路径选择——基于387项司法审判案例的分析》(《武汉体育学院学报》2023年第8期)中对2015年至2022年的387个职业体育俱乐部劳动争议司法案例进行了梳理,总结了当前职业体育俱乐部劳动争议处理过程中,在劳动关系确认与特殊劳动关系认定、劳动权益保护条款适用以及争议管辖权等方面的现实特征与困境。研究提出,在劳动法与新《体育法》背景下,职业体育俱乐部劳动关系协调与劳动争议处理的路径选择,即明晰强化劳动关系确认、深化拓展劳动权益事项、建立健全"调解—仲裁—诉讼"的劳动争议处理机制、完善体育从业者劳动权益保障与劳动争议处理特殊规定。刘谢慈在《多元解纷的法治协同:内部体育纠纷的司法治理》(《体育学刊》2023年第3期)一文中主要探讨了体育自治与司法的关系,指出当前内部体育纠纷的司法治理机制存在规制范围不清、主体适格性存疑、法律依据缺位等问题,有必要明确司法治理边界,完善实体法和程序法的融通路径。新《体育法》通过规定不同救济机制的受案范围、规范体育组织行为、确立体育组织权责体系、完善多元纠纷解决机制等进一步强化了内部体育纠纷的法治保障体系。在分析转型期社会治理的行动逻辑与演化趋势的基础上,论证保障司法的有序介入与体育治理的价值趋同,并基于体育治理的制度特性以及自治与法治的关系,提出协会内部救济、仲裁、调解等适配机制和司法救济应在内外结合的双重架构下有效衔接,进一步明确司法权介入内部体育纠纷的时间、范围和法律依据等问题,从而有效厘定内部体育纠纷的司法治理边界。

（七）运动员权利保障研究

运动员是体育运动的核心主体，其权利内容与救济是体育法学研究绕不开的议题，特别是在新《体育法》的立法理念引导下，以运动员为本位的权利保障研究数量不断增加。2023年，运动员权利保障研究结合时代发展特征，在不同维度下对运动员的权利保障作出了回应。

面对信息时代对运动员提出的挑战，徐伟康在《量化的规训：运动员生物统计数据的法律保护》（《体育科学》2023年第10期）中对运动员生物统计数据的处理进行了讨论，认为现有处理方式既存在技术固有缺陷所引发的数据和算法风险，也存在作为一种技术工具被滥用或恶意利用，从而造成侵害运动员隐私权益、劳动权益和公平竞争权益的风险。相较于一般的数据保护，运动员生物统计数据的敏感性和商业性、运动员身份的公众性和雇员性、体育行业的竞技性和自治性、算法规制理念的转向性使之面临多方面的特殊考量。建议围绕告知义务的规范、最小必要的优化、安全保护的履行形塑开发行为规范，立足于数据同意权的设计、数据财产权的享有、合理推论权的引入构造运动员主体权利。可以以研制"职业体育条例""体育赛事活动管理条例""体育俱乐部条例"等为契机完善相关立法，推动我国体育领域集体协商机制的构建和行业自治的完善，从而形成体系化的运动员生物统计数据法律保护机制。

面对我国教育转向公平优质发展的状况，倪京帅在《新时代我国运动员公平优质受教育权：法理内涵、价值取向及实现进路》（《沈阳体育学院学报》2023年第2期）中提出了确保运动员享有公平优质的受教育权的进路，认为我国运动员受教育权保护实现了从公平优先到公平优质、从政策治理到法律治理、从单一主体主导到多元主体参与的价值转向。基于新《体育法》和《国家人权行动计划（2021—2025年）》视角，应从改革运动员人才培养目标、构建运动员文化教育服务体系、推进教育数字化转型、提供有力的法治保障等方面发展我国运动员公平优质的受教育权。

面对复杂的国际体育环境，有学者对运动员的参赛权利问题进行了深入研究，以期反哺国内运动员权利保障与国内体育法治建设。乔一涓、许益奇在《法治视角下国际奥委会参赛资格管理的发展与启示》（《武汉体育学院学报》2023年第11期）中认为，在奥运会参赛资格双轨制的运行过程中，存在各体育组织之间权力冲突不断、主要体育组织缺乏有效制衡、运动员权利保障不足等问题,阻碍参赛资格管理的法治化发展。国际奥委会借助每届奥运会前发布的《参赛资格体系准则》,对奥运会参赛资格进行有效管理。通过梳理四届奥运会《参赛资格体系准则》的内容,发现国际奥委会在制定细则、引入协商前置程序、重视选拔时间节点三方面对参赛资格管理实践中的问题作出积极回应。研究从《参赛资格体系准则》的发展中获得如下启示:吸收参赛资格管理的先进经验,在制定符合国际标准的选拔文件、健全国内外选拔程序的衔接制度、增强监督和纠纷解决多元化方面作出改进,着力完善我国奥运会选拔制度,提升参赛资格管理的法治化水平。黄世席、李杰在《〈奥林匹克宪章〉运动员国籍条款中的酌情裁量权研究》(《体育与科学》2023年第4期)中提出,作为运动员参赛国籍规则框架下的一部分,酌情裁量权条款具有效力最高性、完全自裁性、模糊性与灵活性等特征。效力最高性依赖于国际体育组织自治与《奥林匹克宪章》最高地位的结合;完全自裁性体现在执行委员会的完全决定权上,缺乏约束机制;模糊性表现为执行委员会的裁量标准不明确、裁量事项范围宽泛、裁量程序不清晰。鉴于酌情裁量权条款对运动员、国家、国际体育发展具有不同程度的积极与消极影响,需要对该条款进行反思并加以完善。在裁量标准方面,可以借鉴《国际滑雪比赛规则》第203.5.2条中的最佳利益标准;在裁量事项范围方面,应坚持裁决须以运动员与所代表的国家之间的真实联系为原则;在裁量程序方面,需设立标准的裁量程序,在拒绝运动员申请时应告知理由并赋予其申诉权;在外部监督方面,应明确国际体育仲裁院上诉仲裁庭能够作为上诉机构为运动员提供救济途径。中国可以通过中国奥委会的建议权、国际奥委会运动员委员会的建议权来推动酌情裁量权条款的完善。此外,可以尝试在中国奥委会的现有组织架构中设立运动员监察部门来加强自身制度建设,降低因该条款的滥用可能对中国产生的负面影响。

(八)青少年和学校体育相关法律问题研究

新《体育法》对青少年和学校体育部分的修改较大,围绕新法,2023年度青少年和学校体育相关法律问题的研究集中于:

1. 新《体育法》对青少年和学校体育发展的意义

新《体育法》的修改为青少年和学校体育的发展指明了新方向,有学者梳理了现状,对新《体育法》在未来青少年和学校体育方面的价值和指导作用进行了深入论述,如王家宏、刘艳在《青少年和学校体育法治现代化的价值意蕴、问题审视及实现路径》(《北京体育大学学报》2023年第5期)中提出,走中国式现代化青少年体育发展道路需要加强青少年体育的法律保障。新《体育法》为青少年和学校体育的发展提供了有力的法律支撑。结合青少年和学校体育发展的现实问题,围绕实施高标准、全方位法律保障的时代诉求,实现体育教学改革法治保障的必然要求,巩固体育强国建设根基的现实要求,强化体育法律体系协同性的内在要求四个方面阐释体育法修订的价值意蕴。研究认为,学校体育教学改革的法治保障问题、竞技后备人才培养的法治保障问题、中高考体育制度的法治保障问题、青少年体育健康促进的法治保障问题是当前青少年和学校体育法治现代化面临的现实问题,并进一步从优化学校体育教学改革、提升竞技后备人才培养、健全中高考体育制度、加强青少年体育健康促进的法律保障方面提出促进青少年和学校体育发展的法律保障路径。柳鸣毅等在《青少年体育现代化治理的中国路径——对〈中华人民共和国体育法〉修订之省思》(《体育科学》2023年第2期)中论述了法治保障是实现青少年体育现代化治理的关键,阐释了青少年体育现代化治理及新《体育法》中"青少年和学校体育"章名和内容修订的基本要义。研究认为,当前青少年体育面临健康促进效果不显著、运动技能培养路径不畅、青少年体育后备人才质量不高等困境,应将深化学校体育改革基础工程、青少年健康素质提升工程、青少年体育训练中心建设精品工程及青少年体育俱乐部发展品牌工程等作为未来青少年体育的重点工程。基于"理念—体系—能力"分析框架,在治理理念现代化方面,将促进青少年全面发展作为国家优先发展青少年和学校体育的总体定位和发展目标,体现了以青少年健康、教育、体育治理推动青少年体育现代化的价值导向。在治理体系现代化方面,新《体育法》提出一系列青少年身体素养培育策略,以完善青少年体育公共服务体系为治理目标,实现治理体系现代化。在治理能力现代化方面,新《体育法》围绕强化多部门、多领域和多层级协同开展青少年体育工作的合作能力,充分保障青少年参与体育运动的基本权利,并通过不断推进法治建设等举措,夯实青少年体育治理现代化的根基。

2. 学校在体育运动中的责任研究

作为开展体育运动的重要场域,学校在体育教育、促进青少年身心健康方面有不可取代的作用,也有不能回避的责任。马天一通过研究新《体育法》第三章与"法律责任"章节的相关条款,在《新修订〈体育法〉学校责任适用困境与破解》(《体育学刊》2023年第5期)一文中提出,新《体育法》第111条的设置使违反《体育法》第三章中刚性规范的学校责任得以确立,但通过综合检视可以发现,学校责任的实现仍面临来自执法活动启动机制、责令改正执法机制、改正行为检验机制等方面的困境。学校责任具备来自体育、教育、未成年人保护三个方面的复合法理基础,而多元主体通过柔性与灵活性的法治实施可以将具体法理作用于复杂的执法实践中,辅助学校责任条款功能的实现。因此,应通过创新推动软硬法协同治理,破解学校责任适用困境,构建基于"责令改正"法律属性的协同治理模式,围绕执法开端、执法裁量、执法预后等环节建立能够对硬法内涵进行充分阐释的软法规范体系,并以多元共治为理念完善综合治理体系。

此外,有学者从体育法的角度提出了解决频发的学校体育意外伤害事故的办法,以纾解学校体育管理工作的压力,如王旭升在《新修订〈体育法〉中学校体育意外伤害保险机制的制度构建》(《体育学刊》2023年第4期)中认为,新《体育法》第33条虽从宏观上明确了国家要建立健全学生体育活动意外伤害保险机制,但对其微观面的构成内容并未作出任何规定。研究主张,学校体育意外伤害保险机制的制度构建应从两个方面展开:一是在保险模式上,需确立强制险的合同订立方式,建立以政府为主,学校、个人为辅的保费负担机制;二是在规则设计上,采取团体保险的承保方式,明确同意规则不应适用,扩大解释保险责任的时间、空间范围,并确立医疗、伤残与死亡二分法的赔付规则。

(九)体育产业中的相关法律问题研究

体育产业是衡量体育发展水平的重要指标,为体育法学研究带来了众多实践性问题。职业体育中球员的劳资问题一直是社会热点问题,为解决这一困扰,有学者从比较法的角度,提出了解决路径。如董金鑫在《论职业足球劳动合同单方解除争议解决的比较法研究》(《成都体育学院学报》2023年第3期)中借鉴了国际经验,认为根据国际足联的规定,单方解除职业足球劳动合同需要正当理由。综合足球行业的实践,球员单方解除职业足球劳动合同集中发生于俱乐部不予注册、工资过度扣除、训练条件不足等情形,而俱乐部单方解除职业足球劳动合同则集中发生于球员伤病、表现欠佳、擅自离队或拒绝归队以及摄取禁用物质等情形。这些做法与我国现行劳动立法预先设置的法定解除情形有所不同。董金鑫提出,未来我国职业足球劳动合同单方解除争议的解决宜在借鉴国际体育仲裁法理的基础上,通过体育仲裁庭个案归纳的方式将解除的正当理由类型化,来妥善处理我国法律和足球行业规则在该领域的适用冲突。

在体育企业的治理中,有学者关注到了体育企业在法治背景下的自治路径,并提出了构建思路,田川颐、袁钢在《体育企业合规:价值逻辑、实践动因与建设路径》(《北京体育大学学报》2023年第5期)中提出,企业合规在积极意义上构建了合法经营的规则体系,在消极意义上可作为企业违法犯罪时换取宽大处罚的依据,是一种国际盛行的企业治理方式。面对体育企业在发展中的问题,在新《体育法》背景下,引入企业合规的概念、推行体育企业合规,对提升体育行政监管能力、强化体育行业自治和规范企业发展有促进作用。结合有关企业合规的立法、司法、执法现状和他类企业的建设经验,研究认为在体育企业中推行合规已时机成熟。基于必要性与可行性之讨论,研究提出了体育企业合规建设的路径,即在全面覆盖、逐步推行、独立客观的原则下,由体育行政部门通过制度建设和文化建设牵头引领合规建设,体育企业则在此基础上做好专项合规、进一步构建合规管理体系等。

我国体育法学学术会议综述（2023）*

2023年，我国体育法学学术活动延续了线上线下相结合的模式，中国法学会体育法学研究会、各地方体育法学组织，中国政法大学、上海政法学院、福州大学等高校，以及中国体育仲裁委员会、中国国际经济贸易仲裁委员会、通力律师事务所等实务部门充分发挥专业优势，全年举办各类学术活动三十余场。在具体内容上，既面向体育事业发展的现实需要，又聚焦体育法学的重点问题，深度交流和探讨新《体育法》的内容和实施、亚运法治的实践和影响、体育赛事的版权保护、冰雪运动的法治保障等与体育法学相关的重大理论和实践问题，不仅深化了新时代体育法学研究，也形成了扎实推进体育事业发展，深入推进健康中国、体育强国建设的一系列新成果。

一、关于新《体育法》修订与实施的研讨

（一）学术活动总体概述

新《体育法》于2023年1月1日起施行。学习宣传贯彻新《体育法》，进一步推动法治政府建设和全面依法治体，为体育强国建设营造良好的法治环境是2023年体育法学学术会议的重要议题。2023年4月26日，中国政法大学体育法治研究基地、体育法研究所主办以"我国青少年体育工作中若干问题"为主题的"体育法治与健康中国论坛"，研讨青少年体育工作法治化问题。2023年4月26日至28日，中国法学会体育法学研究会主办以"贯彻落实党的二十大精神 全面推进《体育法》贯彻实施"为主题的学术年会，围绕"党的二十大与中国式体育治理现代化""体育产业与体育腐败治理""反兴奋剂法治与体育权利"和"体育纠纷解决与体育仲裁"四个议题展开研讨。2023年5

---

* 徐伟康：中国政法大学。

月 19 日,北京体育大学人文学院举办主题为"全民健身国家战略的法治保障"的人文论坛,对新《体育法》中关于全民健身的内容进行详细阐释。2023年 6 月 24 日,中国政法大学体育法治研究基地、体育法研究所主办主题为"纪念《体育法》修订一周年座谈会"的"体育法治与健康中国论坛",回应大众对新《体育法》理解的偏差,展现最新体育法学研究成果。2023 年 10 月 28 日,中国体育科学学会反兴奋剂分会、中国政法大学体育法治研究基地主办以"《体育法》修订后反兴奋剂法治的问题与展望"为主题的中国体育科学学会反兴奋剂分会 2023 年度学术交流会,围绕"《体育法》反兴奋剂相关条款的理解与适用""《反兴奋剂条例》修订问题""兴奋剂技术处罚程序与体育仲裁的衔接"和"反兴奋剂其他法律问题"四个议题展开讨论。

(二)学术活动具体内容

在全民健身方面,中国政法大学张笑世教授认为,新《体育法》的一个重要修改就是将原法中的"社会体育"章节更名为"全民健身",并充实了内容,突出了全民健身在体育事业发展中的基础性作用。运城学院陈华荣教授认为,"全民健身"章节在顶层设计上明确了新时代全民健身的发展方向、发展路径和主要制度、机制,"守住了底线,完善了制度"。在青少年和学校体育方面,中国政法大学张笑世教授认为,"青少年和学校体育"章节扩大了新《体育法》的适用范围,健全了体教融合、体医融合的基础,相关法律条款内容较为具体,体教融合特点较为突出,凸显出对特殊群体的权利保护。在体育产业方面,中国政法大学袁钢教授认为,新《体育法》第 52 条第 2 款的"信息"应属《民法典》第 127 条所规定的"数据",该款明确了体育赛事组织者享有体育赛事转播权,对该款应从立法本意去理解与适用,不得作恣意的扩大解释。中国政法大学姜涛副教授认为,我国体育产业发展需坚定地立足基层,依托市场,珍惜当前难得的复苏态势,以法治思维妥善解决产业发展的制约因素,尤其需要警惕随意增高体育赛事门槛、加大赛事成本的舆论。在反兴奋剂方面,中国政法大学罗小霜副教授认为,"反兴奋剂"一章体现了习近平总书记对兴奋剂"零出现""零容忍"的要求,反映了我国反兴奋剂工作预防与惩治相结合,独立管理与社会监督相融合的治理格局,反兴奋剂工作重视科技对兴奋剂治理的推动作用,既具有国际视野,又注重维护国家主权和利益。国家毒品问题治理研究中心研究人员王心一博士立足《体育法》修订下妨害兴奋剂管理罪的前置衔接与规范适用,从解释学的角度出发,针对"国内、国际重大体育竞赛"的范围解析,"引诱、教唆、欺骗"和"提供"行为要件的涵义解读,"组织、强迫"加重要件的含义把握,行为人违法性认识的认定标准,"情节严重"罪量要素的考量要件等内容进行逐一阐述。在监督管理方面,湘潭大学周青山教授认为,新《体育法》第67条"制定行业规则"是"放管服"在体育行业的法律推进的法律回应;建议重视单项体育协会的规则制定权,科学、民主、公开地制定规则,并接受体育行政部门的指导与监督,也应发挥中国体育仲裁委员会的监督作用。在体育仲裁方面,外交学院卢松教授就新《体育法》新设的体育仲裁制度的缘起、受案范围、撤裁制度进行了深入探讨,强调在受案范围的解释中要充分考虑体育特殊性,应从更广义的角度解释新《体育法》第92条,也应从时代现实角度去理解新《体育法》的局限性。苏州大学赵毅教授对最高人民法院发布的涉及体育纠纷的民事典型案例进行评析,肯定其积极意义,并认为典型案例及相关评论并没有确立任何有约束力的规则,并不会影响对体育仲裁受案范围的进一步讨论。

二、关于体育仲裁问题的研讨

(一)学术活动总体概述

2022年12月25日,体育总局正式公布了《中国体育仲裁委员会组织规则》和《体育仲裁规则》。2023年2月11日,中国体育仲裁委员会成立,标志着《体育法》规定的体育仲裁制度成为现实,为依法化解体育领域纠纷、促进体育事业健康有序发展提供了有力的组织保障,但作为一项新生的制度,体育仲裁制度也面临着诸多挑战,体育法学界以问题为导向,积极开展学术研讨。2023年3月30日,中国国际经济贸易仲裁委员会举办"奥运会与仲裁:助力体育及相关商事纠纷解决"研讨会,探讨与体育赛事相关的广播和媒体权利、赞助权,与衍生商品产业相关的商事纠纷解决。2023年6月20日,中国体育仲裁委员会主办"体育仲裁专题"研讨会,围绕体育仲裁案件受理范围、运动员工作合同定性、竞技体育中的劳动纠纷与商事争议等关键问题展开了详细的讨论。2023年7月18日,中国国际经济贸易仲裁委员会、成都市法学会等举办以"国际体育仲裁规则与中国体育仲裁发展"为主题的研讨会,从国际体育仲裁院的起源与发展、国际体育仲裁规则分析、中国体育仲裁的现状及成都大运会相关法务工作等方面进行交流讨论。2023年7月21日,中国体育仲裁委员会线上举办了首期体育仲裁学术沙龙,围绕劳动仲裁与体育仲裁的界线、运动员欠薪是否属于体育争议，以及运动员工作合同的性质等问题展开研讨。2023年9月30日，国际体育仲裁院上海听证中心主办"2023上海国际体育仲裁论坛"，聚焦全球体育在新形势下的体育仲裁发展，旨在充分发掘体育仲裁对体育发展的作用，助力体育强国建设和上海全球著名体育城市建设。2023年10月14日，中国法学会体育法学研究会与山东大学联合主办"体育仲裁中的人权保障"学术研讨会，围绕体育仲裁中的人权问题、中国体育仲裁、国际体育仲裁制度三项会议主题展开交流。2023年12月18日，福州大学法学院和中国体育仲裁委员会联合举办"体育仲裁规则适用问题研讨会"，就《〈体育仲裁规则〉释义》文本中涉及的具体问题逐个进行讨论分析。

（二）学术活动具体内容

1. 体育仲裁的亮点与特点

新《体育法》增设"体育仲裁"专章，构建了中国体育仲裁制度的基本框架，意义重大。南京师范大学汤卫东教授认为，借《体育法》修改之际增设体育仲裁专章，是构建中国体育仲裁制度的最佳路径。中国体育仲裁制度的设立，体现出明显的突破，既有中国特色，又与国际接轨。上海通力律师事务所吴炜认为，中国体育仲裁委员会的建立，在落实体育仲裁制度、强化体育系统法律和规则意识、健全完善权利救济途径、保护当事人合法权益、避免国内体育纠纷国际化等方面具有重要意义。上海仲裁委员会范铭超认为，体育仲裁制度的实施使运动员、教练员、俱乐部、单项体育协会等各方主体都能更好地维护自身合法权益，从而推动体育事业行稳致远。中国政法大学徐伟康认为，我国体育仲裁制度的构建既顺应了国际体育仲裁的发展趋势，也体现了中国的特色，具有职权主义与独立运行双向并行、效率取向与公正取向动态平衡、体育自治与司法介入有机统一、国内法治和涉外法治统筹推进等亮点。成都市第十八届人大常委会立法咨询专家黄明华认为，体育仲裁的立法走过了一段漫长的路，新《体育法》为体育仲裁制度奠定了基础，之后中国体育仲裁制度将逐步发展与完善，也将逐步与国际接轨。

2. 体育仲裁的发展与展望

中国政法大学马宏俊教授聚焦体育仲裁制度建立后如何与其他制度衔接的问题，认为一是全国性体育社会组织应完善各类竞技体育竞赛规则；二是应尽快对相关法规、规章、章程、规则进行修订，以便与《体育仲裁规则》

《中国体育仲裁委员会组织规则》配套；三是要做好"放管服"改革，明确行业管辖范围；四是要增强执法监督检查，严格追责；五是应鼓励体育组织建立内部纠纷解决机制，将相关矛盾纠纷化解端口前移，实现内部解决与外部救济的结合。北京德恒（厦门）律师事务所苏壬律师针对体育仲裁受案范围狭窄问题，认为可以分阶段扩大中国体育仲裁委员会的受案范围，受理因职业球员工作合同产生的纠纷，进而可以考虑允许中国体育仲裁委员会对该类案件进行排他性管辖，提升中国体育仲裁委员会的影响力，这样更有利于实现"从体育大国向体育强国迈进"的目标。北京市第四中级人民法院马军认为，应当立足我国实践完善体育仲裁规则和机制，妥善处理体育仲裁与前置程序、劳动争议仲裁、人民法院司法审查之间的衔接，并以此为契机研究国际国内竞技体育纠纷解决的深层次问题，从而推动中国特色的体育纠纷解决制度不断完善发展，有效助力体育强国建设稳步推进和体育事业健康有序发展。中国政法大学赵心畅认为，体育仲裁排除劳动争议符合我国当下实际，但结合体育仲裁制度的理论逻辑和域外实践可以得知，这种排除是一种立法妥协，应通过分"三步走"的路径将体育劳动争议纳入体育仲裁范围，最终实现我国体育仲裁制度的进一步发展。福州大学李智教授认为，需秉持"能动解纷"的思路，坚持独立、协同的理念，立足中国体育法治实践需求，解决体育仲裁中的具体问题，完善体育仲裁制度，推动我国体育纠纷解决体系和能力的现代化。北京天达共和律师事务所宫晓燕认为，为实现体育仲裁实体的公正性，应适度限制仲裁员的自由裁量权，确定体育仲裁中的证据及其证明力的标准，并进一步研究仲裁救济途径。只有真正地实现体育仲裁的公正性，才能真正有效地发挥体育仲裁制度的价值。

三、关于亚运法治问题的研讨

（一）学术活动总体概述

2023年9月23日，第19届亚运会在浙江杭州开幕，这是党的二十大胜利召开后我国举办的规模最大、水平最高的国际综合性体育赛事。这场体育盛事不仅是文明交流互鉴的平台，也是我国诸多法治建设成果的生动实践。2023年8月15日，杭州2022年第19届亚运会组委会法律事务部举办"第二期亚运会法律课题研讨交流会"，从商事仲裁下体育赛事纠纷解决、大型体育赛事数据跨境流动、亚运吉祥物著作权合理使用、电子竞技赛事知识产权合规等多个角度对亚运会法律事务展开探讨。2023年9月2日,杭州市律师协会主办"杭州亚运会赞助商权益保护及反隐性营销法律"研讨会,围绕亚运会的权利来源、赞助权益、权益保护及反隐性营销、亚运会知识产权保护四个方面的内容展开交流。2023年9月4日,广东省律师协会主办"以高质量法律服务 助力杭州亚运会成功举办"大型体育赛事法律实务研讨会,围绕"体育赛事市场开发及参与各方的权益保护""大型体育赛事风险管理与争议解决"等议题展开交流,共同探讨如何以高质量法律服务助力体育赛事成功举办。2023年9月21日,浙江大学数字法治研究院举办主题为"法治护佑亚运"的之江月谈,围绕"法律和体育之间到底是什么关系""一个重大的体育赛事顺利举办,需要法律提供什么样的保障""竞技体育的振兴以及全民体育的普及,法律人可以做什么"等重点问题展开深入讨论。2023年11月17日,中国政法大学体育法治研究基地、体育法研究所主办以"杭州亚运会 亚残运会法务概览"为主题的"体育法治与健康中国论坛",对亚运法务工作实际运行情况展开交流。2023年11月25日,中国计算机用户协会政务信息化分会和中国财富传媒集团主办"安全亚运赛事重保经验交流会暨数据安全实践研讨会",复盘亚运会安保工作。

(二)学术活动具体内容

亚运法治实践贯穿亚运会申办、筹办、举办的全过程,随着亚运会大幕的落下,对亚运法治实践工作的系统梳理和总结,是2023年体育法学学术活动的一个焦点。首先是亚运法治实践的宏观梳理。亚组委法律事务部处长张海平从亚运法务工作情况、法务部的筹建过程与人员构成、杭州亚运会具有创新性的赛事法律服务模式、亚运会法务组的工作日常四个方面详尽讲述了亚运法务工作情况。其次是亚运会的权益保护问题。无论是亚奥理事会的章程,还是亚奥理事会主办城市合同,都特别强调亚运会是亚奥理事会的财产,是其独家财产权利。浙江六和律师事务所吴丹律师从赞助权益出发,认为根据杭州亚运会市场开发计划,杭州亚运会的赞助企业主要分为官方合作伙伴、官方赞助商和官方供应商三个层级,赞助权益主要包括市场营销权、接待权、产品和服务提供权以及优先谈判权。亚组委法律事务部处长张海平指出,亚运会非常重视知识产权保护工作,通过制度建设、权利登记、侵权打击和非商业使用管理的手段实现了多维度构建保护屏障的效果。河北省唐山市丰润区人民法院杨星晨立足体育赛事赞助现状及权益保护困境,对体育赛事赞助权益保护规则进行审视,并结合《民法典》和新《体育法》对赛事信息使用权的相关规定,针对赛事标志式、赛事活动本身式、赛事节目式三类赞助权益分别提出权益保护的优化路径。盈科亚运法律服务专项团队成员谭劲松基于比较法路径,从五个部分围绕杭州亚运会体育赛事标志保护的主旨分别进行阐述,从体育赛事标志的概念和内涵界定、保护现状及不足等方面进行分析,并提出完善建议。中国政法大学袁钢教授认为,在亚运会赛场拍一个短视频,发在微信朋友圈并配文"我在现场看比赛",这属于个人合理使用范畴,并不构成侵权。但如果是网红、大V利用这种方式盈利,依靠亚运元素吸引眼球,就明显构成侵权。安恒信息首席安全官、高级副总裁袁明坤认为,随着数字化技术的广泛应用,在大型国际体育赛事、活动的网络安保工作中,数据权益已经是至关重要的一环,与赛事相关的重要业务数据、涉及公众及个人的信息等,往往成为网络攻击的首选目标,亟需加强保护。最后是亚运会的纠纷解决问题。浙江杭天信律师事务所楼宇广律师指出,自2014年仁川亚运会以来,为确保亚运会的顺利进行,亚奥理事会已请求国际体育仲裁院在赛事期间设立临时仲裁庭,以仲裁方式解决各类纠纷。通过临时仲裁庭的有效运作,确保亚运会各项赛事的顺利进行,为运动员提供一个公平、公正的比赛环境。同时,临时仲裁庭的存在也是对体育道德精神的尊重和维护。

四、关于体育赛事版权保护的研讨

(一)学术活动总体概述

近年来,我国高水平国际体育赛事不断涌现,体育产业呈现出繁荣发展的新气象、新格局。体育赛事版权保护不仅是体育产业健康发展的内在要求,也是推动体育产业全球化、维护市场秩序和公平竞争的重要手段。进一步提升体育赛事版权保护水平,有利于营造良好的体育赛事网络版权保护环境,推动体育产业健康发展。2023年4月12日,中国政法大学体育法治研究基地、体育法研究所举办以"新修订《体育法》背景下体育赛事转播权之法律保护"为主题的"体育法治与健康中国论坛"。2023年6月14日,中国政法大学体育法治研究基地、体育法研究所举办以"从体育赛事媒体权利透视泛娱乐产业版权开发"为主题的"体育法治与健康中国论坛"。2023年8月2日,四川省版权协会、国家版权局网络版权保护研究基地等单位共同举办

"2023体育赛事版权发展与保护研讨会",围绕中国体育赛事产业发展与保护、体育赛事版权司法行政保护、国际体育赛事版权运营法律问题、未来科技与体育赛事版权保护四个方面展开探讨。2023年12月23日,中共昆明市官渡区委宣传部等主办知识产权发展新视野——电竞产业法律论坛暨2023年"忠法杯"首届王者荣耀友谊对抗赛,聚焦电竞领域知识产权保护问题。

(二)学术活动具体内容

1. 体育赛事节目版权保护的问题

腾讯集团高级法律顾问余利勇认为,体育赛事节目版权保护面临的问题主要在于,其一,部分短视频平台履行版权治理职责不力,导致侵权泛滥、传播迅速;其二,盗版网站直播侵权严重。四川省成都市武侯区人民法院党组书记、院长张静法官认为,《体育法》的修订为赛事转播权的保护提供了指引,可以补足著作权保护的缺陷,但其条款较为笼统,需在体育赛事视听信息权利限制、请求权竞合方面进行进一步完善。未来电视有限公司首席法律顾问杨幸芳认为,互联网领域短视频等侵权形态取证和证据认定困难、盗版侵权下线率尤其是及时下线率仍较低、侵权形式复杂多样、法律争议点多、判赔低等给互联网领域体育赛事节目的版权保护增加了挑战。

2. 体育赛事节目版权保护的完善

腾讯集团高级法律顾问余利勇认为,为完善体育赛事节目版权保护,在立法保护上,建议修改著作权司法解释,进一步明确平台责任;在司法保护上,希望法院能够充分发挥行为保全、高判赔和惩罚性赔偿的作用;在行政保护上,建议将NBA、男篮、世界杯等热播赛事节目,纳入国家版权局重点作品版权保护预警名单进行保护。北京中版链科技有限公司总经理刘政操认为,区块链具有防篡改、可追溯、数据共享的显著特点,在体育赛事节目版权保护中具有较高应用价值,可以有效辅助著作权确权、显著提高登记效率、降低确权成本,基于技术手段进行智能化侵权监测,进行侵权证据固定,提高取证效率、降低取证成本,还可以助力版权交易。北京己任律师事务所合伙人赵克峰律师认为,加强体育赛事盗播治理,有以下几种方式:第一,相关部门如版权局可将赛事作品列入预警清单,对盗播平台进行行政处罚;第二,通信管理局可采取断网、下架等措施;第三,网信办可将盗播App下架,维护健康网络环境;第四,多个部门可开展联合执法行动,打击盗播获利链条;第五,法院可加强与行政部门的沟通衔接,提高判决和裁定的执行力。华东政法大学知识产权法律与政策研究院研究员杨勇认为,相比民事保护路径,体育赛事节目版权行政保护具备多方面优势。通过行政许可明确赛事节目的传播权利、建立传播白名单并将其作为过错认定的依据,都是全面保护体育赛事相关权益的方式。还有观点认为,体育赛事画面、声音等视听信息本质上属于商业数据。根据《民法典》第127条、《体育法》第52条等相关规定,对体育赛事画面、声音等数据信息的非法采集和传播行为可以认定为对赛事数据的侵权行为。赛事节目盗播行为,不仅侵犯了赛事节目著作权人的权利,也侵犯了赛事组织者对原生数据采集、传播和收益的权利,因此赛事组织者可以依据数据权益对盗播方主张权利。

五、关于冰雪运动法治保障的研讨

(一)学术活动总体概述

冰雪运动对于提升个人身体素质、增强体能、促进身心健康大有裨益,有助于增进区域间的交流与合作,强化人们之间的联系。此外,冰雪运动产业在推动旅游业、装备制造业等多个领域经济发展方面日益显现出其作用。随着冬季运动会及其他国际冰雪赛事影响力的不断扩大,全球对冰雪运动的关注度和参与度显著提升,冰雪运动的法治保障也成为体育法学学术会议的重要关注领域。2023年3月22日至23日,张家口市崇礼区人民法院组织召开冰雪运动法律问题研究座谈会。2023年8月10日,河北省高级人民法院、中国法学会体育法学研究会主办了以"法治护航后冬奥经济和冰雪运动持续健康发展"为主题的第二届冰雪运动法治保障学术交流会,旨在对标法治护航重点领域,健全冰雪运动、冰雪产业司法保障机制。

(二)学术活动具体内容

1. 冰雪运动纠纷解决

受北京冬奥会和一系列冰雪运动发展政策的影响,我国冰雪运动迎来了前所未有的发展机遇,但也引发了一系列的冰雪运动纠纷,如何妥善解决冰雪运动纠纷成为冰雪运动发展的一个重要问题。山东省淄博市中级人民法院杨富元通过对现阶段制约冰类体育运动纠纷诉前调解的有关因素、域外诉前调解经验和相关实践样本进行分析,提出打造"冰场、法院、专家"三位一体的调解机制及优化冰类体育运动纠纷诉前调解机制的相关建议。河北省涞源县人民法院郭振虹在分析冰雪运动意外伤害保险制度存在不足的基础上，提出"专案快审快调、强化类案指导统一裁判标准、建立'法庭+调解组织+N'冰雪运动纠纷化解工作站"等建议。河南省新乡市中级人民法院刘佳通过对现有的冰雪运动诉源治理三种模式的论证，提出发挥司法审判引领作用、建立网上调解平台、建立人民调解员准入与培训制度、提高纠纷解决主体专业性等建议。新疆维吾尔自治区阿勒泰地区中级人民法院韩芳以阿勒泰地区的冰雪旅游发展现状为样本，阐述了阿勒泰地区冰雪旅游矛盾纠纷的典型特征以及司法护航冰雪旅游的具体做法，并在此基础上进一步提出完善冰雪旅游纠纷解决机制。北京市第四中级人民法院马志文聚焦冰雪运动纠纷解决机制的衔接与完善，认为妥善处理体育仲裁与冰雪体育组织内部纠纷解决机制、劳动争议仲裁、人民法院审判及仲裁司法审查的衔接，能够完善中国特色体育纠纷解决机制，助力我国体育事业实现跨越式发展。甘肃省武威铁路运输法院马赟认为，明晰单项体育协会行政主体资格是解决涉冰雪运动行政纠纷的关键所在。在司法实践中，建议尝试建立体育调解+体育仲裁+诉讼+诉讼援助的衔接机制和体育纠纷解决的咨询与援助制度，构建体育行政诉讼的多元解纷机制，推动后冬奥时代的法治化进程。

2. 冰雪运动司法裁判

滑雪运动专业性强、技术性强，在冰雪运动纠纷中，相关责任认定与承担，既是当事人争议的焦点，也是法院审理的难点。北京市尚公律师事务所杨佳成立足我国滑雪伤害事故司法实践，分别对司法实践中滑雪摔伤类、撞伤类事故当事人的争议焦点以及法院对当事人的责任认定进行了深入分析，对统一滑雪伤害事故责任认定标准提出了自己的见解，并就预防和化解滑雪伤害事故纠纷提出合理建议。山西省长治市中级人民法院冯雨瑶以滑雪运动场所主体责任实践样态为逻辑起点，重点阐述了滑雪场所主体责任的外部逻辑衔接，并通过对滑雪主体责任认定的内在逻辑进行分析，提出滑雪场所主体责任理性认定的具体路径。浙江省兰溪市人民法院胡佼列举了司法实践中认定滑雪场所经营者是否尽到安全保障义务的四种标准，明确了滑雪场所经营者在事前、事中、事后三个阶段应当履行的安全保障义务的内容。广东省汕头市金平区人民法院胡一丁基于对司法实践和理论内涵的考察，提出拟适用"自负风险"规则以免除加害者责任，应注重考量是否违反竞赛规则、加害者过失程度等方面。新疆维吾尔自治区高级人民法院生产建设兵团分院祁勐对比了欧美与中国滑雪者相撞事故责任理论体系,认为健全滑雪事故责任认定体系是推进冰雪运动法治建设的重要环节,建议通过适当运用过错推定责任原则、完善"类案同判"的法律标准和案例指引、引入专业鉴定机构或人士来健全滑雪事故责任理论体系。北京市海淀区人民法院邓可人在分析当前滑雪规则在司法适用中面临的实际问题的基础上,从滑雪规则的法律性质,以及滑雪规则是否属于法律法规、是否属于技术标准等视角厘定了滑雪规则的性质,认为滑雪规则在司法裁判中扮演"软法"的角色,在辅助法官认定滑雪行为的妥当性及行为人的主观过错等方面发挥积极作用。天津铁路运输法院吴丽丽从冰雪运动致人损害纠纷构成要件和抗辩事由出发,分析此类运动责任承担和救济渠道的不足,立足强制责任险推进的必要性和可行性,从立法供给、条款设计、监管机制等层面对推进冰雪运动强制责任险的具体路径提出建议。

3. 冰雪产业发展保障

在成功举办2022年北京冬奥会后,我国冰雪产业已经具备了良好的发展基础。根据《中国冰雪产业发展研究报告(2024)》,自2015年以来,中国冰雪产业规模实现了显著增长,从最初的2700亿元迅速扩张到2023年的8900亿元。预计2024年产业规模将达到9700亿元,并在次年突破万亿元大关,具体数值预估为10053亿元。这表明,中国冰雪产业正处于快速发展阶段,展现出市场规模持续扩大、消费者需求日益多样化、产业链条更加完善、冰雪装备出口活跃等特点。面对冰雪产业发展的机遇,吉林省红石林区基层法院孙乙熙从冰雪运动产业的特性及经济价值出发,分析了风险预防理论视角下冰雪运动产业法益保护的重大意义,并针对冰雪运动产业法益保护对策实施中的阻碍因素,提出了冰雪运动产业法益保护的完善路径。河北省宽城满族自治县人民法院张清华围绕后冬奥时代我国冰雪运动产业法治建设,提出从推进冰雪运动产业专门立法、完善以服务型政府为核心的政策体系建设、探索建立"冰雪运动体育组织+冰雪体育仲裁机构"解纷机制三个方面展开法治建设。河北省张家口市崇礼区人民法院刘晓燕聚焦滑雪场多发的"黑导"教学现象,分析了原因及危害,并分别从雪场经营者、行业协会、政府部门三个角度提出完善冰雪运动经营场所教学管理的路径。兰州大学法学院石博文则从监管角度切入,在充分阐述包容审慎监管理念的基础上,对包容审慎理念适用于监管冰雪运动企业的治理价值进行了剖析,提出在保障安全生产及维护生态环境方面对冰雪运动企业进行审慎监管,确保冰雪运动企业始终在法治的轨道上健康发展。

2023年体育法学学术活动紧跟时代步伐,聚焦亚运法治保障、新《体育法》修订实施、体育仲裁制度构建、体育赛事版权保护、冰雪运动法治保障等问题,为加快建设体育强国和健康中国,努力开创中国体育良法善治的新局面、新征程贡献了学术智慧。随着新《体育法》的颁布实施,未来体育法学学术活动需要从立法论迈向解释论,对标新《体育法》的规定和要求,发现法律规范的客观意旨,进一步拓展新时代体育法学研究的广度和深度,进一步推动法治政府建设和全面依法治体,为深化体育事业改革提供更多智力支持,为满足人民群众多样化的体育需求提供更多切实可行的对策建议。

附 录

2023 年我国体育法治大事记[*]

1 月

1 日,新《体育法》正式生效。

1 日,《体育赛事活动管理办法》正式实施。

1 日,《体育仲裁规则》正式实施。

1 日,《中国体育仲裁委员会组织规则》正式实施。

1 日,国家体育总局、工业和信息化部、公安部、人力资源社会保障部、卫生健康委、应急部、市场监管总局联合公布《高危险性体育赛事活动目录(第一批)》。

4 日,国家体育总局公布《关于做好高危险性体育赛事活动管理工作的通知》。

6 日,国家体育总局办公厅印发《中华人民共和国第十五届运动会竞赛规程总则》。

11 日,2022 年体育法律事件评论征集活动圆满落幕,2022 年中国十大体育法律事件揭晓。

13 日,国家体育总局发布《政府网站监管年度报表》(2022 年度)。

13 日,国家体育总局发布《政府网站工作年度报表》(2022 年度)。

19 日,中国足球协会第十一届执委会成员、原秘书长刘奕涉嫌严重违法,接受中央纪委国家监委驻国家体育总局纪检监察组和湖北省监委监察调查。

---

[*] 王子晟:中国政法大学。

19日,中国足球协会常务副秘书长兼国家队管理部部长陈永亮涉嫌严重违纪违法,接受中央纪委国家监委驻国家体育总局纪检监察组和湖北省监委审查调查。

25日,武汉长江足球俱乐部发布《关于不再参加男子足球职业联赛的说明》。

29日,国家体育总局修订并公布《国家体育总局决策咨询研究项目管理办法》。

2月

9日,国家体育总局办公厅公布《2023年可授予运动员技术等级称号赛事名录》。

11日,中国体育仲裁委员会在北京成立。

13日,北京市体育局印发《2023年北京市体育工作要点》。

14日,中国体育仲裁委员会发布《关于公开选聘仲裁员的公告》选聘仲裁员。

14日,中国足球协会主席、党委副书记陈戌源涉嫌严重违纪违法,接受中央纪委国家监委驻国家体育总局纪检监察组和湖北省监委审查调查。

15日,中国足球协会发布《关于调整俱乐部准入规程部分条款的通知》。

16日,国家体育总局、中央编办、教育部、人力资源社会保障部公布《关于在学校设置教练员岗位的实施意见》。

17日,中国篮球协会纪律与道德委员会《关于对新疆广汇篮球俱乐部和相关球员的处罚通知》公布。

22日,《中国篮球协会纠纷解决委员会工作规则》正式实施,确认行业纠纷可依法申请体育仲裁。

26日,国家体育总局办公厅发布《关于征求〈绿色体育场馆运营评价通用规范(征求意见稿)〉行业标准意见的通知》。

28日,中国足球协会印发《中国足球协会职业联赛参赛资格递补原则及办法》。

28日,新疆广汇篮球俱乐部发布公告,宣布退出中国男子篮球职业联赛2022—2023赛季比赛。

3月

8日,国家体育总局办公厅印发《2023年群众体育工作要点》。

15日,中篮联(北京)体育有限公司同意新疆广汇篮球俱乐部恢复参加2022—2023赛季中国男子篮球职业联赛。

17日,国家体育总局办公厅印发《2023年全国体育政策法规规划工作要点》。

20日,国家体育总局发布《关于征求〈健身气功管理办法(修订草案)〉意见的通知》。

20日,国家体育总局发布《关于征求〈航空体育运动管理办法(修订草案)〉意见的通知》。

22日,国家体育总局办公厅印发《国家体育总局2023年度法规、规章和规范性文件制定计划》。

24日,中国足球协会纪律委员会主任王小平涉嫌严重违法,接受中央纪委国家监委驻国家体育总局纪检监察组和湖北省监委监察调查。

24日,中国足球协会竞赛部部长黄松涉嫌严重违纪违法,接受中央纪委国家监委驻国家体育总局纪检监察组和湖北省监委审查调查。

27日,国家体育总局办公厅发布《关于征求〈公共体育设施开放服务与评估通用要求(征求意见稿)〉行业标准意见的通知》。

29日,中国田径协会主席于洪臣涉嫌严重违纪违法,接受中央纪委国家监委驻国家体育总局纪检监察组和湖北省监委审查调查。

29日,中超联赛有限责任公司原总经理董铮涉嫌严重违法,接受中央纪委国家监委驻国家体育总局纪检监察组和湖北省监委监察调查。

31日,国家体育总局发布《关于2022年法治政府建设工作情况的报告》。

31日,北京市体育局公布《2023年行政执法检查工作计划》。

4月

4日,中国赛艇协会、中国皮划艇协会原主席刘爱杰涉嫌严重违纪违法,接受中央纪委国家监委驻国家体育总局纪检监察组和河南省监察委员会审查调查。

6日,中国足球协会发布《关于取消有关职业联赛参赛俱乐部注册资格的通知》。

8日,中央第十五巡视组机动巡视国家体育总局党组工作动员会召开。

14日,国家体育总局办公厅公布公共体育场馆开放使用第一批典型案例名单。

17日,中国篮球协会纪律与道德委员会《关于对"上海久事队""苏州肯帝亚队"的处罚决定》公布,两队被取消2022—2023赛季参赛资格。

17日,北京市体育局、北京市市场监督管理局、北京市地方金融监督管理局、中国人民银行营业管理部、中国银行保险监督管理委员会北京监管局联合印发《北京市体育行业预付式消费领域资金监管实施细则(试行)》。

18日,嘉兴市第九届人民代表大会常务委员会发布第2号公告,公布《嘉兴市全民健身服务保障条例》。

20日,中国反兴奋剂中心发布2023版《结果管理国际标准》和《治疗用药豁免国际标准》中文译本。

26日,中国法学会体育法学研究会第四届理事会第二次全体会议、2023年学术年会在北京体育大学召开。

26日,杭州亚组委以"保护亚运会知识产权 助推城市高质量发展"为主题,举办杭州亚运会知识产权保护高峰论坛。

26日,成都大运会知识产权保护"进校园、进社区"主题宣传活动在西南财经大学举行。

28日,中超联赛有限责任公司原董事长马成全涉嫌严重违纪违法,接受中央纪委国家监委驻国家体育总局纪检监察组和湖北省监委审查调查。

28日,中国足球协会原副主席李毓毅涉嫌严重违法,接受中央纪委国家监委驻国家体育总局纪检监察组和湖北省监委监察调查。

5月

4日,地方法学会体育法学组织2023年联合学术年会暨"第12届环渤海体育法学论坛"在广西南宁召开。

5日,北京市市场监督管理局发布《关于征求〈青少年体育培训机构服务规范〉北京市地方标准意见的通知》。

6日,国家体育总局办公厅印发《关于开展"发展体育运动,增强人民体质"题词71周年全民健身主题活动的通知》。

8日,中国法学会决定,对第五届中国法学优秀成果奖予以表彰,中国法学会体育法学研究会常务副会长、学术委员会主任、清华大学田思源教授的论文《坚持以人民为中心的习近平法治思想是〈中华人民共和国体育法〉修改的根本遵循》获得第五届中国法学优秀成果奖(三等奖),这是2007年以来体育法学研究成果首次获奖。

13日,中国法学会体育法学研究会主办的"体育法学教育和人才培养"学术研讨会在运城学院举行。

19日,全国足球领域教育整顿工作动员部署会于北京举行。

25日,2023中国体育产业峰会在厦门举行。

25日,京张体育文化旅游带建设协调推进工作机制联席会议在北京召开,会后,北京市文化和旅游局与河北省张家口市政府签署推进京张体育文化旅游带建设合作协议。

26日,国家体育总局办公厅、发展改革委办公厅、财政部办公厅、住房城乡建设部办公厅、人民银行办公厅联合印发《全民健身场地设施提升行动工作方案(2023—2025年)》。

31日,国家体育总局发布《关于征求〈全民健身条例(修订草案)〉意见的通知》。

31日,国家体育总局发布《关于征求〈反兴奋剂条例(修订草案)〉意见的通知》。

6月

5日,陕西省体育局发布《陕西省体育局2023年度体育赛事活动名录》。

7日,世界职业台球与斯诺克协会对被指控操纵比赛的10名中国球员作出裁决,同时公布了长达58页的报告,详细介绍了指控内容、处罚标准等细节。10名中国球员中,梁文博和李行被终身禁赛,情节相对较轻的赵心童被禁赛1年8个月。

7日,北京市体育局发布《2022年北京市体育场地主要指标数据公报》。

9日,中国篮球协会发布《关于通过新疆广汇篮球俱乐部有限公司整改验收并恢复其注册新运动员资格的通知》。

21日,最高人民法院首次发布涉体育纠纷民事典型案例。

24日,中国政法大学体育法治研究基地、体育法研究所举办"体育法治与健康中国"论坛第44期,主题为"纪念《体育法》修订一周年座谈会"。

7月

10日,深圳市文化广电旅游体育局印发《深圳市关于建设国际电竞之都的若干措施》。

12日,中国足球协会发布《关于加强高温等极端天气下青少年足球赛事活动安全管理的通知》。

20日,国家体育总局办公厅印发《关于恢复和扩大体育消费的工作方案》。

21日,中国体育仲裁委员会举办首期体育仲裁学术沙龙。

22日,中国足球协会战略规划部部长戚军涉嫌严重违纪违法,接受中央纪委国家监委驻国家体育总局纪检监察组和湖北省监委审查调查。

22日,中国足球协会技术部部长谭海涉嫌严重违纪违法,接受中央纪委国家监委驻国家体育总局纪检监察组和湖北省监委审查调查。

24日,北京市体育局印发《北京市进一步促进冰雪消费三年行动方案(2023—2025年)》。

26日,上海市体育局、上海市市场监督管理局、江苏省体育局、江苏省市场监督管理局、浙江省体育局、浙江省市场监督管理局、安徽省体育局、安徽省市场监督管理局联合发布《长三角区域体育健身服务合同示范文本(2023版)》。

28日,成都大运会执委会宣传部(开闭幕式部)与四川省知识产权保护中心在成都共同签订《成都大运会知识产权协同保护合作协议》,揭牌成立"成都大运会知识产权维权保护'一站式'服务工作站"。

31日,国家体育总局公布《现行有效的体育法律、法规、规章、规范性文件和制度性文件目录(截至2023年6月30日)》。

8月

2日,最高人民法院遴选15件典型案例进行发布,其中包括以自甘风险为主题的"张某某诉韦某某健康权纠纷案",确立"自甘风险"规则在司法适用中的具体标准。

3日,国家体育总局体育信息中心与亚洲电子体育联合会(AESF)在北京签署了一份关于电子竞技发展的谅解备忘录。

8日,国家知识产权局、中央网信办、公安部、海关总署、市场监管总局开展杭州亚运会和亚残运会知识产权保护专项行动。

9日,河北省高级人民法院发布服务保障冰雪运动发展典型案例及事例。

10日,国家国民体质监测中心发布《国民体质测定标准(2023年修订)》。

10日,河北省高级人民法院、中国法学会体育法学研究会主办的第二届冰雪运动法治保障学术交流会在河北省张家口市崇礼区召开。

11日,国家体育总局装备中心发布《关于对〈体育赛事活动管理规范〉国家标准及三项行业标准征求意见的通知》。

16日，国家体育总局装备中心发布《关于对〈体育信息分类与代码 第5部分：体育场地代码〉国家标准征求意见的通知》。

16日，中国足球协会调整《中国足球协会仲裁委员会工作规则》部分条款，确认中国足球协会管辖范围内发生的相关纠纷，可以依法向中国体育仲裁委员会申请仲裁。

26日，国家体育总局冬季运动管理中心党委书记、主任倪会忠涉嫌严重违纪违法，接受中央纪委国家监委驻国家体育总局纪检监察组和河南省监察委员会审查调查。

28日，北京市体育局发布《关于对〈北京市校外体育培训机构设置标准（试行）（征求意见稿）〉公开征集意见的公告》。

29日，国家体育总局办公厅印发《中华人民共和国第十五届运动会群众赛事活动规程总则》。

30日，中超联赛有限责任公司董事长刘军涉嫌严重违纪违法，接受中央纪委国家监委驻国家体育总局纪检监察组和湖北省监委审查调查。

9月

4日，国家体育总局办公厅发布《关于以重大体育赛事为契机组织开展体育消费促进活动的通知》。

11日，北京市体育局印发《北京市体育培训机构综合监管合规手册（2023年）》。

12日，北京市市场监督管理局发布北京市围棋协会组织会员单位达成并实施垄断协议案行政处罚决定书，系依据《反垄断法》对国内体育行业作出处罚的第一案。

12日，中国音像与数字出版协会发布《电子竞技标准体系表》《电子竞技赛事分级分类》和《电子竞技赛事保障体系架构》三项团体标准。

20日，中央广播电视总台正式发布《亚运电竞赛事制作规范》，这是我国首个电子竞技赛事制作标准。

22日，国家体育总局发布《关于征求〈经营高危险性体育项目许可管理办法（修订草案）〉意见的通知》。

23日，深篮体育（北京）有限公司公布《关于对陕西信达篮球俱乐部处罚的通知》。

24日,中国反兴奋剂中心与越南反兴奋剂机构举办签约仪式。

24日,第三届CHINADA国际反兴奋剂工作专业研讨会在杭州召开。

27日,江西省第十四届人民代表大会常务委员会第四次会议通过《江西省全民健身条例》。

10月

13日,国家体育总局体育经济司公示《体育消费活力城市等级划分与评定》等6项拟立项体育行业标准项目。

16日,国务院总理李强签署第766号国务院令,公布《未成年人网络保护条例》,条例于第五章规定了网络沉迷防治相关内容。

17日,国家发展改革委等部门印发《促进户外运动设施建设与服务提升行动方案(2023—2025年)》。

18日,中国田径协会发布《关于进一步加强全国路跑赛事竞赛组织工作的紧急通知》。

18日,2023年全国青少年体育工作会议于重庆召开。

20日,国家体育总局、文化和旅游部发布《"跟着赛事去旅行"2023全国青少年体育赛事目录》。

26日,北京市体育局发布《关于对〈北京市体育领域行政违法行为处罚裁量基准(2023年版)(征求意见稿)〉〈北京市体育系统行政许可裁量权基准(征求意见稿)〉〈北京市体育系统行政确认裁量权基准(征求意见稿)〉公开征集意见的公告》。

27日,《中国户外运动产业发展报告(2022—2023)》发布。

28日,中国体育科学学会反兴奋剂分会2023年度学术交流会于福州成功举办。

11月

1日,由国家体育总局发布的《群众体育赛事活动办赛指南 编制内容与评估指引》《群众体育赛事活动参赛指引 编制内容与评估指引》《群众体育赛事活动安全评估技术导则》《群众体育赛事活动运营服务规范》四项体育行业标准正式实施。

2日,中国反兴奋剂中心召开第二届学术委员会成立大会暨第一次全体会议。

16日,上海市闵行区联合超竞集团共同发布《上海市闵行区电竞产业发展规划白皮书(2023—2025)》。

21日,国家体育总局体育经济司发布《关于征求〈室外健身器材的安全通用要求〉3项强制性国家标准(征求意见稿)意见的函》。

21日,国家体育总局反兴奋剂中心发布世界反兴奋剂机构《2024年禁用清单国际标准》中文稿。

22日,上海市第十六届人民代表大会常务委员会第八次会议通过《上海市体育发展条例》。

24日,厦门市体育局征求《厦门市体育局赛事活动安全监督管理办法》意见。

27日,中国体育仲裁委员会已依法依规完成第一批体育仲裁案件(共计3件)的受理审理工作。第一批体育仲裁案件依据《体育法》和《体育仲裁规则》受理和审理,案件类型涉及参赛资格纠纷、解除青训协议纠纷和比赛技术纠纷。

30日,国家体育总局体育经济司发布《关于征求〈体育消费活力城市等级划分与评定〉(征求意见稿)意见的函》。

12月

1日,大连智行足球俱乐部股权被大连市公安局公开拍卖,成为国内首家被司法拍卖的俱乐部。

4日,国家体育总局印发《体育行业安全生产重大事故隐患判定标准(2023版)》。

14日,北京市体育局印发《北京市体育领域行政裁量权基准》,其中包括《北京市体育领域行政许可裁量权基准(2023年版)》《北京市体育领域行政确认裁量权基准(2023年版)》。

14日,北京市体育局印发《北京市体育领域行政违法行为处罚裁量基准(2023年版)》。

15日,甘肃省白银市白银区人民法院对2021年(第四届)黄河石林山地马拉松百公里越野赛公共安全责任事件案进行一审公开宣判。

15日,国家体育总局、文化和旅游部发布《"跟着赛事去旅行"2023—2024全国冰雪赛事目录》。

15日,中国体育仲裁委员会当事人网上办案大厅正式开通上线。

19日,2023年度中国电竞产业年会在深圳市南山区举办。

20日,《2023年度中国电子竞技产业报告》发布。

22日,国家新闻出版署发布《关于公开征求〈网络游戏管理办法(草案征求意见稿)〉意见的通知》。

22日,陕西省体育局发布《关于印发〈陕西省体育局体育赛事活动管理细则〉的通知》。

29日,国家体育总局、国家统计局发布《2022年全国体育产业总规模与增加值数据公告》。

2023年制定、修订、修正或废止的与体育直接相关的法律规范性文件*

2023年，中央制定、修订、修正或废止与体育直接相关的法律规范性文件共17部。在立法类型层面，法律与部门规章没有更新，法律规范主要以部门规范性文件的形式呈现。在立法形式层面，《运动员、教练员体育运动奖章授予办法》《国家体育产业基地管理办法》《五子棋项目裁判员管理办法（试行）》等文件采用修订形式，大部分文件均采用制定形式。

2023年，地方制定、修订、修正或废止与体育直接相关的法规、规章共13部，在地方性法规中，省级地方性法规5部，自治条例和单行条例1部，设区的市地方性法规6部；在地方政府规章中，张家口市人民政府进行了修订工作。2023年，地方体育立法主要集中在辽宁省、河北省、甘肃省、上海市、江西省和西藏自治区。〔详见2023年制定、修订、修正或废止的与体育直接相关的法律规范性文件目录（地方不含港澳台）〕。

目　录

一、法律（0部）

二、地方性法规（12部）

（一）省、自治区和直辖市地方性法规

1.《辽宁省实施〈中华人民共和国体育法〉若干规定》

(2023年11月15日辽宁省人民代表大会常务委员会公告〔十四届〕第13号)

---

* 胡子靖：中国政法大学。

2.《河北省体育设施管理条例》

(2023年11月30日河北省第十四届人民代表大会常务委员会公告第19号)

3.《甘肃省全民健身条例》

(2023年11月28日甘肃省人民代表大会常务委员会公告第19号)

4.《上海市体育发展条例》

(2023年11月23日上海市人民代表大会常务委员会公告〔十六届〕第16号)

5.《江西省全民健身条例》

(2023年9月27日江西省第十四届人民代表大会常务委员会公告第14号)

(二)自治条例和单行条例

《西藏自治区登山条例》

(2023年7月31日西藏自治区人民代表大会常务委员会公告〔2023〕9号)

(三)设区的市地方性法规

1.《太原市体育发展条例》

(2023年7月29日山西省第十四届人民代表大会常务委员会第四次会议批准)

2.《温州市全民健身促进条例》

(2023年6月5日温州市第十四届人民代表大会常务委员会公告第27号)

3.《辽源市室外公共体育设施管理条例》

(2023年4月4日吉林省第十四届人民代表大会常务委员会第二次会议批准)

4.《青岛市全民健身条例》

(2023年9月27日山东省第十四届人民代表大会常务委员会第五次会议批准)

5.《嘉兴市全民健身服务保障条例》

(2023年4月18日嘉兴市第九届人民代表大会常务委员会公告第2号)

6.《焦作市太极拳保护和发展条例》

(2023年10月23日焦作市第十四届人民代表大会常务委员会公告第3号)

三、规章(1部)

(一)部门规章(无)

(二)地方政府规章

《张家口市滑雪场所安全管理办法》

(张家口市人民政府令〔2023〕第3号)

四、部门规范性文件(17部)

1.《运动员、教练员体育运动奖章授予办法》

(2023年12月14日国家体育总局发布,体竞字〔2023〕167号)

2.《国家体育产业基地管理办法》

(2023年7月17日国家体育总局发布,体经规字〔2023〕9号)

3.《国家体育总局重点实验室管理办法》

(2023年7月3日国家体育总局发布,体科规字〔2023〕8号)

4.《板球运动员注册与交流管理办法(试行)》

(2023年3月28日国家体育总局小球运动管理中心发布)

5.《壁球运动员注册与交流管理办法》

(2023年3月28日国家体育总局小球运动管理中心发布)

6.《藤球运动员注册与交流管理办法》

(2023年3月28日国家体育总局小球运动管理中心发布)

7.《兴奋剂检查人员管理办法》

(2023年2月20日国家体育总局办公厅发布,体反兴奋剂字〔2023〕90号)

8.《关于做好高危险性体育赛事活动管理工作的通知》

(2023年1月4日国家体育总局发布,体政规字〔2023〕2号)

9.《中国体育仲裁委员会章程》

(2023年2月11日中国体育仲裁委员会第一届委员会第一次全体会议通过)

10.《中国体育仲裁委员会仲裁员聘任和管理办法》

(2023年3月10日中国体育仲裁委员会发布,中体仲字〔2023〕1号)

11.《国际化体育科技合作平台管理办法》

(2023年1月4日国家体育总局发布,体科规字〔2023〕1号)

12. 《五子棋项目裁判员管理办法(试行)》

(2023年1月5日国家体育总局棋牌运动管理中心发布,棋牌字〔2023〕4号)

13. 《中国健身瑜伽段位制(试行)》

(2023年1月12日国家体育总局社会体育指导中心发布,社体字〔2023〕4号)

14. 《校外培训机构财务管理暂行办法》

(2023年3月14日教育部办公厅、财政部办公厅、科技部办公厅、文化和旅游部办公厅、国家体育总局办公厅联合印发,教监管厅函〔2023〕2号)

15. 《关于推进体育助力乡村振兴工作的指导意见》

(2023年5月22日国家体育总局、中央文明办、发展改革委、教育部、国家民委、财政部、住房城乡建设部、农业农村部、文化和旅游部、卫生健康委、共青团中央、全国妇联印发)

16. 《关于在学校设置教练员岗位的实施意见》

(2023年1月16日国家体育总局、中央编办、教育部、人力资源社会保障部发布,体人规字〔2023〕3号)

17. 《2024年兴奋剂目录公告》

(2023年12月29日国家体育总局、中华人民共和国商务部、中华人民共和国国家卫生健康委员会、中华人民共和国海关总署、国家药品监督管理局发布)